재가노인을 위한 사회서비스

재가노인복지론

이준우 · 서문진희 지음

도서출판 파란마음

머리말

부모가 자식을, 자식이 부모를 학대하고 방임하는 일들이 한국사회에서 비일비재하게 나타나고 있다. 심지어 부모가 자식을 죽이기까지 하고, 자식 또한 부모를 죽음으로 몰아가는 일까지 일어나고 있다. 이런 가운데서 특히나 장애인과 노인을 대상으로 하는 사회복지실천 영역에서 오늘 우리 사회와 사회복지계가 지향하고 강조하는 '탈시설화'와 '지역사회로의 통합'이 과연 성공할 수 있을지 염려가 된다. 진정한 통합은 인위적이거나 억압적인 단순한 '합침'이 아닌 사랑과 배려에 근거한 화학적 연합이어야 하는데 작금의 현실은 그렇지 못해 보이기 때문이다.

노인과 함께 하는 사회복지실천 현장에서 이런 우리 사회의 고민을 그나마 해결할 수 있는 최소한의 안전장치가 바로 재가노인복지실천이다. '재가'란 말 그대로 집에 있다는 뜻이다. 그러니까 재가노인이란 집에 있는 어르신을 말한다. 시설에서 생활하지 않고 집에서 살고 있는 어르신에게 꼭 필요하면서도 아울러 어르신이 원하는 사회복지 서비스를 적합하면서도 적절하게 제공하는 전문적인 활동이 재가노인복지실천인 것이다. 물론 이는 아주 단순하면서도 쉽게 풀어 설명한 '재가노인복지실천'에 대한 개념이다. 그런데 여기서 분명하게 강조하고 싶은 것이 있다. 그것은 다름 아닌 진정한 '재가노인복지실천'은 어르신들이 특별한 보호의 대상으로서가 아니라 그저 지금도 소중한 우리네 보통 사람으로 인정받고 존중받게끔 돕는 서비스 개입이어야 한다는 사실이다.

노인이라고 불리는 어르신이 치매가 있든, 우울증으로 고생하든, 빈곤에 처해 있거나, 외로워 하거나, 자기 자신에 대해 아무런 가치도 없고 소용도 없다는 자책감에 빠져 있거나, 건강의 어려움으로 거동이 불편하든지 심지어 죽고 싶어서 자살까지 시도하든, 그 어떤 경우라도 여전히 귀한 존재라는 이해에 기초하여 사회복지 서비스를 제공해야 한다. 그리고 그와 같은 노인에 대한 이해와 인식을 전 사회 구성원이 공감하고 수용하도록 우리 사회를 바꾸어 나가는 사회복지 서비스가 되어야 한다.

그래서 죽음을 향해 늙어가고 그 와중에서 이런저런 신체적 노화와 질병, 장애 등을 경험해갈지라도 '늙음의 현실 속에 있는 사람'들도 기죽지 않고, 주눅 들지 않고 당당하게 살아가도록 지원하는 사회적 서비스가 '재가노인복지실천'이어야 한다.

돌봐 줄 가족이 없어도 도우미가 있어서 안심할 수 있어야 한다. 더군다나 필요하면 도우미가 한밤에도 와서 시시콜콜한 일상일지라도 도와 줄 수 있어야 한다. 깔끔한 신변 처리와 목욕을 통해 누리는 상쾌한 삶을 젊은 때 못지않게 누릴 수 있어야 한다.

깨닫고 이해하는 능력이 현저하게 약화되어 가더라도 품위를 잃지 않고, 여생을 보낼 수 있어야 한다. 손 때 묻은 자신의 집에서 이런저런 추억이 담긴 사진이며 가구, 생활 집기 등을 늘 해왔던 대로 만지고 사용하며 지낼 수 있어야 한다.

기본적인 일상을 담보할 수 있는 보조공학 기구들을 자유롭게 활용하면서 자립적인 생활을 해나갈 수 있어야 한다. 자식과 손주에게 용돈까지 주진 못한다 해도 자기 먹을 음식 정도는 확보해 놓고 하루 삼시세끼 먹는 즐거움을 누릴 수 있어야 한다. 가까운 친구들이며 지인들을 만나고 싶을 때 만나서 수다도 떨고 과거의 일들을 화제로 행복감을 느낄 수 있어야 한다.

이와 같은 노년의 삶을 가능하게끔 지원하는 정책과 제도, 이를 뒷받침하는 이념이 망라된 접근이 '재가노인복지' 이며 이를 구체적으로 실행에 옮기는 것이 '재가노인복지실천' 인 것이다.

요즘 대학 교수들의 삶이란 그야말로 살얼음판 같다. 대학 구조 조정이며 학생 취업이며 연구 실적, 강의 평가 등등 온갖 스트레스 받을 일로 하루하루가 그야말로 쏜살같이 지나치기 십상이다.

그런 바쁜 가운데서도 저자인 우리 두 사람은 최선을 다해 사명감으로 이 책을 집필하였다. 재가노인복지실천이 그 어느 때보다도 중요함에도 관련 자료나 참고할만한 책이 매우 부족했기 때문이다.

그래서 저자들은 이 책의 일차 독자들을 예비 사회복지사 혹은 현장에서 노인복지실천을 수행하는 사회복지사들, 그리고 사회복지를 전공하는 석 · 박사 과정 대학원생, 이 분야 전문가로 설정하고 작업하였다. 그래서 이 책의 장점은 재가노인복지에 관련된 다양한 정보를 일목요연하게 알려주는 데에 있다. 또한 이 책은 재가노인복지실천에 대한 학술적이며 임상적인 개입 활동에 대한 개론서로서는 손색이 없을 것이다. 다소 딱딱하고 건조한 느낌을 줄 수도 있겠지만 좋은 약이 쓰다는 말이 있듯이 꼼꼼히 잘

읽게 되면 실천 현장에서 접하는 많은 문제들을 해결하는 데에 큰 도움이 될 것으로 확신한다. 재가노인복지실천을 수행하는 실천가들에게 유용한 핵심적인 정보들을 독자들이 쉽게 이해할 수 있도록 설명해 놓았다. 엄청난 분량의 방대한 재가노인복지 관련 자료들 가운데에서 필요한 내용들을 한 권의 책으로 집대성해 보려고 애썼다. 산발적으로 흩어져 있었던 여러 자료들이 '콜라보레이션(collaboration)' 되도록 했다. 다만 다양한 통계 수치와 그 결과들을 기초로 해서 작성한 내용이 많아 지속적인 책의 개정이 이루어져야 할 필요가 있는 것도 사실이다.

그러나 어쩌면 이런 이유로 이 책은 이번 한 번으로 완성되기보다는 계속 개정되어야 할 운명일 것이다. 그래서 한편으로는 저자들의 입장에서는 안도의 한숨을 돌릴 수 있을 것 같다. 초판이 나가자마자 곧바로 개정판을 준비해야 하니까 말이다. 이 책의 부족한 부분은 2판, 3판, 4판을 거듭해 가면서 충실하게 보완해 나갈 것을 약속드린다.

중요한 것은 이 책을 통해 재가노인복지의 필요성과 중요성이 진정으로 부각되어 이 땅에서 살아가는 수많은 어르신들이 익숙한 자신의 생활터전에서 행복할 수 있는 권리가 보장되고 그에 부합하는 사회복지 서비스가 전달되었으면 한다.

이 책이 나오기까지 애써주신 분들이 있다.

꼭 필요한 사례를 아낌없이 제공해 주신 삼전종합사회복지관 관장님과 사회복지사 선생님 그리고 서비스 이용자께 감사드린다. 또한 박사학위를 취득하고 더 많은 연구를 위해 미국에서 노인복지 상담 기법을 연수하며 한국연구재단 프로젝트를 수행하고 있는 이현아 박사에게도 고마운 마음을 전하고 싶다. 이현아 박사는 그 바쁜 와중에도 자신의 스승과 선배가 작업한 이 책의 내용을 꼼꼼하게 읽어 주고, 수정할 부분과 오류로 표기된 내용들을 찾아서 지적해 주었다. 실증적인 자료 분석에 근거해서 작성한 내용이 많은 이 책에서 이현아 박사의 세심한 검토는 책의 내용을 신뢰하게 하는 기초가 되었다고 본다. 그리고 출판사와의 소통이며 원고 교정과 교열, 참고문헌 정리 등 온갖 자질구레한 일들을 도맡아 수고해 준 강남대학교 사회복지전문대학원 박사과정 수료생인 박종미 선생에게도 감사함을 전한다.

끝으로 우리 두 사람의 사역을 뒷받침해 주는 각자의 가족들과 믿음의 공동체에 속한 교인들께도 고맙다는 말씀을 드린다. 이들의 헌신과 기도가 있었기에 목사이면서 교수인 우리 두 사람의 교육과 연구, 목회가 이나마도 감당되고 있다고 생각한다.

이 모든 일을 이루어 가시는 하나님께 감사와 영광을 돌린다.

이준우 · 서문진희

차례

Part I

재가노인복지 서비스의 이해

우리나라의 재가노인복지는 1991년 공식적인 사업으로 시작되었으며 올해로 26년째를 맞고 있다. 그동안 다양한 사회 환경적인 변화와 급속한 인구 고령화로 인한 노인문제의 증가는 노인복지 서비스를 필요로 하는 대상자를 크게 증가시켰으며, 노인의 기대수명이 늘어나면서 직면하게 된 장기요양 필요노인의 증가는 향후 지속적으로 노인복지 영역의 확대를 가져올 전망이다. 특히 노인장기요양 서비스 이용노인의 약 70%가 재가 서비스를 이용하고 있으며, 재가 서비스가 시설입소 서비스에 비해 비용 효율적인 점과 정상화 도모 등 사회통합 측면에서도 효과적인 점 등을 감안할 때, 재가노인을 위한 사회복지 서비스의 중요성이 더욱 증대될 것으로 보인다.

재가노인을 위한 제반 사회복지 서비스들을 구체적으로 살펴보기에 앞서 제I부 제1장에서는 재가노인복지 서비스 개념에 관한 논의와 그 범위에 관해 정리해보고, 제2장에서는 인구 구조의 변화에 따른 요보호노인의 증가와 가구 구조의 변화에 따른 가족부양 기능의 약화 등 재가노인복지 서비스의 필요성을 증대시키는 다양한 요인들에 관해 알아보려고 한다. 제3장에서는 우리나라의 재가노인복지 서비스가 어떤 과정을 통해 발달해 왔는지를 고찰하면서 재가노인복지 서비스의 목적, 주체, 대상 및 유형들이 구체적으로 어떤 변화를 거쳐 현재에 이르게 되었는지 발달 단계별로 살펴봄으로써 앞으로 살펴보게 될 재가노인복지 서비스 전반에 관한 역사적 토대를 제공하고자 한다.

Chapter 1

재가노인복지 서비스의 개념

1 노인복지 서비스의 개념

2 재가노인복지 서비스의 개념

재가노인복지 사업은 1990년대 초의 초기 시범 사업 때부터 2008년 초반까지도 주로 '가정봉사원 파견 사업', '주간보호사업' 등 '사업' 위주의 시설 운영에 집중되었으며, 기관의 명칭도 사업의 내용에 따라 부여되었다.

그러나 2008년 7월 1일부터 노인장기요양보험제도가 실시됨에 따라 장기요양보험의 재가 급여와 기존의 재가노인복지 사업의 내용적 차이가 불명확하게 되었으며, 기존 재가노인복지 서비스 제공기관들의 명칭도 장기요양의 재가 급여 제공기관들과 유사 또는 동일하게 사용됨으로써 큰 혼란을 야기하고 있는 현실이다.

또한 재가노인복지 실천현장에서 제공되는 서비스 자체에 대한 용어도 '재가복지 사업', '재가 서비스', '재가노인복지', '재가노인복지 서비스' 등으로 서로 다르게 사용함으로써 서비스 이용자뿐 아니라 노인복지 종사자들조차 그 차이를 명확히 구분하지 못하는 경우가 많이 있으며, 특히 노인장기요양보험의 실시로 인해 건강보장의 개념과도 맞물려 있어 개념의 일치를 위한 논의가 필요한 시점이다.

이에 본 장에서는 먼저 '노인복지 서비스'가 현행 사회복지법의 체계상 차지하는 위치를 살펴봄으로써 그 개념을 명확히 한 다음, 이를 토대로 규정할 수 있는 '재가노인복지 서비스'의 개념과 범위를 우선 살펴보려고 한다. 그런 후에 재가노인복지 서비스에 관한 전반적인 이해를 돕고자 한다.

01 노인복지 서비스의 개념

1) 노인복지 서비스의 정의

사회복지를 국민이 행복한 상태, 안정된 삶, 생활욕구가 충족된 삶을 살 수 있도록 삶의 질을 개선하는 데 목적을 둔 사회적이고 조직적인 활동이라고 정의한다면, 노인복지는 사회복지실천의 한 분야로서 노인이 복리적인 상태를 유지하도록 하는 사회적 활동이라고 볼 수 있다. 「노인복지법」 제1조에 의하면, 노인복지는 노인의 질환을 사전예방 또는 조기발견하고, 질환 상태에 따른 적절한 치료 · 요양으로 심신의 건강을 유지하고, 노후의 생활안정을 위하여 필요한 조치를 강구함으로써 노인의 보건복지 증진에 기여함을 목적으로 한다(「노인복지법」 제1조).

노인복지의 목적을 달성하기 위해 마련된 노인복지정책에 대한 정의는 학자들마다 다르게 제시하고 있으나 주요 노인복지정책의 영역으로는 공통적으로 소득보장, 의료(건강)보장, 주택(주거)보장을 포함한다.[1] 여기에 일상생활에서 문제를 겪고 있는 노인과 그 가족의 사회적 기능을 향상시키기 위해 제공되는 사회적 서비스를 추가하기도 한다(최성재, 1993; 유성호 외, 2002; 박석돈 외, 2004; 임춘식 외, 2005; 권중돈, 2009).

노인복지정책의 한 영역인 '사회적 서비스'의 용어도 학자들에 따라 노인의 사회복지 서비스(박경일 외, 2000; 임춘식 외, 2005), 노인복지 서비스(유성호 외, 2002; 박석돈 외, 2004), 또는 노인을 위한 사회적 서비스(최성재, 1993; 권중돈, 2009) 등으로 혼용되고 있다. '사회적 서비스'는 서비스 이용 장소에 따라 구분할 때, 서비스 대상자들이 가정에서 복지혜택을 누리느냐 아니면 시설에 입소하여 복지혜택을 누리느냐에 따라 '재가서비스'와 '시설입소 서비스'로 나눌 수 있다.

2) 관련법 체계상에서의 노인복지 서비스 위치

앞서 설명한 노인복지 서비스의 개념을 보다 명확히 하기 위해서 국민의 보편적, 생애주기 특성에 맞는 소득보장과 사회서비스를 보장하고자 마련된 「사회보장기본법」[2] 상에서 노인복지 서비스의 위치를 살펴보려고 한다.

「사회보장기본법」은 크게 사회보험, 공공부조 및 사회서비스로 구성되어 있다. 사회보험은 국민 대다수를 대상으로 사회적 위험에 대한 보장을 추구하는 보편적인 정책이며, 공공부조는 상대적으로 선별적이고 우선적 대상에게 제공되는 현금 위주의 정책이라고 볼 수 있다. 이에 반해 사회서비스는 '국가 · 지방자치단체 및 민간 부문의 도움이 필요한 모든 국민에게 복지, 보건의료, 교육, 고용, 주거, 문화, 환경 등의 분야에서 인간다운 생활을 보장하고 상담, 재활, 돌봄, 정보의 제공, 관련 시설의 이용, 역량 개발, 사회참여 지원 등을 통하여 국민의 삶의 질이 향상되도록 돕는 활동'이라고 정의할 수 있다(「사회보장기본법」 제3조). |그림 1-1|에서 보는 바와 같이 「사회보장기본법」은 첫

---

1) 일부 학자들은 노인의 경제 활동 참여의 중요성을 이유로 고용보장을 소득보장으로부터 분리하는 경우도 있다(박경일 외, 2000; 박석돈 외, 2004; 임춘식 외, 2005; 권중돈, 2009).

2) 현 「사회보장기본법」은 2012년 1월 26일 전면 개정하여 2013년 1월 27일부터 시행되고 있다. '사회보장'이란 출산, 양육, 실업, 노령, 장애, 질병, 빈곤 및 사망 등의 사회적 위험으로부터 모든 국민을 보호하고 국민의 삶의 질을 향상시키는 데 필요한 소득 · 서비스를 보장하는 사회보험, 공공부조, 사회서비스를 말한다.

째, 사회보험과 공공부조를 통한 국민의 소득보장을 추구하고, 둘째, 사회서비스 보장을 통해 국민의 삶의 질 향상을 도모한다.

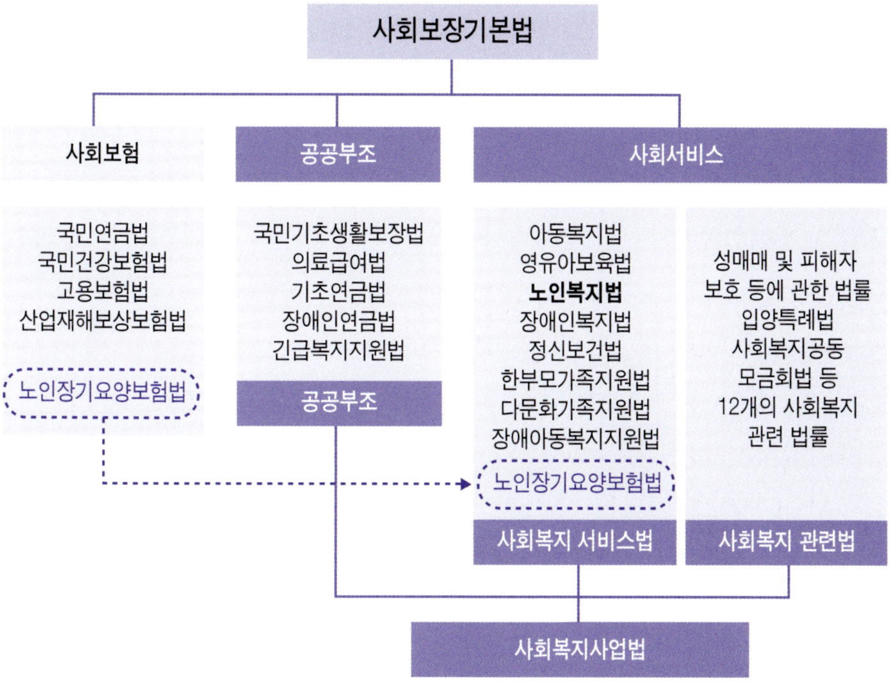

| 그림 1-1 | 「사회보장기본법」과 「사회복지사업법」의 비교

반면, 사회복지 사업은 공공부조, 사회복지 서비스법 및 사회복지 관련법으로 구성되어 있다. 이로써 사회복지실천의 내용과 방향성은 「사회보장기본법」을 토대로 도출된다고 할 수 있으며, 이를 구체적으로 규정하고 있는 것이 「사회복지사업법」이다. 「사회복지사업법」은 「사회보장기본법」의 영역 중 사회보험을 제외하고, 공공부조 및 사회서비스와 관련된 세부 사항들을 명시하고 규정함으로써 사회복지 상담, 지역사회복지, 의료복지, 재가복지, 사회복지관 운영 등 각종 복지 사업의 운영을 지원한다.

「노인복지법」은 노인의 심신 건강 유지 및 생활 안정을 위하여 필요한 조치를 강구하기 위한 법률로서 「사회복지사업법」 중 하나로 포함되어 있다. 이와 같은 연계 선상에서 볼 때 「노인복지법」은 「사회보장기본법」 중 하나의 영역인 사회서비스에 속하면서 「사회복지사업법」 중에서는 사회복지 서비스법 중의 하나인 것을 알 수 있다. 따라서 노인복지 서비스는 노인을 대상으로 제공하는 사회복지 서비스라고 개념적으로 정리할 수 있다.

「노인장기요양보험법」의 경우는 사회보험법의 하나이기는 하지만 장기요양보험 대상자가 수급하는 급여의 형태가 대부분 서비스의 형태로 제공된다는 점에서 사회서비스에 포함시킨다 해도 무리가 없는 것으로 보여진다. 따라서 본 서에서는 노인복지 서비스를 '「노인복지법」과 「노인장기요양보험법」에 근거하여 노인을 대상으로 제공하는 사회복지 서비스' 라고 정의하여 사용하려고 한다.

02 재가노인복지 서비스의 개념

1) '재가' 용어의 의미

재가노인복지 서비스의 정의를 논의함에 있어 먼저 재가노인복지의 '재가'라는 용어의 의미부터 살펴보고자 한다. '재가(在家)'는 우리나라에서 주로 사용하는 용어로서, 가정 내에서의 가족 기능을 강조하는 것으로 복지를 가족에게 맡기려는 우리나라의 경향성을 반영한다고 볼 수 있다(김미혜 외, 2008).

'재가'와 유사한 용어로 일본에서 주로 사용하는 '재택(在宅)' 또는 '거택(居宅)'이라는 용어가 있다. 이는 요보호자 부양의 일차적 책임을 가족에게 전가하지 않고, 사회적 책임으로 인정하되 부양, 간병, 보호 등의 서비스 제공 장소로 요보호 대상자들이 사는 가정이라는 장소를 강조하고 지역사회를 벗어나지 않겠다는 의미를 지니고 있다고 풀이할 수 있다(선우덕 · 조추용, 2004). 또한 미국에서 주로 사용하는 '홈케어(home care)'도 '집'이라는 장소적 의미를 강하게 내포하고 있으며, 이러한 유사 단어들 모두는 '가정에서 서비스를 제공받는다'는 공통점을 내포하고 있어 시설 입소 대상자를 제외한 지역사회 내 가정에서 생활하는 모든 요보호 대상자를 포함하는 것을 알 수 있다.

「노인보건복지사업안내」에서는 재가노인복지 사업[3]의 목적을 '정신적 · 신체적인 이유로 독립적인 일상생활을 수행하기 곤란한 노인과 노인 부양가정에 필요한 각종 서비스를 제공함으로써, 노인이 가족 및 친지와 더불어 건강하고 안정된 노후 생활을 영위할 수 있도록 함과 동시에 노인 부양으로 인한 가족의 부담을 덜어주기 위함'으로 규정하고 있어 가정의 개념을 친지를 포함한 지역사회로 확대하고 있다(보건복지부, 2014a). 따라서 재가노인복지 서비스는 '독립적인 일상생활을 수행하기 곤란한 노인이 가정에 머물면서 가족 및 친지와 더불어 건강하고 안정된 삶을 영위할 수 있도록 하기 위해 제공되는 사회복지 서비스'라고 정의할 수 있다.

2) 재가노인복지 서비스의 범위

재가노인을 위한 사회복지 서비스, 즉 재가노인복지 서비스의 범위는 |표 1-1|에서

---

3) 이 책에서는 '사업'이란 용어를 '서비스'와 어의상 동일한 의미로 사용하기로 한다.

살펴본 바와 같이 「노인복지법」과 「노인장기요양보험법」에 의해 제공되는 서비스 중 장기치료나 요양보호를 목적으로 수용시설에 입소된 노인이 아닌, 대상 노인에 대해 자신의 가정에서 보호하는 활동과 이용 · 통원 시설에서 보호하는 활동 등의 사회복지 서비스라고 이해할 수 있다. 이를 구체적으로 살펴보면 | 표 1-1 | 과 같다.

표 1-1 재가노인복지 서비스의 범위*

노인복지법		노인장기요양보험법	
노인복지시설	서비스	장기요양기관	급여
• 노인의료복지시설		• 시설 급여	
• 재가노인복지시설	• 방문요양 • 방문목욕 • 주 · 야간보호 • 단기보호 • 재가노인 지원	• 재가 급여	• 방문요양 • 방문목욕 • 주 · 야간보호 • 단기보호 • 방문간호 • 기타 재가 급여(복지용구 사업)
• 노인여가복지시설 (노인복지관 · 경로당)	• 노인돌봄종합 • 독거노인 보호 • 결식우려노인 무료 급식		
• 노인보호전문기관	• 노인 학대 예방 • 학대피해노인 쉼터		
• 노인주거복지시설			
• 노인일자리 지원기관			

* 「노인복지법」 제38조(재가노인복지시설), 「노인장기요양보험법」 제23조(장기요양 급여의 종류), 2015년 「노인보건복지사업안내」의 내용을 참조하여 재구성하였다.

먼저 「노인복지법」 상의 재가노인복지 서비스를 살펴보면 「노인복지법」 상의 6가지 노인복지시설 중 재가노인복지시설에서 제공하는 일체의 서비스가 해당된다. 여기에는 방문요양, 방문목욕, 주 · 야간보호, 단기보호 및 재가노인 지원 서비스가 포함되며, 65세 이상 노인으로 일정 등급 이상의 건강 상태가 서비스 대상자 선정요건이라는 점에서 「노인장기요양보험법」에 의해 제공되는 재가장기요양 급여와 상당 부분 일치된다.

노인장기요양 등급 외 A, B를 판정받았고 소득 수준이 낮아 가사 지원이나 요양이 필요한 노인들에게 제공되는 노인돌봄종합 서비스, 독거노인을 보호하기 위한 생활관리사 파견이나 안전도우미 파견 사업 등은 노인여가복지시설 중 노인복지관에 의해서 수행되고 있다. 그러나 노인돌봄종합 서비스는 종합사회복지관이나 사회서비스 바우처 기관으로 등록된 타기관에 의해서 제공되기도 한다. 독거나 저소득으로 인해 결식 우려가 있는 노인들을 위한 무료급식 서비스는 노인복지관 내에 경로 식당을 설치하여 제공하거나, 종합사회복지관이 지역 경로당 노인들을 대상으로 무료급식을 제공하고, 거동이 불편한 노인들에게는 반찬이나 식사 배달 서비스를 제공하고 있다. 가정 내 노인의 인권보호 및 학대 예방을 위한 서비스와 학대피해노인 쉼터 운영은 노인보호전문기관에 의해 이루어지고 있다.

「노인장기요양보험법」에 의한 급여는 시설 급여와 재가 급여로 나눠지며, 재가 급여에 해당하는 방문요양, 방문목욕, 주 · 야간보호, 단기보호, 방문간호 및 복지용구 사업 등이 재가노인복지 서비스라고 할 수 있다. 행정 절차상 재가 급여의 용어를 사용하지만 실질적인 내용상에서는 재가노인복지시설에서 명시하고 있는 재가 서비스와 다르지 않다. 다만 방문간호는 보건 서비스의 성격이 크기 때문에 「노인복지법」 상의 재가 서비스에 포함되지 않으며, 기타 급여로서의 복지용구 사업도 포함되지 않는다.

따라서 본 서에서는 재가노인을 사회복지 서비스, 즉 재가노인복지 서비스의 범위를 「노인복지법」 상의 방문요양, 방문목욕, 주 · 야간보호, 단기보호 및 재가노인 지원 서비스와 「노인장기요양보험법」 상의 방문간호, 복지용구 사업을 주요 영역으로 규정한다. 또한 노인여가복지시설 등에서 제공하는 노인돌봄종합, 독거노인 보호 및 결식 우려노인 무료급식 서비스와 노인 학대 예방과 학대피해노인 쉼터에서 제공되는 제반 서비스를 포함하려고 한다.

3) 재가노인복지 서비스 제공기관의 명칭

재가노인복지 서비스는 시설입소 서비스와는 다르게 다양한 서비스가 포함되기 때문에 서비스 제공기관마다 사용하는 명칭이 각양각색이다. 특히 노인장기요양보험제도가 시행된 이후에 등록된 기관들의 경우에는 법적 권고 사항과는 별개로 시설장이 원하는 명칭을 사용하고 있으며, 주무 관청의 행정감독이 이루어지지 않아 더욱 심화되고 있는 추세이다. 재가장기요양기관의 경우에는 복지용구 사업을 제외한 방문요양, 방문목욕, 주·야간보호, 단기보호 및 방문간호 서비스는 '○○재가노인복지센터·방문요양 -'과 같이 재가노인복지센터라는 명칭을 공통적으로 사용하고, 그 아래 세부적인 서비스명을 기재하도록 「노인보건복지사업안내」에 지침으로 나와 있다(보건복지부, 2015a).

그러나 노인장기요양보험 홈페이지의 기관 검색란에 등록된 명칭들의 실례를 살펴본 결과 | 표 1-2 | 에 기술한 바와 같이 다양하게 사용하고 있어 기관의 성격이 잘 나타나 있지 않을 뿐만 아니라 이용자들의 혼란을 가중시키고 있음을 알 수 있다.

표 1-2 재가노인복지 서비스 제공기관의 명칭

구분	제공 서비스명	실제 등록된 시설명*	법적 권고 시설명
재가장기요양기관	방문요양 방문목욕	• 재가복지센터, 재가노인복지센터, 돌봄센터, 재가방문요양센터, 노인복지센터	○○재가노인복지센터 –방문요양, 방문목욕, 주·야간보호 등
	주·야간보호	• 데이케어센터, 주·야간 보호센터, 노인복지 지원센터, 재가복지센터, 주간 보호센터	
	단기보호	• 단기 보호센터, 노인요양센터, 요양원, 요양타운, 실버케어 단기	
	방문간호	• 노인요양센터, 재가노인복지센터, 간호요양센터, 천사케어	
	복지용구 대여	• 의료기, 메디칼, 복지센터, 요양복지용구	
재가노인복지시설	방문요양 방문목욕 주·야간보호 단기보호	• 재가장기요양기관의 명칭과 유사하게 등록됨	별도의 언급이 없음
	재가노인 지원 서비스	• 재가노인복지시설, 재가노인복지센터	○○재가노인 지원 서비스센터
	재가노인 지원 센터	• 재가노인 지원센터	○○재가노인 지원센터

* 국민건강보험공단 노인장기요양보험 홈페이지(www.longtermcare.or.kr)의 기관 검색란에 등록된 명칭들의 예를 정리하였다. 재가노인 지원 서비스센터와 재가노인 지원센터의 경우는 노인장기요양보험 홈페이지의 기관 검색란에 별도의 유형으로 분류되어 있지 않다.

재가노인복지시설의 경우에는 주로 장기요양의 재가 급여를 제공하는 기관이 해당되기 때문에 재가장기요양기관의 명칭과 유사하게 등록되어 있으며, 이 중에 재가노인지원 서비스의 경우에는 장기요양 등급자에게 장기요양 재가 급여 이외의 서비스를 실시하는 기관으로 그 성격을 명확히 하기 위해 '○○재가노인 지원 서비스센터' 로 시설명을 사용하도록 하고 있다. 그러나 '재가노인 지원 서비스센터' 명칭은 방문 서비스와 주간보호, 단기보호를 복합적으로 제공하는 별도의 기관인 '재가노인복지센터' 와 매우 유사하여 혼선을 빚고 있는 실정이다. 이러한 명칭 혼선의 문제는 향후 행정적 개입으로 통일성 있는 명칭을 사용하여 명칭을 통해 각 기관의 서비스 특성을 알 수 있도록 개선되어야 할 부분이라고 할 수 있다.

Chapter 2

재가노인복지 서비스의 필요성

1 인구 구조 변화에 따른 요보호노인의 증가

2 가구 구조 및 가치관의 변화에 따른 가족 부양 기능 약화

3 지역사회 보호에 따른 정상화 도모

재가노인복지 사업이 등장하게 된 배경에 조금만 주목해 보면 재가노인복지 서비스의 필요성을 실제적으로 알 수 있다. 재가노인복지 사업[1]의 사회적 등장 배경은 산업화, 도시화, 핵가족화로 가족 규모가 축소되고 여성의 사회 참여가 증대됨에 따라 가정이 가지고 있던 고유한 기능 중에 노인 부양 기능이 약화된 데에서 찾을 수 있다. 가족 내에서 노인을 부양하는 책임을 감당해오던 주부양자의 감소는 인구의 증가와 더불어 늘어나는 요보호 필요노인의 문제에 대처할 수 있는 사회적 지원 체계의 필요를 발생시켰기 때문이다.

특히 1970년대 이후에는 노인 문제가 단순한 가족적 문제가 아니라 사회 문제로 인식되기 시작하였고, 1980년대 들어서면서부터 고령화로 인한 노인단독 세대의 증가 현상이 두드러지게 나타났다. 아울러 핵가족화로 인해 가족 가치관의 변화가 일어나면서, 요양 필요노인 부양의 문제를 기존의 시설 보호만으로 대처할 수 없다는 인식이 확산되자 재가노인복지 사업이 그 대안으로 모색되었다(김미혜 외, 2008; 이준우, 2013).

이에 본 장에서는 21세기 사회적 환경 변화에 따른 인구 구조 및 가족 구조의 변화를 먼저 살펴보고, 이러한 변화로 인해 대두되고 있는 재가노인복지적인 측면에서의 문제점과 그에 대한 대안으로서의 재가노인복지 서비스의 필요성을 구체적으로 알아보려고 한다.

01 인구 구조 변화에 따른 요보호노인의 증가

1) 노인 인구 비율의 지속적 증가

우리나라의 총인구 중에서 65세 이상 노인이 차지하는 비율은 2013년 현재 12.2%로 1970년 3.1%에 비해 급격하게 증가하였다. 이러한 증가 추세는 더욱 가속화되어 2030년에는 24.3%, 2050년에는 37.4% 수준에 이를 것으로 전망된다(통계청, 2013). 이러한 노인 인구의 증가는 경제 성장과 생활 수준의 향상으로 인해 영양이 좋아지고, 보건의료 기술이 발달함으로써 국민의 평균 수명이 길어진 데 가장 큰 원인이 있다.

1) 2008년 4월 27일 「노인장기요양보험법」 제정 이후 이용자 중심의 서비스라는 용어로 전환되기 전에는 기존 재가노인복지시설들이 제공하는 '사업'이라는 용어가 많이 사용되었다.

그와 더불어 |그림 2-1|에서 보는 바와 같이 저출산으로 인해 '비노인 인구층'이 점차 감소 추세에 있는 것도 노인 인구 비율의 지속적 증가에 영향을 주고 있다.

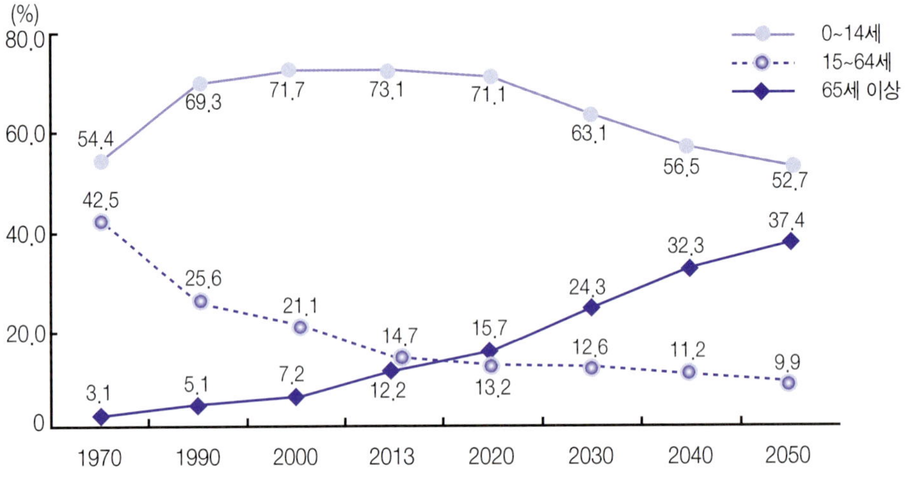

|출처| 통계청(2011). 장래인구추계.

|그림 2-1| 연령 계층별 인구 비율

통계청의 「생명표」에 의하면 한국인의 평균 수명은 2012년 현재 남자 78.51세, 여자 85.06세이며, 전체 평균 수명은 81.44세이다. 이는 10년 전인 2003년의 77.5세에 비해 약 4세가 증가한 수치이며, 평균 수명의 증가는 노인 인구의 증가를 가져와 급속한 고령사회, 초고령사회 진입을 현실화시킬 예정이다(통계청, 2013).

한편 '오래 산다는 것', 즉 '장수한다'는 것은 좋은 일이 아닌가?

하지만 '무병장수'할 수 없다는 사실이 문제가 된다. 이렇게 국민의 평균 수명이 연장되었음에도 불구하고 마냥 환영할 수 없는 것은 건강 수명이 그에 미치지 못하기 때문이다. 건강 수명은 전체 평균 수명에서 질병이나 부상으로 고통 받는 기간을 제외하고 건강한 삶을 유지하는 기간을 의미하는데, |그림 2-2|에서 보는 바와 같이 2012년 현재 한국인의 건강 수명은 73세로 평균 수명보다 8.4세가 낮아 후기 노년기에 건강하지 못한 상태로 살아가야 할 가능성이 매우 높음을 알 수 있다.

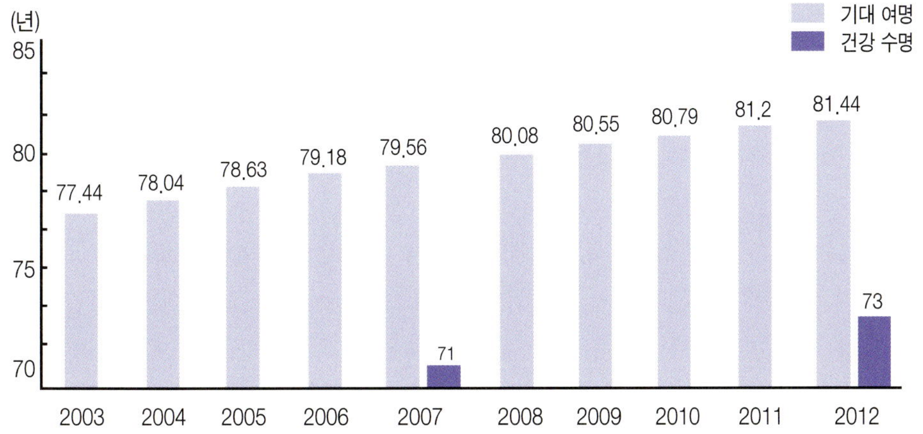

| 출처 | 통계청(2011). 장래인구추계.

| 그림 2-2 | **평균 수명 및 건강 수명 추이**

2) 후기 노인 인구의 증가 추이

이상의 평균 수명 및 건강 수명의 추이는 보다 더 구체적으로 '유병 장수'의 삶을 살아가야 하는 후기 노인의 인구 증가 추이를 점검해야 할 정책적인 필요성을 제기한다. 즉, 유병 장수의 삶을 살아가야 하는 후기 노인의 인구 증가 추이가 어떠한지를 살펴볼 필요가 있는 것이다.

65세 이상 노인을 전기 노인(65~74세)과 후기 노인(75세 이상)으로 살펴보면 | 표 2-1 | 과 같다. 1970년의 경우에 후기 노인은 전체 인구 중에서 0.8%에 불과했으며, 65세 이상 노인 중 후기 노인이 차지하는 비율이 1/4에 불과하였다. 그러나 42년이 지난 2012년 현재는 후기 노인이 전체 인구 중 4.7%로 증가하였을 뿐만 아니라 65세 이상 노인 인구 중 차지하는 비율 또한 39.8% 수준으로 높아졌다. 뿐만 아니라 향후 28년이 지난 2040년에는 노인 인구의 절반이 후기 노인일 것으로 추정된다. 따라서 이러한 후기 노인의 증가에 따른 다양한 대책이 시급하다고 할 수 있다.

표 2-1 전체 인구 중 노인 인구 비율 (단위: %)

구분		1970	1990	2000	2012	2020	2030	2040	2050
전체 인구 중 65세 이상 비율		3.1	5.1	7.2	11.8	15.7	24.3	32.3	37.4
전기 노인 (65~74세)	전체 인구 중 비율	2.3	3.5	4.8	7.1	9.0	14.6	15.8	15.3
	65세 이상 인구 중 비율	74.2	68.6	66.7	60.2	57.3	60.1	48.9	40.9
후기 노인 (75세 이상)	전체 인구 중 비율	0.8	1.6	2.4	4.7	6.7	9.7	16.5	22.1
	65세 이상 인구 중 비율	25.8	31.4	33.3	39.8	42.7	39.9	51.1	59.1

| 출처 | 통계청(2011). 장래인구추계.

노인 인구 특히 후기 노인의 증가가 내포하고 있는 심각성 중의 하나는 노인들이 겪고 있는 다양하고 복합적인 모습들로 표출되는 문제들에 있다.

「2012년도 사회 조사」에 따르면 | 표 2-2 | 에서 보는 바와 같이 응답자 5,425명의 노인들 중 39.8%가 건강 문제를 경험하고 있으며, 40.2%가 경제적인 어려움을 가지고 있는 것으로 응답하였다. 또한 6.0%의 노인들이 소일거리가 없어서 고민하고 있으며, 4.1%의 노인들이 외로움이나 소외감을 경험하고 있는 것으로 나타났다(통계청, 2012a).

표 2-2 노인이 경험하는 어려움(65세 이상) (단위: %)

구분		계	경제적 어려움	직업이 없거나 고용이 불안정	소일 거리 없음	건강 문제	외로움 소외감	가족으로부터 푸대접	사회에서의 경로의식 약화	일상생활 도움 서비스 부족	노인 복지 시설 부족	기타
2011		100.0	40.2	2.4	6.0	39.8	4.1	0.2	2.7	1.1	2.5	0.9
연령별	65~69세	100.0	43.1	4.6	5.9	33.5	3.7	0.4	4.0	1.3	2.9	0.7
	70~79세	100.0	39.7	1.6	7.0	41.2	3.3	0.2	2.4	1.0	2.6	1.1
	80세 이상	100.0	36.3	0.9	3.7	47.2	7.1	0.2	1.6	1.2	1.2	0.7

| 출처 | 통계청(2012a). 사회 조사.

이러한 문제들 중에서 건강 문제와 외로움, 소외감 등은 후기 노인으로 갈수록 전기 노인에 비해 심각한 것을 알 수 있다. 노인의 신체적 기능 저하로 인한 건강 악화와 질병의 문제는 1차적으로 가족의 보호에 의해 이루어져야 하겠지만 노인장기요양보험과 같은 사회적 차원의 보장이 그 대안이 될 수 있다. 특히 배우자의 사망, 친구의 사별 등과 같은 이별의 경험은 고독감과 고립감을 크게 심화시키며, 이로 인해 우울증 경향이 증가하는 요인이 되기도 한다.

따라서 이러한 실태는 향후 정부가 후기 노인들의 문제 해결을 위해 보다 적극적인 노력을 기울여야 함을 시사해준다. 후기 노인들이 당면하고 있는 문제의 복합성과 심각성은 시설입소 서비스보다 지역사회 자원 연계를 통한 사례 관리 등 재가 서비스 실천으로 효과적인 개입을 할 수 있다는 측면에서 재가노인복지 서비스의 필요성이 중요하게 제기된다.

3) 노인의 유병률

2012년 「사회 조사」 결과에서 노인들의 유병률을 살펴보면 | 그림 2-3 | 과 같다. 유병률은 조사 시점으로부터 지난 2주일 동안 0세 이상 인구 중에 질병이나 사고로 아팠던 사람의 비율을 말한다. 10대 이후부터는 연령이 높아질수록 유병률이 증가하여 60대 이상은 56.1%로 매우 높아 요보호노인 확대의 심각성을 알 수 있다.

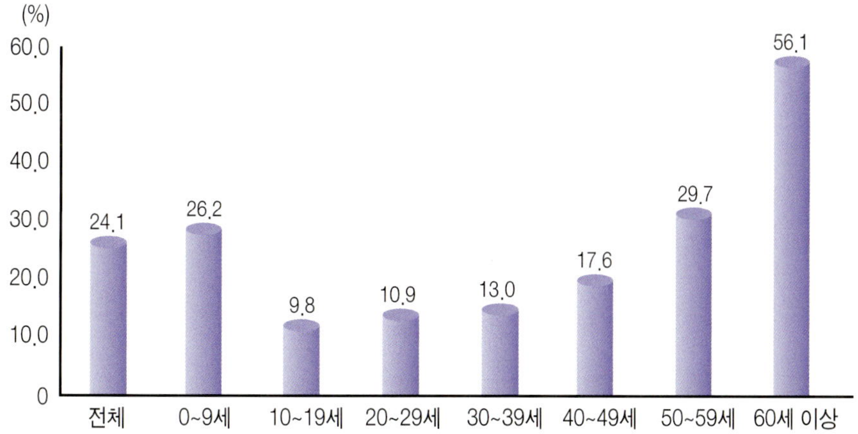

| 출처 | 통계청(2012a). 사회 조사.

| 그림 2-3 | 지난 2주간의 유병률

한국보건사회연구원이 보건복지부의 의뢰를 받아 추진한 「2011년도 노인 실태 조사」 결과에 따르면 조사에 응답한 전국 노인 1만 1,542명 가운데 88.5%가 만성 질환을 갖고 있는 것으로 나타났다(보건복지부, 2012a). 노화와 관련된 만성 질환은 합병증이 많고 완쾌가 어렵기 때문에 노인의 신체적 질병이나 장애는 개인과 가족의 신체 기능의 손상은 물론, 불안이나 우울 등과 같은 심리적 고통을 수반하며, 일상생활 과업의 수행과 사회적 관계 유지 기능에 손상을 가져온다(서문진희 · 이현아, 2011).

4) 돌봄의 주체로서의 노인 증가

노인은 전통적으로 돌봄의 대상자로 여겨져 왔다. 그러나 돌봄이 필요한 노인의 증가는 공식적 · 비공식적 '돌봄 인력'의 수급 문제를 야기하였고, 공식적 돌봄으로 감당할 수 있는 체계가 미비하여 비공식적 돌봄에 상당 부분 의존해야만 하는 상황에 도달하였다. 나아가 가족 내 돌봄자가 감소하고 있는 현상은 노인이 노인을 돌봐야 하는 상황을 초래하였다(서문진희 · 김근홍, 2013).

구체적 원인으로는 첫째, 평균 수명의 연장으로 인한 '돌봄 자녀'의 고령화를 들 수 있다. 돌봄이 필요한 후기 노인이 많아지면서 자녀 세대인 며느리나 딸의 연령도 동시에 높아져서 80대 이상의 돌봄 대상 노인을 50~60대의 자녀 세대가 돌봐야 하는 가구가 점차 증가하고 있으며, 이러한 경우는 젊은 돌봄자에 비해 노인 돌봄자의 신체적 · 경제적 부담감이 더 큰 것으로 나타났다(윤현숙 · 차흥봉 · 조세희, 2000). 통계청의 자료에 따르면 85세 이상 초고령 인구의 비중이 2012년 0.9%에서 2030년 2.5%, 2050년에는 7.7%로 크게 증가할 것으로 전망되어 노인 돌봄자의 문제는 더욱 심각해질 것으로 보인다(통계청, 2011).

노인이 노인을 돌봐야 하는 상황의 문제점은 앞서 살펴본 바와 같이 65세 이상 노인의 88.5%가 만성 질환을 한 가지 이상 앓고 있으며, 만성 질환의 수는 평균 2.5개로 우리나라 노인의 만성 질환이 심각한 상태이기 때문에 무엇보다도 돌봄자의 신체적 및 정서적 허약성에서 기인한다고 할 수 있다. 또한 돌봄이 필요한 노인을 부양하는 '주 돌봄자' 중 배우자인 경우가 53.0%로 높게 나타나 노인이 노인을 돌봐야 하는 현실을 반영해 주고 있어 만성 질환을 가지고 있는 노인들의 어려움을 짐작하게 해준다(서문진희 · 김근홍, 2013).

둘째, 노인이 손자녀를 양육하거나 돌봐야 하는 조손 가정의 증가를 들 수 있다. IMF 이후 급격하게 증가한 고용 불안과 가족 해체로 인해 우리 사회에서 조손 가족이 크게 증가했고, 그러한 증가 추세가 여전히 지속되고 있는 것으로 보인다. 여성가족부(2010)가 실시한 「2010 조손 가족 실태 조사」에 따르면 손자녀를 양육하고 있는 조부모의 평균 연령은 72.6세로 연로하였으며, 1995년부터 2010년 사이에 우리나라 전체 가구가 32.4% 증가하였는데 비해 조손 가구는 35,194가구에서 69,175가구로 급증하였다.

노인 세대는 혈연에 바탕을 둔 가족 중심주의를 중요한 미덕으로 생각하여 자신의 자녀가 양육할 수 없게 된 손자녀에 대한 혈연적 유대와 정서적 연민에 바탕을 두고 자신들이 손자녀의 양육을 책임져야 한다는 의무감을 가지고 있다(염동훈, 2007). 그렇기 때문에 노인들은 자신의 신체적 · 경제적 부담이 가중되는 불편을 감수하면서도 손자녀의 양육이나 돌봄을 감당하게 된다.

02 가구 구조 및 가치관의 변화에 따른 가족 부양 기능 약화

1) 노인이 속한 가구 구조의 변화

노인 인구의 증가는 신체적 · 정서적 측면에서 가족 보호, 특히 요양에 대한 부담이 가중되는 인구 계층의 증가라는 점에서 그 심각성이 크다고 할 수 있다. 전통적으로 요양이 필요한 노인의 부양 기능을 감당하던 여성들의 경제 활동 참여 증가와 산업화와 도시화로 인한 핵가족화는 노인을 부양할 수 있는 부양자의 감소를 초래하였고, 노인 부부 또는 독거노인 가구의 증가는 요보호노인에 대한 가족의 부양 능력 약화를 초래하고 있는 실정이다.

빠른 고령사회로의 진입과 더불어 급속하게 변화되고 있는 가구 구조를 살펴보면 | 그림 2-4 | 와 같다. 2012년도 「장래가구추계」 결과를 토대로 도출된 노인 가구의 실태는 가구주의 연령이 65세 이상인 고령 가구의 비율이 2013년 현재 19.5%로 2000년 11.9%, 2005년 15.2%, 2010년 17.8%에 비해 매년 증가하는 추세이다(통계청, 2012b).

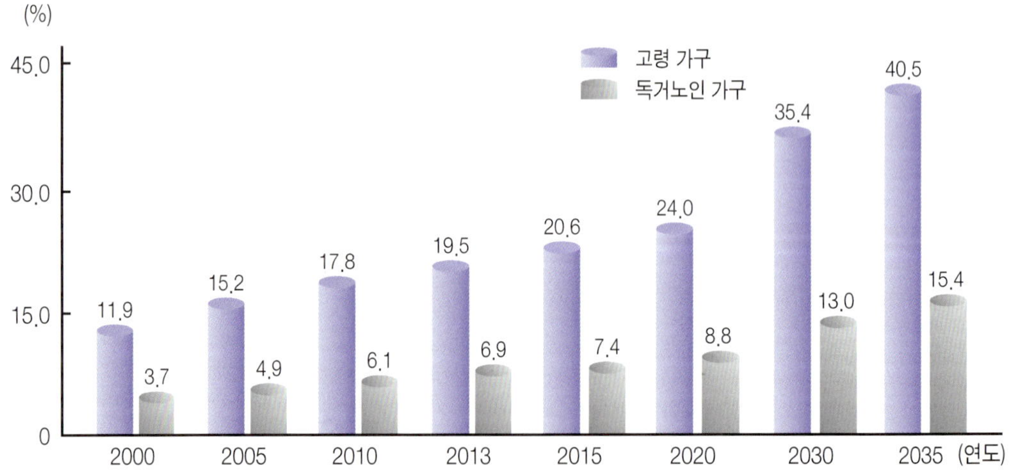

| 출처 | 통계청(2012b). 장래가구추계.

| 그림 2-4 | 고령(65세 이상 노인) 가구 추이

특히 가구주의 연령이 65세 이상이면서 혼자 사는 가구인 독거노인 가구는 2013년 현재 총 가구의 6.9%를 차지하였으며, 향후 2035년에는 15.4%로 지속적으로 증가하는 추세이다. 노인 부부 가구는 건강상의 문제가 발생할 경우에 공식적 요양보호를 제공받지 못하면 노인인 배우자가 돌봄을 감당해야 할 가능성이 높으며, 독거노인의 경우에는 타인에 의한 돌봄만이 해결책이다.

표 2-3 고령 가구 유형 (단위: 천 가구, %)

연도	구분			고령 가구 유형					
	총가구	고령 가구	구성비	부부		부부 + 자녀		독거노인	
				가구	구성비	가구	구성비	가구	구성비
2000	14,507	1,734	11.9	573	3.9	184	1.3	544	3.7
2005	15,971	2,432	15.2	822	5.1	249	1.6	777	4.9
2010	17,359	3,087	17.8	1,038	6.0	297	1.7	1,056	6.1
2013	18,206	3,546	19.5	1,185	6.5	327	1.8	1,252	6.9
2020	19,878	4,772	24.0	1,569	7.9	437	2.2	1,745	8.8
2030	21,717	7,690	35.4	2,533	11.7	719	3.3	2,820	13.0
2035	22,261	9,025	40.5	2,919	13.1	791	3.6	3,430	15.4

| 출처 | 통계청(2012b). 장래가구추계.

가족의 부양 능력 약화로 인해 노인 요양을 담당할 대체 수단의 필요성이 증대되고 있는 시점에서 2008년 7월부터 '노인장기요양보험제도'가 실시되고 있다. 하지만 노인장기요양 서비스의 대상이 중증 질환을 가진 노인 등에게 한정되어 있어 요양이 필요한 상당수의 노인들이 아직도 비공식적 가족 돌봄에 의존해야 하는 실정이다. 65세 이상 노인 중 약 10%가 장기요양 욕구를 가지고 있다고 추정되는 상황에서 노인장기요양보험제도를 통해 5.6%, 노인돌봄종합 서비스를 통해 0.3%가 서비스를 제공받고 있어 장기요양 욕구를 가진 약 4.1%의 노인들은 개인적 책임 하에 요양의 욕구를 해결해야 하는 상황이다(석재은, 2010).[2] 이러한 이유로 인해 등급 판정을 받지 못한 노인들 중에

2) 2013년 1월말 현재 노인장기요양 등급 신청자는 645,470명이었고, 이중 53.12%인 340,450명만이 1, 2, 3등급으로 인정되어 장기요양 서비스를 이용할 수 있으며, 149,999명이 등급 외자로 판정을 받아 노인장기요양 서비스를 제공받을 수 없는 실정이다(국민건강보험공단, 2014a).

소득 수준과 부양 의무자 조건을 충족시키는 저소득 노인을 제외하고는 대부분 가정 내 가족 부양자에 의한 비공식적 돌봄에 의탁하고 있는 실정이다.

2) 부모 부양에 대한 의식의 변화

전통적으로 노인은 가족 내에서 최고 어른으로서의 대우를 받았으나 오늘날 급변하는 사회 속에서 젊은 세대들의 효에 대한 공양 의식이 과거와 달라졌으며, 부양에 대한 책임감도 약해지고 있는 실정이다(서상철, 2009). 2012년 「사회 조사」 결과에 따르면 부모의 노후를 '가족' 이 돌보아야 한다는 생각이 2008년 40.7%에서 2012년 33.2%로 감소하여 부모 부양에 대한 의식이 빠르게 변하고 있음을 보여준다(| 그림 2-5 |).

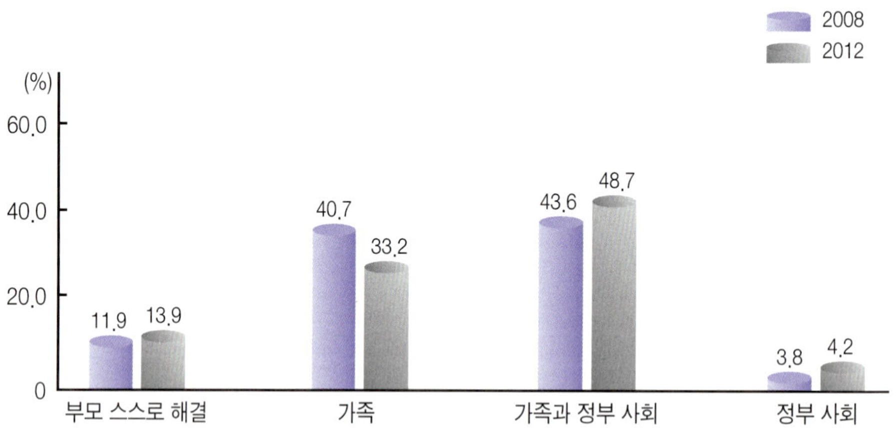

| 출처 | 통계청(2012a). 사회 조사.

| 그림 2-5 | 부모 부양에 대한 견해

반면에 부모의 노후 생계 책임에 대해 '가족과 정부 · 사회' 가 함께 돌보아야 한다는 견해가 48.7%로 가장 많았는데, 이는 2008년 43.6%에 비해 높아져 노부모 부양의 사회복지적인 개입에 대한 욕구가 높아지고 있음을 알 수 있다. 또한 부모 스스로 해결해야 한다는 견해도 11.9%에서 13.9%로 증가하여 노인들이 더 이상 자신들의 노후 보장에 대한 책임을 자녀에게 맡길 수 없는 현실을 나타내준다.

| 표 2-4 | 를 보면 부모의 노후에 누가 부양해야 하는가에 대한 견해도 크게 변화되고 있는 것을 알 수 있다. 전통적으로 장남이나 아들이 책임을 져야 한다고 생각하던 경향

이 변하여 모든 자녀가 함께 부양해야 한다는 견해가 74.5%로 높았다. 반면, 아들이 부양해야 한다는 견해는 2008년 6.7%에서 2012년 3.9%로 감소하였으며, 특히 장남이 부양해야 한다는 견해는 2008년 17.3%에서 2012년 7.0%로 크게 감소하였다.

표 2-4 가족 중 부모 부양자에 대한 견해 (단위: %)

연도	소계	장남 (맏며느리)	아들 (며느리)	딸 (사위)	모든 자녀	자식 중 능력 있는 자
2008	100.0	17.3	6.7	0.9	58.6	16.4
2010	100.0	13.8	7.7	1.8	62.4	14.3
2012	100.0	7.0	3.9	0.8	74.5	13.9

| 출처 | 통계청(2012a). 사회 조사.

3) 노인 동거 가족 실태

일반적으로 '노인 동거 가족'이란 은퇴한 노부모가 핵가족인 장남의 집이나 다른 아들 또는 딸의 집에서 함께 생활하는 경우를 의미한다. 노인이 동거 자녀 가족으로부터 받는 부양의 종류는 첫째, 건강 유지 및 보호를 위한 신체적 부양, 둘째, 현금이나 물질 제공의 경제적 부양, 셋째, 심리적 지지 및 고독감 해소 등의 정서적 부양으로 볼 수 있다(서상철, 2009). 노인은 가정 내에서 자녀를 양육한 대가로서, 사회에 공헌한 대가로서 노년 생활을 보다 안락하고 평화롭게 보낼 수 있는 권리가 있다고 볼 수 있다.

그러나 앞서 살펴본 바와 같이 노인이 속한 가족 구조가 노인 부부 또는 노인 독거 가족으로 변화됨에 따라 이러한 전통적 의미의 가족 부양을 받을 기회가 자연적으로 줄어들고 있다. 또한 노인 자신들을 포함한 가족구성원들의 가치관의 변화로 '노인 동거 가족'이 줄어들고 있는 현실이다. 그 구체적인 실태를 살펴보면 | 그림 2-6 | 과 같다.

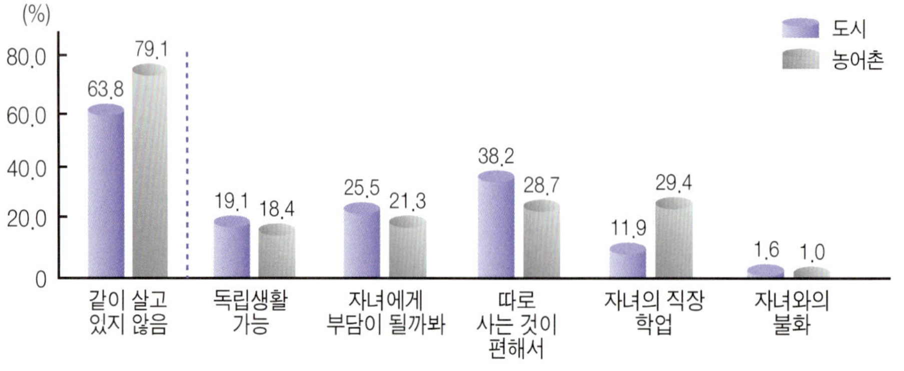

| 출처 | 통계청(2012a). 사회 조사.

| 그림 2-6 | 현재 자녀와 동거 여부 및 이유

현재 자녀와 같이 살고 있지 않는 노인은 농 · 어촌 지역이 79.1%로 도시 지역 63.8%보다 15.3% 더 높게 나타났다. 현재 자녀와 같이 살고 있지 않은 가장 주된 이유는 도시 지역 노인은 '따로 사는 것이 편해서(38.2%)', 농 · 어촌 지역 노인은 '자녀의 직장과 학업 때문에(29.4%)' 라고 응답하였다. 자녀와의 불화로 인해 같이 살고 있지 않다는 응답도 있었는데, 이는 노인은 자녀 양육을 위해 젊은 시절을 경제시장에서 보내왔지만 장성한 젊은 자녀들은 부모 세대의 지식과 가치관을 구시대적인 것으로 간주하여 받아들이지 않으려는 경향과 한국사회의 고질적 사회 문제인 고부 간의 갈등 등으로 인한 것으로 추측할 수 있다.

03 지역사회 보호에 따른 정상화 도모

정상화 이념은 1940년대 중반 스웨덴의 정치적 가치로 대두되었는데 1959년 덴마크에서 지적장애인을 위한 법에서부터 제시됨으로써 사회정책적인 철학으로 활용되기 시작했다. 그러면서 자연스레 1960년대 후반에 이르러서는 스칸디나비아에 속하는 스웨덴, 덴마크, 노르웨이, 핀란드에서 지적장애인과 정신장애인 등을 대상으로 하는 서비스 실천 원칙의 하나로 정착된 개념이었다. 이와 같은 정상화 이념은 일상생활이 정상적인 생활의 리듬과 패턴을 지향하도록 강조하는 것이다(이준우, 2012).

이런 사회적인 흐름은 비슷한 시기에 북미에서도 유행하여 울펜스버그(Wolfensberger) 등에 의하여 1970년대와 1980년대 초반을 거치면서 정교화되었으며, 그 대상이 점차 확대되어 지적장애인과 정신장애인 등 장애인뿐만 아니라 노인과 사회적 취약 계층 전반에 걸쳐 정상적인 생활이 어려운 사람들에게까지 적용되기에 이르렀다(이성규, 2000).

따라서 정상화라는 개념은 처음에는 정치적인 이념으로 대두되었다가 이후 사회정책과 장애인복지 영역에서까지 적용되었으며(이준우, 2012), 1970년대 이후에는 재가복지 정책 형성의 이념과 서비스 실천에 있어서도 가장 중요한 원칙의 하나로 자리매김하게 되었다. 이에 따른 요보호에 대한 이념적 변화는 보호에 있어서도 수용, 생활, 병원 등의 시설 중심에서 지역에서의 보호로 전환하게 하였고, 요보호 대상자를 지역사회에서 가능한 보호하기 위해 재가복지의 확대가 요구되었다(김미혜 외, 2008).

「노인의 장래 주거 계획 조사」에 따르면 배우자가 사망하거나 건강이 약화된 경우, 그리고 중증 질환에 이환(罹患: 병에 걸림)되었을 경우, 부부 또는 혼자서 자신의 집에서 생활(48.5%), 자녀와 동거(37.1%), 노인복지시설입소(13.9%), 기타(0.5%) 순으로 나타났으며 85.6%가 재가노인복지 서비스를 희망하는 것으로 조사되었다(통계청, 2009). 이와 같이 대부분의 노인은 자신이 태어나고 성장하여 오랫동안 생활해 온 지역과 주택에서 생활하려는 성향이 강하다(Lawton, 1985; 권중돈, 2010 재인용).

정상화의 원칙 중 하나는 요보호 대상자들이라 할지라도 전 생애주기에 걸쳐 정상적인 생활패턴에 따라 활동하며, 상호책임을 나누도록 하는 것이다. 요보호 대상자들도 일반 사람들과 마찬가지로 정상적인 생활을 가능케 하는 주거와 직장 및 각종 학습 기회가 제공되는 시설, 사회적 교류가 가능한 장소가 필요하다(김미혜 외, 2008). 정상화의 개념을 요보호 대상자들이 가능한 한 재가의 형태로 지역사회에서 생활의 주류에 동참할 수 있도록 하는 것으로 이해할 때, 재가노인복지 서비스는 이러한 정상화의 목표를 달성하기 위해서 매우 요긴하고 유용한 실천개입 방법이라 할 수 있다.

실제로 2008년 7월부터 시행되고 있는 노인장기요양보험의 재가 급여의 경우는 노인복지의 정상화 목표를 달성하는 데 상당히 기여하고 있는 것으로 조사되었다. 2012년에 한국재가노인복지협회에 소속되어 있는 회원 기관들을 대상으로 조사된 자료(선우덕 외, 2012)에 의하면 재가장기요양 서비스는 이용자들의 일상생활 기능을 개선시키고, 가족 수발 없이 어르신 혼자서 생활이 가능하도록 돕는 효과가 있는 것으로 나타났다. 특히 주 · 야간보호 서비스의 경우에는 일상생활 기능 개선에 큰 도움을 주고 있으며, 방문요양과 방문목욕은 이용노인들이 가족 수발 없이 스스로 생활이 가능하도록 돕는 데 효과적이었다.

또한 방문요양, 방문목욕, 주 · 야간보호 서비스 모두 만족도 점수가 4.36점 이상으로 상당히 높은 것으로 나타나 재가장기요양 서비스가 노인들의 지역사회 내에서의 정상화 도모에 큰 역할을 하고 있음을 알 수 있다.

표 2-5 장기요양보험 재가 서비스 이용 결과에 대한 인식도* (단위: 명, 점)

구분	서비스 종류	빈도	평균	표준편차
일상생활 기능 개선	방문요양	194	3.92	0.659
	방문목욕	45	3.98	0.583
	주 · 야간보호	126	4.11	0.596
	합계	365	3.99	0.633
가족 수발 없이 어르신 생활 도움	방문요양	194	3.88	0.913
	방문목욕	45	3.98	0.941
	주 · 야간보호	126	3.87	0.876
	합계	365	3.89	0.902
서비스 만족	방문요양	194	4.39	0.54
	방문목욕	45	4.42	0.499
	주 · 야간보호	126	4.36	0.529
	합계	365	4.38	0.53

* 이 자료의 분석 결과에서 제시하고 있는 평균 점수는 전혀 달성되지 않았다고 생각하는 경우에는 1점, 대체적으로 달성되지 않았다고 생각하는 경우에는 2점, 그저 그렇다는 3점, 대체적으로 달성되었다고 생각하는 경우에는 4점, 매우 달성되었다는 5점으로 점수화하였으며, 3점보다 적으면 부정적인 달성 정도, 3점보다 크면 긍정적인 달성 정도를 나타내는 것으로 판단하였다.

| 출처 | 선우덕 외(2012). 노인장기요양 서비스 전달 체계의 평가 및 개선방안: 재가 서비스를 중심으로, 한국보건사회연구원.

「2011년도 노인 실태 조사」 결과에 따르면 기능 상태의 제한을 경험하고 있는 노인 중 76.3%가 돌봄을 받고 있으며, 가족원이 수발자인 경우가 72.1%로 높은 비율을 차지하고 있었다. 그럼에도 불구하고 외부 서비스를 이용하는 경우가 11.4%이고 가족과 외부 서비스를 함께 이용하는 경우가 13.1%, 총 24.5%로 노인장기요양보험제도가 도입된 이후 재가노인복지 서비스를 받는 비율이 증가하고 있는 것으로 나타났다(보건복지부, 2012a).

이러한 결과들은 재가노인복지 서비스가 신체적 · 정신적 건강 상태가 쇠약해진 노인들이 평생을 살아온 가정에 머물면서 노후 생활을 영위할 수 있도록 돕는 데 기여하고 있음을 보여준다고 할 수 있다.

Chapter 3

재가노인복지 서비스의 발달 과정

1 재가노인복지정책의 단계별 발달 과정

2 재가노인복지 서비스 주요 변화 내용

제1장에서 재가노인복지 서비스의 범위를 설정하고, 2015년 현재 재가노인에게 제공되는 사회복지 서비스가 |표 1-1|에서 보는 바와 같이 방문요양, 방문목욕, 방문간호, 주 · 야간보호, 단기보호 등 노인장기요양보험의 재가 급여가 주를 이룬다는 것을 설명하였다. 그러나 이와 같은 서비스들이 공식적인 재가노인복지 서비스로 자리매김을 한 것은 2008년 7월 1일 이후부터로 그리 길지 않다. 특히 방문 서비스들은 2008년 이전까지 제공되던 가정봉사원 파견 사업과 명칭, 이용 대상, 서비스 내용 등 여러 가지 측면에서 차이를 가진다.

무엇보다도 가장 큰 차이는 노인장기요양보험이라는 사회보험제도가 실시되면서 서비스의 시장화가 이루어졌다는 점이다. 이전에는 재가노인복지 서비스 이용 대상자가 저소득이면서 부양가족이 없는 노인으로 제한되는 선별적 서비스였다면, 노인장기요양보험제도가 실시된 이후에는 장기요양이 필요한 기준에 부합되는 모든 노인이 이용 대상자가 된다는 점에서 보편적 서비스가 되었다고 할 수 있다. 또한 기관을 설립하여 운영할 수 있는 서비스 제공 주체가 개인에게까지 확대되었고, 서비스 제공 인력도 요양보호사라는 새로운 직업군이 담당하게 되었다.

따라서 현재의 재가노인복지 서비스를 보다 잘 이해하기 위해서는 과거 25년간 구축되어진 재가노인복지 서비스 전반에 관한 이해가 선행되어야 한다. 이를 위해 본 장에서는 먼저 재가노인복지정책의 단계별 발달 과정을 살펴보고, 이어서 발달 과정에 따른 재가노인복지 서비스의 목적, 사업 주체, 이용 대상 및 사업 내용의 변화를 종적으로 살펴봄으로써 재가노인복지 서비스의 과거와 현재를 연속 선상에서 이해해보도록 한다.

01 재가노인복지정책의 단계별 발달 과정

1) 발달 단계의 구분

재가노인복지정책의 발달 단계는 학자들의 관점에 따라 조금씩 상이한 구분을 하고 있다. 먼저 사단법인 한국재가노인복지협회(2003)가 발간한 「재가노인복지사업 10년 발자취」에서는 재가노인복지정책의 발달 단계를 '재가노인복지 사업의 필요성 인식기(1980년대 초반~1986년)', '시범 사업기(1987~1989년)', '도입기(1990~1991년)', '제도적 기반 마련기(1992~1996년)', '정착기(1997~1999년)', '확장기(2000년 이후)' 로 구분하고 있다.

또한 김미혜 외(2008)는 「노인복지법」에서 나타난 범위로 한정하여 '형성기(1981~1988년: 「노인복지법」 제정)', '도입기(1989~1992년: 1차 개정)', '확립기(1993~1996년: 2차 개정)', '확대기(1997~1998년: 3차 전면 개정)', '발전기(1999년~현재: 4차 개정 이후)'의 5단계로 구분하고 있다.

여기에서는 앞서 제시된 두 가지의 구분 단계를 참조하되 신설된 노인장기요양보험제도와의 연계성을 고려하여 재가노인복지정책의 발달 과정을 ① 형성기(1981~1988년: 「노인복지법」 제정), ② 도입기(1989~1992년: 사회복지관 설치 운영 규정에 재가노인복지 사업을 법정 사업으로 규정), ③ 확립기(1993~1996년: 「노인복지법」 2차 개정시 재가노인복지 사업을 가정봉사원 파견 사업, 주간보호사업, 단기보호사업 등으로 명시), ④ 확대기(1997~2007년: 재가노인복지시설을 4대 노인복지시설 중 하나로 규정), ⑤ 발전기(2008년~현재: 노인장기요양보험 실시)로 구분하여 설명하고자 한다.

표 3-1 재가노인복지정책의 발달 단계 구분

구분	특성	주요 내용
형성기 (1981 ~ 1988)	• 재가노인복지 사업의 필요성 인식 • 민간 차원 서비스 제공 및 시범 사업	• 1981년 「노인복지법」 제정 • 1983년 한국노인복지회 무의탁노인결연 사업 시작 • 1987년 한국노인복지회에 의해 가정봉사원 파견 사업이 시범사업으로 최초 실시
도입기 (1989 ~ 1992)	• 재가노인복지 용어 사용 • 재가노인복지 사업이 법적으로 규정됨 • 민간 네트워크의 구축	• 1989년 「노인복지법」 1차 개정시 '가정봉사 사업'과 '재가노인' 이라는 용어 사용 • 1989년 사회복지관 설치 운영 규정(보건복지부 훈령 제458호)에 가정봉사원 파견 사업을 통한 목욕 서비스, 식사 서비스 등의 재가노인복지 사업을 법정 사업으로 규정 • 1991년 사회복지관 부설 재가복지봉사센터 설치 운영 • 1991년 민간기관인 한국재가노인복지협의회 발족 • 1992년 제7차 경제사회개발 5개년 계획에 따라 사회복지 서비스 분야의 기본 방향이 시설 보호에서 재가 보호 서비스로 전환
확립기 (1993 ~ 1996)	• 3대 사업으로 가정 봉사원 파견 사업, 주간보호사업, 단기보호사업 정착	• 1993년 「노인복지법」 2차 개정 시 재가노인복지 사업을 가정봉사원 파견 사업, 주간보호사업, 단기보호사업 등으로 명시 • 1996년 최초 유급 가정봉사원 파견
확대기 (1997 ~ 2007)	• 「노인복지법」 상의 4대 노인복지시설 중 1개 유형으로 자리매김 • 재가노인복지 사업이 정부에서 지방으로 이양됨으로써 지역사회를 중심으로 전환 • 시범 사업으로 노인장기요양보험제도의 토대 마련	• 1997년 「노인복지법」 5차 개정으로 재가노인복지시설이 4대 노인복지시설 중 하나로 규정 • 1999년 「노인복지법」 7차 개정 시 가정봉사원 교육 훈련 의무 및 교육 기관 설치 명시 • 2003년 중산, 서민층 보호 위한 실비주간보호사업 실시 • 2005년 재가노인복지 사업 운영을 지방 이양 사업으로 추진 • 2005년 1차 노인수발보험제도 시범 사업 실시(6개 시 · 군 · 구) • 2006년 2차 노인수발보험제도 시범 사업 실시(8개 시 · 군 · 구) • 2006년 농 · 어촌 재가노인복지시설 운영 • 2007년 3차 수발보험 시범 사업 실시 • 2007년 복합시설인 재가노인 지원센터 운영
발전기 (2008 ~ 현재)	• 노인장기요양보험제도 시행으로 보편적 복지 서비스 확대	• 2008년 노인장기요양보험제도 시행. 가정봉사원 파견사업, 주간보호, 단기보호사업의 명칭이 방문요양, 방문목욕, 주 · 야간보호, 단기보호 및 기타 사업으로 변경 • 2010년 재가노인 지원 서비스 신설 • 2010년 요양보호사 자격 기준 시험 합격으로 강화

2) 발달 단계별 주요 특성

(1) 형성기(1981~1988년)

이 시기는 재가노인복지 사업에 대한 필요성을 인식하기 시작한 시기로, 1981년에

「노인복지법」이 제정되었다. 수용시설에 대한 반성과 가족구조의 기능 변화, 경제적 효율성 등의 배경으로 인해 1980년대에 이르러 우리나라에서도 재가노인복지 사업의 필요성이 제기되었으며, 1987년 한국노인복지회에 의해 가정봉사원 파견 사업이 시범 사업으로 최초 실시되었다(한국재가노인복지협회, 2003).

(2) 도입기(1989~1992년)

'가정봉사 사업'과 '재가노인'이라는 용어가 1989년 12월 제1차 「노인복지법」 개정 시에 사용되었다. 1989년 사회복지관 설치 운영 규정(보건복지부 훈령 제458호)에 가정봉사원 파견 사업을 통한 목욕 서비스, 식사 서비스 등의 재가노인복지 사업을 법정 사업으로 규정하였다. 1991년에는 사회복지관이 부설 기관으로 재가복지봉사센터를 설치 · 운영할 수 있게 되었으며, 1991년부터 가정간호사업, 1992년부터 주간보호사업, 단기보호사업 등 여러 가지 형태의 재가노인복지 사업이 시작되었다.

또한 점차 증가하는 재가노인복지시설 간의 협력을 위해 민간기관인 한국재가노인복지협의회가 발족되었다. 1992년에는 정부가 사회복지관 부설 재가복지봉사센터를 설치하는 사업에 예산을 지원함으로써 재가노인복지 사업은 주간보호사업, 단기보호사업 등 여러 가지 형태로 확대되었고, 양적으로도 증가하게 되었으며, 특히 같은 해부터 시작된 제7차 경제사회개발 5개년 계획에 따라 사회복지 서비스 분야의 기본방향이 시설 보호에서 재가 보호 서비스로 전환되었다.

(3) 확립기(1993~1996년)

1993년 12월 제2차 「노인복지법」 개정 시 '재가노인복지'로 명시되면서 재가노인복지 사업이 공식적인 명칭이 되었다(한국재가노인복지협회, 2003). 그 이후 1994년 개정된 「노인복지법」 제20조에 의거하여 우리나라의 재가노인복지 사업은 가정봉사원 파견 사업, 주간보호사업, 단기보호사업으로 나누어져 3대 주요 사업이 되었다.

1996년에는 서울시 거택 보호노인을 대상으로 가정도우미 527명이 파견되었는데 이것이 최초의 유급가정봉사원 파견이라고 할 수 있다. 전국 33개소 가정봉사원 파견 시설에 시설당 1~2명의 유급 가정봉사원 인건비를 정부 예산으로 책정하여 지원하였다.

(4) 확대기(1997~2007년)

1997년 「노인복지법」 5차 개정으로 재가노인복지시설이 4대 노인복지시설 중 하나로 규정되었다. 같은 해에 가정봉사원 양성 교육 사업이 추가되었고, 1999년에는 「노인복지법」 7차 개정 시 가정봉사원 교육 훈련 의무와 교육 기관 설치를 명시하였다.

2006년에는 농 · 어촌 노인의 욕구에 부응하기 위해 가정봉사원 파견과 주간보호 및 단기보호 서비스를 실시할 수 있는 복합시설인 농 · 어촌 재가노인복지시설을 운영하도록 하였으며, 2007년에는 재가노인, 특히 독거노인을 위한 방문간호, 방문목욕, 주간보호 및 재가시설 네트워크 구축 등의 서비스를 종합적으로 제공하는 재가노인 지원센터를 운영하도록 하였다(보건복지부, 2007).

(5) 발전기(2008년~현재)

2008년 7월부터 노인장기요양보험제도가 실시되면서 가정봉사원 파견 사업이 방문요양 서비스와 방문목욕 서비스로, 주간보호사업은 주 · 야간보호 서비스로 명칭이 변경되었으며, 단기보호 서비스와 함께 재가노인복지 기관에 의해 제공되는 서비스로 자리매김하였다. 2010년에는 재가노인 지원 서비스가 신설되었고, 같은 해에 그동안 교육이수만으로 자격을 취득하던 요양보호사 자격 기준을 시험 합격으로 강화하였다. 이 밖의 재가노인복지 서비스로는 노인장기요양보험의 재가 급여에 해당하는 방문간호와 복지용구 대여 사업이 있으며, 2009년부터는 기존에 실시되던 독거노인 도우미 파견 사업과 독거노인 생활관리사 파견 사업을 통합하여 '노인돌봄 서비스(기본 · 종합)'로 확대되었다.

02 재가노인복지 서비스 주요 변화 내용

1) 재가노인복지 서비스 목적의 변화

여기에서 목적이란 서비스를 제공함으로써 궁극적으로 이루려고 하는 개입실천의 방향을 나타내준다. 따라서 그동안 시행되어온 재가노인복지 서비스의 목적이 어떻게 변화되었는가를 살펴봄으로써 재가노인복지 서비스가 추구하는 방향성을 이해하고자 한다. 1989년부터 2014년까지 「보건복지사업 안내서」에 명시된 재가노인복지 서비스의 목적은 | 표 3-2 | 와 같다.

표 3-2 재가노인복지 서비스 목적의 변화*

연도	내용
1989~1991	• 단독 세대 노인들을 정기적으로 방문하여 일상생활에 필요한 각종 서비스를 제공함으로써 노후생활 안정 지원
1992	• 심신이 노쇠하여 일상생활 유지에 불편이 있는 노인가정에 필요한 각종 사회적 서비스를 제공하여 지역사회 내에서 건전하고 안정된 생활을 영위하도록 도와주는 것을 목적으로 함
1993~1997	• 정신적 · 신체적인 이유로 혼자서 일상생활에 불편이 있는 노인가정에 대하여 필요한 각종 사회적 서비스를 제공함으로써 지역사회 내에서 건전하고 안정된 생활을 영위할 수 있도록 함
1998~2002	• 정신적 · 신체적인 이유로 혼자서 일상생활을 수행하기에 불편이 있는 노인가정에 대하여 필요한 각종 서비스를 제공함으로써, 노인이 지역사회 내에서 가족 및 친지와 더불어 건전하고 안정된 생활을 영위할 수 있도록 하고, 가족의 수발 부담을 덜어주도록 함
2003	• 정신적 · 신체적인 이유로 혼자서 일상생활을 수행하기 곤란한 노인 및 그 가정에 대하여 필요한 각종 서비스를 제공함으로써, 노인이 지역사회 내에서 가족 및 친지와 더불어 건전하고 안정된 생활을 영위할 수 있도록 하고, 가족의 수발 부담을 덜어주도록 함
2003~2014	• 정신적 · 신체적인 이유로 독립적인 일상생활을 수행하기 곤란한 노인과 노인 부양가정에 필요한 각종 서비스를 제공함으로써, 노인이 가족 및 친지와 더불어 건강하고 안정된 노후 생활을 영위할 수 있도록 함과 동시에 노인 부양으로 인한 가족의 부담을 덜어주기 위함

* 연도별 사업 안내서의 내용을 정리하되 마지막 연도의 지침상의 내용을 수록하였다.

| 출처 | 한국재가노인복지협회(2003). 재가노인복지사업 10년 발자취; 보건복지(가족)부(2003~2014). 2003~2014년 노인보건복지사업안내.

가정봉사원 파견 사업이 시범적으로 실시된 1987년부터 1988년까지는 이를 위한 별도의 지침이 마련되지 않았으며, 정책 당국이 지침을 마련한 것은 가정봉사원 파견 사업의 시범 실시로 재가노인에 대한 복지 서비스의 필요성을 구체적으로 인식하기 시작한 1989년에 이르러서였다. 1989년 보건사회부(현 보건복지부)는 당시 유일한 재가노인복지 사업이었던 가정봉사원 파견 사업에 대한 지원 규정을 마련하기 위해 노인복지 사업의 지침에 '재가노인봉사 사업 지원' 조항을 마련하였다(한국재가노인복지협회, 2003).

1989년부터 1991년까지 3년간 재가노인봉사 사업의 지원 근거로 활용된 지침에 따르면 재가노인봉사 사업은 '단독 세대 노인들을 정기적으로 방문하여 일상생활에 필요한 각종 서비스를 제공함으로써 노후생활 안정에 기여하는 지원'을 하기 위한 것을 목적으로 하고 있다. 서비스의 대상을 단독 세대 노인으로 하였으며, 제공되는 내용은 일상생활에 필요한 각종 서비스로 하며, 이를 통해 '노후생활 안정'을 지원하기 위한 것이었다.

1992년에는 재가노인봉사 사업의 목적을 '심신이 노쇠하여 일상생활 유지에 불편이 있는 노인 가정에 필요한 각종 사회적 서비스를 제공하여 지역사회 내에서 건전하고 안정된 생활을 영위하도록 도와주는 것'으로 보완하였다. 대상을 '심신이 노화하여 일상생활 유지에 불편이 있는 가정'으로 구체화하였으며, 서비스의 명칭도 '각종 서비스'이었던 것이 '각종 사회적 서비스'로 대체되어 전문적 실천을 강조하였다. 또한 '지역사회 내에서'를 추가함으로써 지역사회를 기반으로 한 재가노인봉사 사업에 대한 인식이 조금씩 자리를 잡아가고 있음을 보여주고 있다.

1993~1997년에는 '정신적' 이유가 서비스 수급의 근거가 될 수 있도록 보완하였으며, 1998~2002년에는 '가족의 수발 부담을 덜어주도록 함'을 추가하여 노인을 돌보는 가족의 어려움을 경감시키고자 하는 목적과 재가노인복지 사업의 사회적 역할을 보다 강조하였다. 2003~2014년에는 서비스의 대상을 '노인 및 그 가정'으로 확대하였으며, 2014년도에는 '노인과 노인 부양 가정'으로 확대시켰다.

참고로 2008년 7월부터 시행되고 있는 「노인장기요양보험법」의 목적을 살펴보면 '고령이나 노인성 질병 등의 사유로 일상생활을 혼자서 수행하기 어려운 노인' 등에게 제공하는 신체 활동 또는 가사 활동 지원 등의 장기요양 급여에 관한 사항을 규정하여 노후의 건강증진 및 생활안정을 도모하고 그 가족의 부담을 덜어줌으로써 국민의 삶의 질을 향상하도록 함으로 명시하고 있다.

2) 재가노인복지 서비스 주체의 변화

1989년 재가노인봉사 사업 지침은 사업의 운영 주체를 사회복지법인으로 정하고, 동항에 지원 내역(서울: 국고 50%, 지방비 50%, 지방: 국고 80%, 지방비 20%)을 명시하였다. 이는 재가노인봉사 사업이 정부와 지방자치단체의 관할 하에 민간 위탁을 통해 사회복지법인에서 운영되고 있음을 뜻하는 것으로, 1991년까지는 사업의 실시 주체가 명시되지 않은 채 그대로 유지되었다(한국재가노인복지협회, 2003). 1992년부터 1994년까지는 사회복지법인 등 비영리법인을 실시 기관으로, 시 · 군 · 구를 실시 주체로 명시하여 정부와 지방자치단체의 책임을 보다 명확히 하였다.

1995년부터 2008년 사이에는 무료 또는 실비 사업의 경우는 사업 기관에 기존의 사회복지법인 및 비영리법인뿐 아니라 국가 또는 지방자치단체가 참여할 수 있도록 하였으며, 유료 사업의 경우는 개인이나 기업도 참여할 수 있게 하였다. 실시 주체는 시 · 군 · 구이며, 허가권자는 시장 · 군수 · 구청장으로 하였다.

2008년부터 노인장기요양보험제도가 실시되면서부터 재가노인복지 서비스는 사실상 장기요양 급여의 재가 급여와 많은 부분이 일치한다. 이런 이유로 인해 2009년부터의 노인복지 사업 안내서에는 실시 주체에 관한 언급이 없으며, 재가장기요양 서비스 사업 기관은 서비스를 제공하고자 하는 개인 · 기업 · 사회복지법인 · 비영리법인으로, 허가 주체는 특별자치시장 · 특별자치도지사 · 시장 · 군수 · 구청장 등으로 정하고 있다. 노인돌봄종합 서비스는 「사회서비스 이용 및 이용권 관리에 관한 법률」에 의거하여 사회서비스를 제공하고자 하는 자로 동법 제17조에 의거 결격 사유가 없는 자로 명시하고 있다(보건복지부, 2014b). 결식우려 노인을 위한 무료급식 서비스 등은 기존과 같이 국가 또는 지방자치단체, 사회복지법인, 비영리법인이 사업 기관이다.

표 3-3 재가노인복지 서비스 주체의 변화*

연도	운영 주체/실시 기관/사업 기관	실시 주체/허가 주체
1989~1991	• 사회복지법인	• 별도의 지침 없음
1992~1994	• 사회복지법인 등 비영리법인	• 시 · 군 · 구 • 시장 · 군수 · 구청장
1995~2008	• 무료 · 실비: 국가 또는 지방자치단체, 사회복지법인, 비영리법인 • 유료: 개인, 기업, 사회복지법인, 비영리법인	• 시 · 군 · 구 • 시장 · 군수 · 구청장
2009~2014	• 무료: 국가 또는 지방자치단체, 사회복지법인, 비영리법인 • 실비 · 유료: ① 사회서비스를 제공하고자 하는 자, ② 노인장기요양 서비스를 제공하고자 하는 개인, 기업, 사회복지법인, 비영리법인	• 특별자치시장 · 특별자치도지사 · 시장 · 군수 · 구청장

*연도별 사업 안내서의 내용을 정리하되 마지막 연도의 지침상의 내용을 수록하였다.

| 출처 | 한국재가노인복지협회(2003). 재가노인복지사업 10년 발자취; 보건복지(가족)부(2003~2014). 2003~2014년 노인보건복지사업안내.

3) 재가노인복지 서비스 대상의 변화

재가노인복지 서비스의 지속적인 대상자는 정신적 · 신체적 장애로 인해 일상생활을 혼자 힘으로 영위하기 힘든 노인들이다. 이러한 대상자들이 환경의 변화에 따라 단독 거주 여부, 저소득 여부, 부양가족 유무 여부 및 정신적 · 신체적 장애의 경중 등의 요인에 따라 무료 서비스의 우선 대상이 되거나 실비 및 유료 서비스의 대상이 되었다.

1987년 가정봉사원 파견 사업이 시범적으로 실시된 이후부터 2000년대 초반까지 재가노인복지 서비스의 대상은 「노인복지법」 사업에 명시된 재가노인봉사 사업의 지원 근거를 활용하여 단독 세대 노인을 주 대상으로 하되 저소득 계층 또한 정신적 · 신체적 장애가 있는 노인을 우선 지원하였다.

1992년부터 1994년까지는 보다 구체적으로 명시하여 ① 나이 65세 이상, ② 거택 및 자활 보호 대상 노인 가정, ③ 단독 세대 노인 가정, ④ 노인을 부양하고 있는 맞벌이 부부의 노인 가정을 우선 대상으로 하였다.

1995년에는 60세 이상 노인을 대상으로 하되 65세 이상 생활보호 대상 노인과 보건복지부 장관이 정하는 일정 소득 이하의 노인은 정부의 비용 보조를 받는 사업 기관에서 서비스를 제공받도록 하였다.

1996년부터 2008년까지는 본인 부담 비용을 기준으로 무료, 실비, 유료 대상자로 나누었는데 ① 무료: 65세 이상 생활보호 대상 노인, ② 실비: 4인 가족 기준 도시 근로자 가구당 월평균 소득 미만 가구의 65세 이상 노인, ③ 유료: 무료나 실비 외의 60세 이상 일반 노인으로 구분하여 서비스를 제공하였다. 이 시기의 특별한 변화로는 실비 대상자의 경우 1996년에는 4인 가족 기준, 도시 근로자 가구당 월평균 소득의 50% 미만 가구의 65세 이상 노인이었던 것이 1997년부터는 월평균 소득 기준으로 바뀌었으며, 1999년부터 생활보호 대상 노인이 국민기초생활보장 대상 노인과 국민기초생활보장 대상이 아닌 65세 이상의 자 중 그 부양 의무자로부터 적절한 부양을 받지 못하는 자로 바뀌었다.

2003년도에는 치매, 중풍 등 노인성 질환 노인, 신체상 또는 정신상의 현저한 장애가 있는 노인, 심신장애 노인으로서 사회적 또는 개인적인 이유로 일시적인 보호가 불가능한 노인이라고 명시함으로써 건강상의 중증 정도가 대상자 선정의 기준으로 작용하였다. 또한 2004년부터 2008년까지는 신체적 · 정신적 · 사회적인 이유 등으로 가정에서 보호가 곤란하여 전문적인 보호가 필요한 노인으로 명시하여 재가노인복지 서비스 실천의 전문성을 강조하였다.

노인장기요양보험제도가 시작된 다음 해인 2009년부터는 모든 국민 중 노인장기요양보험가입자 등 장기요양 수급권자가 재가노인복지 서비스 대상이 되었다. 그러나 건강 수준이 양호하여 장기요양 급여 수급자로 선정되지 않은 사람들 중에서도 기초생활보장 수급권자 및 부양 의무자로부터 적절한 부양을 받지 못하는 사람으로서 혼자서 일상생활을 수행하기 어려운 노인들은 노인돌봄 서비스 등 재가노인복지 서비스의 대상이 되었다.

또한 2010년부터는 노인보호전문기관에서 학대피해노인으로 입소의뢰를 받은 노인이 포함되었으며, 2011년부터는 장기요양 급여 수급자 중에서 방문요양, 방문목욕, 주 · 야간보호, 단기보호 서비스 외의 서비스를 필요로 하는 자를 재가노인 지원 서비스의 이용 대상자로 하고 있다.

표 3-4 재가노인복지 서비스 대상의 변화

연도	우선 대상자	이용 대상
1987~1991	• 저소득 계층 또는 정신적 · 신체적 장애가 있는 노인	• 단독 세대 노인
1992~1994	• 65세 이상의 거택 및 자활 보호 대상 노인 가정 • 65세 이상 단독 세대 노인 가정 • 65세 이상 노인을 부양하고 있는 맞벌이 부부의 노인 가정 • 기타 동 서비스 제공이 필요하다고 인정되는 노인 가정	• 정신적 · 신체적으로 일상생활을 자신 또는 가족의 힘으로 영위하기 어려운 노인
1995	• 65세 이상 생활보호 대상 노인 • 보건복지부 장관이 정하는 일정 소득 이하의 노인	• 60세 이상 노인
1996	• 무료: 65세 이상 생활보호 대상 노인 • 실비: 4인 가족 기준 도시근로자 가구당 월평균 소득의 50% 미만 가구의 65세 이상 노인 • 유료: 무료, 실비 대상 이외의 60세 이상 일반 노인	• 별도의 지침 없음
1997~1998	• 무료: 65세 이상 생활보호 대상 노인 • 실비: 4인 가족 기준 도시근로자 가구당 월평균 소득 미만 가구의 65세 이상 노인 • 유료: 무료, 실비 대상 외의 60세 이상 일반 노인	• 별도의 지침 없음
1999~2002	• 무료: ① 65세 이상 국민기초생활보장 대상(구 생활보호 대상) 노인 ② 국민기초생활보장 대상이 아닌 65세 이상의 자 중 그 부양 의무자로부터 적절한 부양을 받지 못하는 자 • 실비: 도시 근로자 월평균 소득 미만인 가구의 65세 이상 노인 • 유료: 무료, 실비 대상 이외의 60세 이상 일반 노인	• 별도의 지침 없음
2003	• 무료: ① 65세 이상 국민기초생활보장 대상(구 생활보호 대상) 노인 ② 국민기초생활보장 대상이 아닌 65세 이상의 자 중 그 부양 의무자로부터 적절한 부양을 받지 못하는 자 • 실비: 도시 근로자 월평균 소득 미만인 가구의 65세 이상 노인 • 유료: 무료, 실비 대상 이외의 60세 이상 일반 노인	• 치매, 중풍 등 노인성 질환 노인 • 신체상 또는 정신상의 현저한 장애가 있는 노인
2004~2008	• 무료: ① 65세 이상 국민기초생활수급권자, ② ①항 이외의 65세 이상 저소득층 노인으로서 그 부양 의무자로부터 적절한 부양을 받지 못한 자로 군 · 구청장이 재가복지시설에 이용을 의뢰한 자 • 실비: 65세 이상 저소득 노인(도시 근로자 월평균 소득 미만인 가구) • 유료: 무료, 실비 대상 이외의 60세 이상 일반 노인	• 신체적 · 정신적 장애로 일상생활을 영위하기 곤란한 노인 • 심신이 허약하거나 장애가 있어 일정기간 보호가 필요한 노인 • 신체적 · 정신적 · 사회적인 이유 등으로 가정에서 보호가 곤란하여 전문적인 보호가 필요한 노인
2009~2014	• 장기요양 급여 수급자 • 장기요양 급여 수급자 이외의 자 중 기초수급권자 및 부양 의무자로부터 적절한 부양을 받지 못하는 자로서 혼자서 일상생활을 수행하기 어려워 재가 서비스의 제공이 필요한 자 • 노인보호전문기관에서 학대피해노인으로 입소 의뢰를 받은 노인 포함(2010년) • 재가노인 지원 서비스 대상자 포함(2011년)	• 고령이나 노인성 질병 등의 사유로 일상생활을 혼자서 수행하기 어려운 노인 등

| 출처 | 한국재가노인복지협회(2003). 재가노인복지사업 10년 발자취; 보건복지(가족)부(2003~2014). 2003~2014년 노인보건복지사업안내.

4) 재가노인복지 서비스 유형의 변화

먼저 재가노인복지 서비스의 명칭 변화를 살펴보면 초창기에 '재가노인봉사 사업' 이었던 것이 1994년 '재가노인복지 사업' 으로 변경되었으며, 노인장기요양보험제도가 실시된 이후로는 '재가노인복지 서비스' 가 주로 사용되고 있다.

1989년부터 1991년까지 지침에 명시된 재가노인봉사 사업의 주요 사업 내용은 정서적 서비스, 가사 돕기, 거동부축 서비스, 간병 서비스, 여가 서비스 등으로 사실상 가정봉사원 파견시설에서 실시하고 있는 사업의 내용을 담고 있었다. 이후 1992년 가정봉사원 파견 사업이 전국적으로 확대됨에 따라 가정봉사원 파견 사업의 내용을 보다 구체적으로 명시하면서 주요 사업 내용이 상담 사업, 결연 사업, 노인가족 및 보호자 교육 및 계몽, 가정봉사원 파견 사업으로 새롭게 구분 · 정리되었으며, 1993년에 기타 사업으로서 재가노인 생활 실태 보조 사업, 무료급식, 노인취업 상담 등이 추가되었다.

1993년부터는 「노인복지법」 2차 개정시 재가노인복지 사업을 가정봉사원 파견 사업, 주간보호사업, 단기보호사업으로 명시하여 2008년 상반기까지 주요 사업으로 실시되었으며, 2008년 이후부터 가정봉사원 파견 사업이 방문요양과 방문목욕 서비스로 바뀌었고, 주간보호사업이 서비스 시간대를 확장하여 주 · 야간보호 서비스로 바뀌었으며, 단기보호의 경우는 명칭이 바뀌지는 않고 실시되고 있다. 물론 명칭이 변하면서 내용도 변화된 면이 적지 않지만 지면의 제한으로 인해 그 세부적인 변화 내용을 모두 기술하기는 매우 어렵다. 대신 각 시설별 서비스의 개괄적인 내용을 정리하면 다음과 같다.[1)]

(1) 2008년 4월 이전 재가노인복지 서비스 유형[2)]

① 가정봉사원 파견시설

정신적 · 신체적인 이유로 독립적인 일상생활을 영위하기 어려운 노인이 있는 가정에 봉사원을 파견하여 필요한 각종 서비스 제공하는 사업이다. 사업 내용에는 신체적 수발에 관한 사항, 가사 지원 서비스, 개인 활동 서비스, 우애 서비스 등 일상생활 지원에

1) 2008년 4월 4일 이후부터는 재가노인복지시설의 명칭이 재가노인복지시설(가정봉사원 파견시설, 주간보호시설, 단기보호시설)에서 이용자 중심의 재가노인복지시설(방문요양 서비스, 주 · 야간보호 서비스, 단기보호 서비스)로 변경되었으며, 재가노인복지시설에서 제공하는 서비스를 기술하고 나중에 기타 사회적 서비스 유형을 기술하였다. 내용은 2006년부터 2014년까지의 각 연도(2003~2014) 「노인보건복지사업안내」를 참조하였다.

2) 보건복지부(2003~2014). 「노인보건복지사업안내」를 참조하였다.

관한 사항, 노화 · 질병 및 장애 관리에 관한 사항, 상담 및 교육에 관한 사항, 그리고 지역사회 복지자원 발굴 및 네트워크 구축에 관한 사항 등이 포함된다.

② 주간보호시설

부득이한 사유로 가족의 보호를 받을 수 없는 심신이 허약한 노인과 장애 노인 등을 낮 동안 시설에서 보호하며 노인의 기능 회복을 도모하는 사업이다. 1일 낮 동안 보호하며, 생활지도 및 일상동작 훈련 등 심신의 기능회복 및 강화를 위한 서비스, 급식 및 목욕 서비스, 취미, 오락, 운동 등 여가생활 서비스 및 이용노인 가족에 대한 상담과 교육 등이 주요 서비스 내용에 포함된다. 2003년 1월에는 중산 · 서민층 노인보호를 위한 실비 주간보호사업이 실시되었다.

③ 단기보호시설

부득이한 사유로 가족의 보호를 받을 수 없어 일시적으로 보호가 필요한 심신이 허약한 노인과 장애노인을 시설에 단기간 입소시켜 보호하고 필요한 각종 서비스를 제공한다. 서비스 내용은 주간보호사업과 유사하나 보호기간이 1회 90일, 연간 이용일수 6개월을 초과할 수 없는 점이 다르다.

④ 농 · 어촌 재가노인복지시설

치매 · 중풍 등 노인성 질환으로 수발을 필요로 하는 사람에게 지역사회 내에서 가정봉사원 파견 사업, 주간보호, 단기보호 서비스를 제공하는 시설이다. 가정봉사원 파견사업, 주간보호사업 및 단기보호사업을 지역 실정에 따라 조정하여 복합적인 서비스를 제공한다.

⑤ 재가노인 지원센터

건강상의 문제 등으로 일상생활을 스스로 하기 어려운 노인의 가정을 가정봉사원이 방문하여 필요한 서비스를 제공하고 낮 동안 또는 단기간 통원 서비스 등을 종합적으로 제공하는 재가노인복지시설이다. 주요 사업으로는 방문요양, 방문간호, 방문목욕 등 방문서비스, 주간보호와 단기보호를 이용할 수 있는 통원 서비스, 노인 상담, 재가노인 사례 관리, 재가시설 네트워크 구축 등 사례 관리 서비스 및 시 · 군 · 구가 위탁하는 기타 사업이 있다.

(2) 2008년 4월 이후 재가노인복지 서비스 유형[3)]

① 방문요양 서비스

가정에서 일상생활을 영위하고 있는 노인으로서 신체적 · 정신적 장애로 어려움을 겪고 있는 노인에게 지역사회 안에서 건전하고 안정된 노후를 영위하도록 장기요양요원(요양보호사)이 가정을 방문하여 신체 활동 및 가사 활동 등 필요한 각종 서비스를 제공한다. 서비스 내용은 신체 활동 지원 서비스, 가사 활동 지원 서비스, 개인 활동 지원 서비스, 정서 지원 서비스가 있다.

② 방문목욕 서비스

목욕 장비를 갖추고, 재가노인을 방문하여 목욕 서비스를 제공하는 서비스로 목욕 준비, 입욕 시 이동 보조, 몸 씻기, 머리 말리기, 옷 갈아입히기 등이며, 목욕 후 주변 정리까지를 포함한다.

③ 주 · 야간보호 서비스

부득이한 사유로 가족의 보호를 받을 수 없는 심신이 허약한 노인과 장애노인을 주간 또는 야간 동안 보호시설에 입소시켜 필요한 각종 편의를 제공하여 이들의 생활안정과 심신 기능의 유지 · 향상을 도모하고, 그 가족의 신체적 · 정신적 부담을 경감시키기 위한 서비스이다. 서비스 내용은 생활지도 및 일상동작 훈련 등 심신의 기능 회복을 위한 서비스, 급식 및 목욕 서비스, 이동 서비스, 노인가족에 대한 교육 및 상담이 있다.

④ 단기보호 서비스

부득이한 사유로 가족의 보호를 받을 수 없어 일시적으로 보호가 필요한 심신이 허약한 노인이나 장애 노인을 보호시설에 단기간 입소시켜 보호함으로써 노인 및 노인가정의 복지증진을 도모하기 위한 서비스를 제공한다. 서비스 내용은 신체 활동 지원, 기능 회복 훈련, 일상생활에 필요한 편의를 제공하는 서비스와 그 밖에 노인요양시설 또는 노인요양공동생활가정의 사업에 준하는 서비스가 있다.

⑤ 재가노인 지원 서비스

경제적 · 정신적 · 신체적인 이유로 독립적인 일상생활을 영위하기 어려운 노인과 복

---

3) 보건복지부(2014a). 「노인보건복지사업안내」를 참조하였다.

지사각지대 노인들에게 일상생활 지원(방문요양 제외)을 비롯한 각종 필요 서비스를 제공함으로써 지역사회 내에서 건강한 생활을 영위하는 데에 어려움이 없도록, 예방적 복지 실현 및 사회 안전망 구축을 목적으로 제공되는 서비스이며, 방문요양 서비스 내용과 중복하면 안 된다.

⑥ 방문간호 서비스

「노인장기요양보험법」에 따른 장기요양수급자에게 장기요양요원인 간호사 등이 의사, 한의사 또는 치과의사의 '방문간호 지시서'에 따라 수급자의 가정 등을 방문하여 간호, 진료의 보조, 요양에 관한 상담 또는 구강위생 등을 제공하는 장기요양 급여이다.

(3) 기타 사회복지 서비스 유형

① 결식우려 노인 무료급식 지원

가정형편이 어렵거나 부득이한 사정으로 식사를 거를 우려가 있는 노인들(기초수급자 노인 · 차상위 계층 노인 · 저소득 독거노인)에게는 무료로 식사를 제공하고, 그 이상의 일정한 경제적 능력을 갖춘 노인들에게는 실비로 식사를 제공할 수 있도록 함으로써 자체적인 노인 급식 수준 제고 기반을 조성하기 위한 서비스이다. 경로당 무료급식과 거동불편 저소득 재가노인 식사 배달을 지원한다(보건복지부, 2006).

② 독거노인 안전지킴이 사업

독거노인들의 안전을 확인할 수 있는 다양한 수단들을 동원하여 매일 매일의 안부 및 건강 상태 등을 확인 · 점검하고, 독거노인들의 신상에 이상 징후가 발견될 경우에는 '독거노인 복지 서비스 One-Stop 지원센터'로 우선적으로 통보함으로써, 지원센터에서 독거노인에게 필요한 긴급 지원 서비스 연계를 제공하는 서비스이다(보건복지부, 2006).

③ 독거노인 생활관리사 파견 사업

독거노인에 대한 생활 실태 및 복지 욕구 파악, 정기적인 안전 확인, 보건 · 복지 서비스 연계 및 조정, 생활교육 등을 통해 독거노인에 대한 종합적인 사회안전망 구축이 목적이다. 사업 내용으로는 안전 확인, 서비스 연계 및 조정, 생활교육, 독거노인 현황 조사 및 지역 내 복지 서비스 현황 조사 및 발굴 사업이 있다(보건복지부, 2008).

④ 노인돌봄 서비스

혼자 힘으로 일상생활을 영위하기 어려운 노인과 독거노인에게 욕구에 따라 안전 확인, 생활교육, 서비스 연계, 가사 · 활동 지원, 주간보호 서비스 등 맞춤형 복지 서비스를 제공한다. 사업 내용은 독거노인을 보호하기 위한 기본 사업으로 노인돌봄기본 서비스, 독거노인 응급안전돌보미 서비스, 독거노인 사랑잇기 서비스가 있으며, 저소득 노인 중 장기요양 등급 외자에게 요양 서비스를 제공하는 종합 서비스가 있다(보건복지부, 2014a).

표 3-5 재가노인복지 서비스 유형의 변화

연도	재가노인복지시설	기타 사회복지 서비스	비고
2003 ~ 2005	• 가정봉사원 파견시설 • 주간보호시설 • 실비주간보호시설 • 단기보호시설	• 결식우려노인 무료급식	• 경로식당 무료급식+거동 불편노인, 독거노인 식사 배달
2006	• 가정봉사원 파견시설 • 주간보호시설 • 단기보호시설 [신규] ※ 농 · 어촌 재가노인복지 시설	• 결식우려노인 무료급식 [신규] • 독거노인복지 서비스 one-stop 지원센터 • 독거노인안전지킴이 사업	• 농 · 어촌 재가노인복지시설: 가정봉사원 파견+주간 보호+단기보호
2007	• 가정봉사원 파견시설 • 주간보호시설 • 단기보호시설 ※ 농 · 어촌 재가노인복지 시설 [신규] ※ 재가노인 지원센터	• 결식우려노인 무료급식 [신규] • 독거노인 도우미 파견 사업	• 재가노인 지원센터: 방문 수발, 방문간호, 방문목욕, 주간보호, 단기보호, 노인 상담, 사례 관리, 재가시설 네트워크 구축 등
2008	[하반기] • 방문요양 서비스 • 방문목욕 서비스 • 주 · 야간보호 서비스 • 단기보호 서비스 ※ 농 · 어촌 재가노인복지 시설 ※재가노인 지원센터	• 결식우려노인 무료급식 [신규] • 노인보호전문기관 설치 운영 • 독거노인 생활관리사 파견	• 2008년 4월 4일 이후부터는 가정봉사원 파견시설, 주간보호시설, 단기보호시설의 명칭이 이용자 중심으로 변경됨

연도	재가노인복지시설	기타 사회복지 서비스	비고
2009	• 방문요양 서비스 • 방문목욕 서비스 • 주 · 야간보호 서비스 • 단기보호 서비스 ※ 농 · 어촌 재가노인복지시설 ※ 재가노인 지원센터	• 결식노인 무료급식 • 노인보호전문기관 설치 운영 [신규] • 방문간호 서비스(장기요양 급여) • 복지용구 대여 서비스(장기요양 급여) • 노인돌봄 서비스(기본/종합)	
2010	• 방문요양 서비스 • 방문목욕 서비스 • 주 · 야간보호 서비스 • 단기보호 서비스 ※ 농 · 어촌 재가노인복지시설 ※ 재가노인 지원센터 [신규] • 재가노인 지원 서비스	• 방문간호 서비스(장기요양 급여) • 복지용구 대여 서비스(장기요양 급여) • 노인돌봄 서비스(기본/종합) • 결식노인 무료급식 • 노인보호전문기관 설치 운영	• 재가노인 지원 서비스: 방문요양, 방문목욕, 방문간호, 주 · 야간보호, 단기보호 이외의 서비스로 노인 생활 및 신상에 관한 상담, 재가노인 및 보호자의 교육 등 포함
2011~2014	• 방문요양 • 방문목욕 • 주 · 야간보호 • 단기보호 • 재가노인 지원 서비스 ※ 농 · 어촌 재가노인복지시설 ※ 재가노인 지원센터	• 방문간호 서비스(장기요양 급여) • 복지용구 대여 서비스(장기요양 급여) • 노인돌봄 서비스(기본/종합) • 결식노인 무료급식 • 노인보호전문기관 설치 운영	

| 출처 | 보건복지(가족)부(2003~2014). 2003~2014년 노인보건복지사업안내.

Part II

건강 의존도에 따른 재가노인복지 서비스

제I부에서는 재가노인복지 서비스의 개념과 필요성 및 재가노인복지정책의 단계별 발달 과정을 살펴봄으로써 재가노인복지 서비스에 관한 전반적인 이해를 도모하고자 하였다. 앞서 살펴본 바와 같이 현재 노인들에게 제공되는 주요 재가노인복지 서비스들로는 방문요양, 방문목욕, 주 · 야간보호 등 재가노인복지시설에서 제공하는 서비스와 노인돌봄종합 서비스, 독거노인 보호 서비스 등 기타 사회적 서비스들이 있다.

노인을 일상생활동작 능력 정도에 따라 구분하면 혼자서 일상생활이 가능한 건강한 노인, 부분적인 도움이 있어야 활동이 가능한 요재활 노인, 그리고 전적으로 다른 사람의 도움이 있어야만 일상생활이 가능한 요보호노인으로 나눌 수 있다(최혜지, 2008). 또한 노인장기요양보험의 등급 체계는 노인의 신체 기능, 인지 기능, 재활 기능 등을 토대로 완전 의존, 일부 의존, 일부 자립, 완전 자립으로 나눌 수 있다.

따라서 제II부에서는 재가노인복지 서비스의 유형을 완전 · 일부 의존 노인을 위한 재가노인복지 서비스, 일부 자립 노인을 위한 재가노인복지 서비스, 완전 자립 독거 노인을 위한 재가노인복지 서비스로 구분하여 구체적인 서비스 내용을 살펴보기로 한다.

그러나 재가노인복지시설에서 제공하는 대부분의 서비스를 이용하기 위해서는 노인의 건강 의존도에 따라 노인장기요양보험제도에 따른 등급을 판정받아야 한다. 따라서 노인의 건강 의존도에 따른 재가노인복지 서비스의 내용을 살펴보기에 앞서 노인장기요양보험제도의 개관을 살펴보면서 노인장기요양 급여와 재가노인복지 서비스의 연관성을 알아보기로 한다.

Chapter 4

노인장기요양보험제도의 개관

1. 노인장기요양보험의 개요
2. 장기요양 수급자 및 기관 현황
3. 건강 의존도에 따른 재가노인복지 서비스 유형
4. 장기요양요원(요양보호사)

대부분의 재가노인복지시설에서 제공하는 서비스들은 노인장기요양보험의 재가 급여에 속한다. 따라서 재가노인복지 서비스의 내용을 살펴보기에 앞서 노인장기요양보험의 목적과 적용 대상, 장기요양 인정 및 서비스 이용 절차, 장기요양 등급자 및 장기요양기관 현황 등을 살펴보기로 한다. 그 이후에 장기요양 등급, 즉 노인의 건강 의존도에 따른 재가노인복지 서비스의 유형을 구분하여 기술하고, 장기요양 서비스를 제공하는 '전문인력'인 '요양보호사'에 관해 알아본다.

01 노인장기요양보험의 개요

1) 목적 및 적용 대상

노인장기요양보험제도는 고령이나 노인성 질병 등으로 인해 목욕이나 집안일 등 일상생활을 혼자서 수행하기 어려운 이들에게 신체 활동 · 가사 지원 등의 서비스를 제공하여 노후 생활의 안정과 그 가족의 부담을 덜어주기 위한 사회보험제도이다(보건복지부, 2014a). 소득 수준과 상관없이 노인장기요양보험 가입자(국민건강보험 가입자와 동일)와 그 피부양자, 의료 급여 수급권자로서 65세 이상 노인과 64세 이하라도 치매, 중풍, 파킨슨병 등 노인성 질병이 있는 자는 신청이 가능하다.

그러나 신청 그 자체로 서비스를 이용할 수 있는 것은 아니며, 국민건강보험공단 직원의 방문 조사와 등급판정위원회의 판정 절차를 거쳐 일정 등급 이상을 받아야 서비스를 이용할 수 있다.

특히 알아두어야 할 점은 65세 미만 장애인의 경우는 장애등급이 있다고 해서 저절로 노인장기요양 대상이 되지는 않는다는 점이다. 장애인의 경우는 장애등급을 기준으로 다양한 장애인복지 서비스를 받을 수 있으나, 장기요양 서비스를 이용하기 위해서는 장기요양 인정 신청을 해야 하며, 65세 미만자의 노인성 질병이 없는 일반적인 장애인은 적용 대상에서 제외된다.[1)]

1) 장애인복지법에 따른 1 · 2급 등록 장애인이 활동 지원 급여를 이용 중이거나 이용을 희망하는 경우는 장기요양 등급이 인정되면 장애인 활동 지원 신청이 제한되며, 장애인 활동 지원 신청을 위해 이미 인정된 장기요양 등급을 취소할 수 없다.

2) 장기요양 인정 및 서비스 이용 절차

장기요양 서비스의 수급자가 되기 위해서는 장기요양 인정 신청 → 방문 조사 → 의사 소견서 제출 → 등급 판정의 순으로 이루어진다. 이를 그림으로 나타내면 다음과 같다.

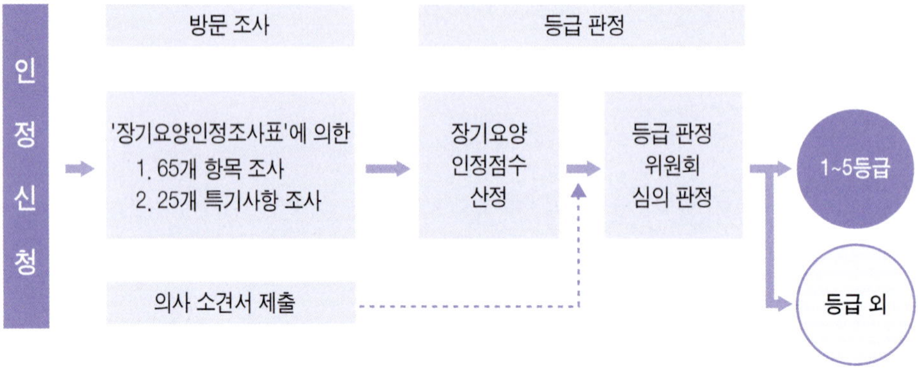

| 출처 | 국민건강보험공단 노인장기요양보험 홈페이지.

| 그림 4-1 | 장기요양 인정 절차

(1) 장기요양 인정 신청

장기요양보험 가입자 및 그 피부양자나 의료 급여 수급권자 누구나 장기요양 급여를 받을 수 있는 것은 아니다. 일정한 절차에 따라 장기요양 급여를 받을 수 있는 권리(수급권)가 부여되는데 이를 '장기요양 인정'이라고 한다. 전국 건강보험공단지사(노인장기요양보험운영센터)에 방문하거나 우편, 팩스, 인터넷으로 신청이 가능하다. 거동이 불편하거나 스스로 신청이 불가능한 상태인 경우는 가족과 친족 또는 이해관계인이 대리로 신청할 수 있으며, 사회복지전담공무원도 공무원임을 증명하는 신분증을 소지하고 대리 신청이 가능하다.

(2) 인정 조사(방문 조사)

장기요양 수급권자가 서비스 이용을 원할 경우는 건강보험공단 각 지사의 장기요양센터에 신청서를 제출하면 약 1개월 이내에 방문 조사가 이루어진다. 방문 조사 시에는 기본적 일상생활 활동(ADL), 수단적 일상생활 활동(IADL), 인지 기능, 행동 변화, 간호

처치, 재활영역 각 항목에 대한 신청인의 기능 상태와 질병 및 증상, 환경 상태, 서비스 욕구 등 12개 영역 90개 항목을 종합적으로 조사하고 이 중 신체 기능, 인지 기능, 재활 기능, 행동 변화, 간호 처치 등 65개 항목으로 요양인정점수를 산정에 이용한다. 요양인정점수 산정에 활용하는 「영역별 심신 상태를 나타내는 항목」은 |표 4-1| 과 같다. 의사 소견서는 인정 조사 후 공단이 안내한 의사 소견서 발급의뢰서에 따라 정해진 기한 내 반드시 제출하여야 한다.

표 4-1 영역별 심신 상태를 나타내는 항목*

<table>
<tr><th>영역</th><th colspan="12">항목</th></tr>
<tr><td>신체 기능
(기본적
일상생활 기능)
(13항목)</td><td colspan="4">• 옷 벗고 입기
• 세수하기
• 양치질하기
• 목욕하기
• 머리 감기</td><td colspan="4">• 식사하기
• 체위 변경하기
• 일어나 앉기
• 옮겨 앉기</td><td colspan="4">• 방 밖으로 나오기
• 화장실 사용하기
• 대변 조절하기
• 소변 조절하기</td></tr>
<tr><td>인지 기능
(10항목)</td><td colspan="4">• 단기 기억장애
• 날짜 불인지
• 장소 불인지
• 나이 · 생년월일 불인지</td><td colspan="4">• 지시 불인지
• 상황 판단력 감퇴
• 의사소통 · 전달 장애
• 계산 불가</td><td colspan="4">• 하루일과 불인지
• 가족이나 친척 불인지</td></tr>
<tr><td>행동 변화
(22항목)</td><td colspan="4">• 망상
• 환각, 환청
• 돈 · 물건 감추기
• 서성거림, 안절부절 못함
• 길을 잃음
• 주위 사람 도움에 저항함
• 부적절한 성적 행동
• 부적절한 옷 입기</td><td colspan="4">• 밖으로 나가려함
• 물건 망가트리기
• 물건 등을 먹는 행위
• 대 · 소변 불결 행위
• 화기 관리 불능
• 슬픈 상태, 울기도 함
• 불규칙 수면, 주 · 야 혼돈
• 쓸데없는 간섭이나 참견</td><td colspan="4">• 혼자 있기 두려워함
• 이유 없이 소리 지름
• 도움에 저항
• 식습관 변화 및 식사 거부
• 귀찮을 정도로 따라다님
• 의미 없거나 부적절한 행동</td></tr>
<tr><td>간호 처치
(10항목)</td><td colspan="4">• 기관지 절개관 간호
• 흡인
• 산소요법
• 당뇨발 간호</td><td colspan="4">• 욕창 간호
• 경관 영양
• 암성통증 간호</td><td colspan="4">• 도뇨 관리
• 장루 간호
• 투석 간호</td></tr>
<tr><td rowspan="2">재활 기능
(10항목)</td><td colspan="6">운동장애(4항목)</td><td colspan="6">관절제한(6항목)</td></tr>
<tr><td colspan="3">• 우측상지
• 좌측상지</td><td colspan="3">• 우측하지
• 좌측하지</td><td colspan="3">• 어깨관절
• 손목/수지관절
• 무릎관절</td><td colspan="3">• 팔꿈치관절
• 고관절
• 발목관절</td></tr>
</table>

* 「노인장기요양보험법」 시행규칙 별지 제5호 서식의 「장기요양 인정 조사표」를 참조하여 작성하였다.

| **출처** | 「노인장기요양보험법」 시행규칙 [별지 제5호 서식] 참조.

(3) 등급 판정

신청인의 영역별 심신 상태 조사 결과를 통계적 방법에 의해 환산한 요양인정점수를 기준으로 컴퓨터로 장기요양 등급을 1차 판정한다. 이후에 의료, 보건, 복지 분야의 전문가로 구성된 등급판정위원회[2)]에서 1차 판정 결과, 의사의 소견, 조사자가 작성한 특기 사항, 기타 심의 자료를 토대로 개개인의 장기요양이 필요한 정도를 판단하여 장기요양 등급을 결정한다.

6개월 이상의 기간 동안 혼자서 일상생활을 수행하기 어려운 건강 수준임이 인정될 경우는 1등급부터 4등급 중 하나의 장기요양 등급이 인정되어 장기요양 서비스를 이용할 수 있다. 치매노인에 한해 5등급이 인정되어 치매증상 경감을 위한 특별 서비스를 이용할 수 있다. 반면 등급 외 A, B, C의 경우는 대상자의 욕구 및 소득 정도 등을 고려하여 장기요양 서비스가 아닌 기타 연계 서비스를 받을 수 있다. 각 등급별 신체 및 인지 기능 상태는 | 표 4-2 | 와 같다.

표 4-2 장기요양수급자(등급 내) 유형별 신체 및 인지 기능 상태

장기요양 등급	건강 상태	장기요양 인정점수
1등급	• 심신의 기능 상태 장애로 일상생활에서 전적으로 다른 사람의 도움이 필요한 자	95점 이상
2등급	• 심신의 기능 상태 장애로 일상생활에서 상당 부분 다른 사람의 도움이 필요한 자	75~94점
3등급	• 심신의 기능 상태 장애로 일상생활에서 부분적으로 다른 사람의 도움이 필요한 자	60~74점
4등급	• 심신의 기능 상태 장애로 일상생활에서 일정 부분 다른 사람의 도움이 필요한 자	51~59점
5등급	• (치매특별등급) 노인성 질병에 해당하는 치매로 한정	45~50점
등급 외 A	• 목욕하기, 화장실 이용하기 등 어려운 항목에서 약간의 도움이 필요하고 인지문제행동이 가끔 나타나는 자	
등급 외 B	• 대부분의 자립이 가능하나 인지력이 약간 떨어지고 목욕 등에서 약간 도움이 필요한 자	40~44점
등급 외 C	• 신체 기능이나 인지 기능에 문제가 없고, 혼자서 일상생활이 가능하여 건강증진 등 예방 서비스가 필요한 대상	40점 미만

| 출처 | 「노인장기요양보험법」 시행령(2014년 7월 1일) 제7조(등급 판정 기준 등). 참조, 재구성.

2) 시 · 군 · 구 지역 단위에 심의기구를 설치하고, 의료인, 사회복지사, 시 · 군 · 구 소속 공무원, 법학 또는 장기요양에 관한 학식과 경험이 풍부한 자 15인 이내의 위원으로 구성한다(노인장기요양보험 시행규칙 제37조).

기존 등급 체계가 1등급부터 3등급으로 되어 있었던 것이 2014년 7월 1일부터 5등급 체계로 변경되었다. 기존 3등급이 인정점수 60점을 기준으로 2개 등급(3, 4등급)으로 세분화하여 상대적으로 요양필요도가 높은 3등급자의 서비스 이용량(월 한도액)을 확대하였다. 또한 비교적 양호한 신체 기능으로 인해 노인장기요양 혜택을 받을 수 없었던 치매노인에게 장기요양 급여를 제공하기 위해 5등급을 신설하여 치매로 일상생활에 일부 도움이 필요한 더 많은 노인들이 장기요양 서비스를 이용할 수 있게 되었다. 장기요양 1등급 또는 2등급인 수급자는 시설 급여 또는 재가 급여를 제공받을 수 있으며, 3등급부터 5등급(치매특별등급)까지인 수급자는 재가 급여를 제공받을 수 있다.

(4) 장기요양 인정 및 통보

등급판정위원회에서 등급 판정이 이루어지면 장기요양 등급, 유효기간, 장기요양 급여의 종류 등이 기재된 「장기요양 인정서」 및 「표준장기이용계획서」를 개별 통보한다. 장기요양 인정의 유효기간은 1년으로 하되, 장기요양 인정의 갱신 결과 직전 등급과 같은 등급으로 판정된 경우는 1등급의 경우 3년, 2등급부터 5등급까지의 경우 2년으로 한다.[3] 수급자는 「표준장기요양이용계획서」[4]를 고려하여 장기요양 인정서가 도달한 날부터 필요한 범위 안에서 적정한 서비스를 받을 수 있다.

3) 「노인장기요양보험법」 시행령 제8조를 근거로 하였다.
4) 방문 조사와 필요시 의사 소견서를 토대로 장기요양 필요 영역 및 장기요양 단기 목표, 중장기 목표, 장기요양 필요 내용, 수급자의 희망 급여, 표준장기요양 이용 계획 및 비용, 유의 사항 등을 적시하여 이용자들이 적절한 급여를 이용할 수 있도록 한다.

장기요양 인정서	
성 명	
생년월일	
장기요양 인정번호	
장기요양 등급	
유 효 기 간	
장기요양 급여의 종류 및 내용	
장기요양등급 판정위원회 의견	
국민건강보험공단 이사장 (직인)	
• 전화번호: • 주소: • 홈페이지: www.longtermcare.or.kr	

발행일자:

수급자 안내사항

1 수급자가 장기요양 급여를 받기 위해서는 장기요양기관에 장기요양 인정서를 제시하여야 합니다.

2 법 제40조에 따라 「국민기초생활보장법」 상 수급권자는 본인 일부 부담금이 면제되고, 그 외의 「의료급여법」 상 수급권자는 본인 일부 부담금이 50% 경감됩니다.

3 장기요양 급여 이용 시 월 한도액 범위 내에서 장기요양 급여가 가능하며, 이를 초과하는 비용 및 비급여 비용은 본인이 부담합니다.

4 장기요양보험료를 6회 이상 납부하지 아니하면 장기요양 급여를 받을 수 없습니다.

5 장기요양 인정 등급 판정 결과에 대해 이의가 있는 경우 통보를 받은 날로부터 90일 이내에 공단에 증명서류를 첨부하여 이의신청할 수 있습니다.

6 장기요양 인정의 갱신신청을 하고자 할 경우에는 유효기간이 끝나기 90일 전부터 30일 전까지의 기간에 공단에 신청하여야 합니다.

| 출처 | 「노인장기요양보험법」 시행규칙 [별지 제6호 서식].

| 그림 4-2 | 장기요양 인정서의 예

(5) 서비스 이용 계약

5등급 이상의 판정을 받고, 서비스를 이용하고자 하는 경우는 장기요양기관에 서비스이용 신청 및 계약을 통해 가능하다. 국민건강보험공단에서 장기요양 인정서를 통보할 때 수급자들이 이용가능한 지역사회의 장기요양기관 목록을 함께 동봉하고, 노인장기요양보험 홈페이지(www.longtermcare.or.kr)에 기관정보를 탑재하여 수급자들에게 정보를 제공하고 있다. 수급자와 장기요양기관은 장기요양 급여 개시 전에 계약 당사자, 계약기간, 장기요양 급여의 종류, 내용 및 비용, 비급여 대상 및 항목별 비용 등이 포함된 장기요양 급여 제공계약을 문서로 체결하여야 한다.[5] 또한 장기요양기관은 수

5) 「노인장기요양보험법」 시행규칙 제16조를 근거로 하였다.

급자 개인의 장기요양 급여의 종류 및 내용에 대한 선택권을 존중하고 자립생활을 할 수 있도록 지원하여야 하며, 수급자의 심신 상태에 따라 적정한 급여를 제공하여야 한다.

이상에서 설명한 장기요양 인정 및 서비스 이용 절차는 | 그림 4-3 | 과 같다.

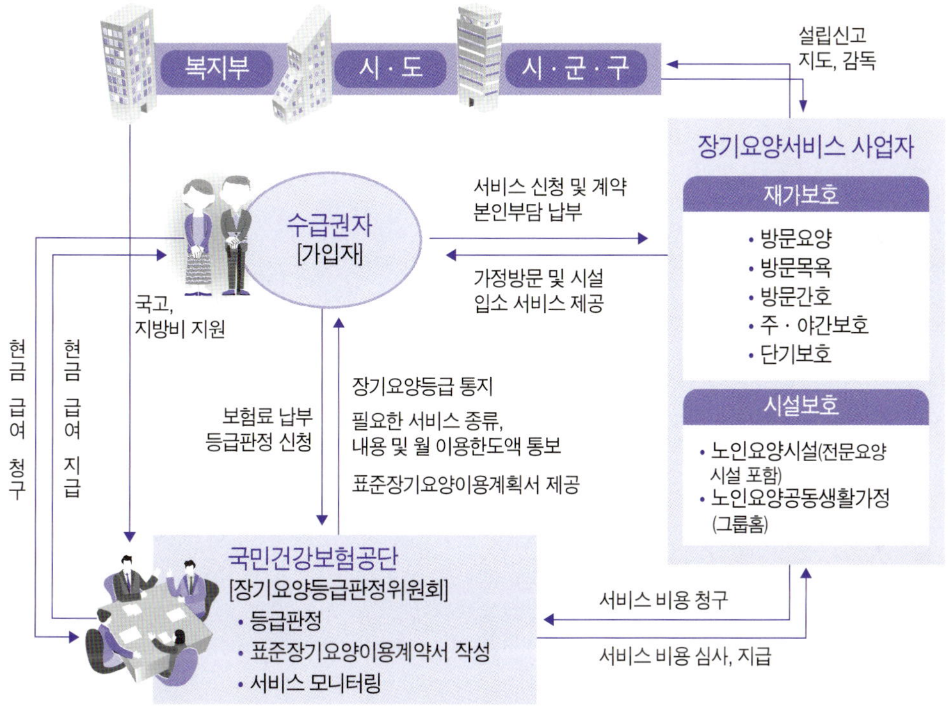

| 출처 | 보건복지부(2015a). 2015년 노인보건복지사업안내.

| 그림 4-3 | 장기요양 인정 및 서비스 이용 절차

(6) 노인장기요양보험 급여의 종류 및 이용 수가

장기요양 등급이 인정되면 노인의 건강 의존도에 따라 재가 급여나 시설 급여를 제공받을 수 있다. 장기요양 급여의 종류와 서비스 이용 수가는 다음 |표 4-3| 과 같다. 재가 급여에 해당되는 서비스로는 방문요양, 방문목욕, 방문간호, 주 · 야간보호, 단기보호, 재가 지원 서비스 및 복지용구 대여가 있으며, 시설 급여로는 노인요양시설이나 노인요양공동생활가정에 입소하는 전문적인 장기요양 서비스가 있다. 도서벽지 거주자 등에 대해서는 가족요양비 등 현금 급여를 지급한다.

서비스를 제공받은 후 이용자가 납부하는 본인 부담금은 재가 급여의 경우는 서비스 이용 수가의 15%, 시설 급여의 경우는 서비스 이용 수가의 20%를 납부하여야 한다. 단, 국민기초생활보장수급권자는 본인 부담금이 면제되며, 의료수급권자는 일반 신청자의 50%, 즉, 재가 급여인 경우는 서비스 수가의 7.5%와 시설 급여인 경우는 서비스 수가의 10%를 납부하여야 한다.

표 4-3 노인장기요양보험 급여 종류와 서비스 이용 수가

구분	서비스 내용	서비스 이용 수가 중 본인 부담금		
		일반인	의료 수급권자	기초생활보장수급권자
재가 급여	• 방문요양 • 방문목욕 • 방문간호 • 단기보호 • 재가 지원 • 주 · 야간보호 • 복지용구 대여	15%	7.5%	면제
시설 급여	• 노인요양시설 입소 • 노인요양공동생활가정 입소	20%	10%	면제
현금 급여	• 도서벽지 거주자 등에 대해 가족요양비 지급			

| 출처 | 보건복지부(2015a). 2015년 노인보건복지사업안내. 참조, 재구성.

02 장기요양 수급자 및 기관 현황

1) 장기요양 등급 신청자 및 인정자 현황

2008년 7월 노인장기요양보험제도가 시작된 이후 | 표 4-4 | 에서 보는 바와 같이 장기요양 등급 신청자와 인정자의 수가 지속적으로 증가하고 있다. 뿐만 아니라 2013년의 경우는 판정자 대비 인정률이 전년도에 비해 상승한 것을 알 수 있다. 2013년의 경우는 65세 이상 노인 619만여 명 중 11.1%인 68만 6천여 명이 장기요양 등급 판정 신청을 하였고, 이 중 54만여 명의 판정을 진행하여 37만 8천여 명이 등급 내 인정(1~3등급)을 받았다. 이러한 수치는 전체 노인 인구 대비 인정률이 6.1%에 해당하며, 2009년 5.4%에 비해 0.7% 증가한 수치이다. 이는 후기노령 인구의 증가와 인정 기준 완화정책의 요인으로 분석된다(국민건강보험공단, 2013).

표 4-4 장기요양 인정자 현황 (단위: 년, 명)

구분	2009	2010	2011	2012	2013
노인 인구 (65세 이상)	5,286,383	5,448,984	5,644,758	5,921,977	6,192,762
신청자	522,293	622,346	617,081	643,409	685,852
판정자 (등급 내 + 등급 외)	390,530	465,777	478,446	495,445	535,328
인정자 (판정 대비 인정률)	286,907	315,994	324,412	341,788	378,493
	(73.5%)	(67.8%)	(67.8%)	(69.0%)	(70.7%)
노인 인구 대비 인정률	5.4%	5.8%	5.7%	5.8%	6.1%

| 출처 | 국민건강보험공단(2013). 노인장기요양보험 통계연보.

| 표 4-5 | 에 나타난 바에 의하면 2014년 11월 말 현재 장기요양 신청자는 73만 4천 명, 장기요양 인정자가 42만 1천 명으로 2013년에 비해 약 4만 3천 명이 증가했으며, 2009년 28만 6천 명에 비해서는 약 2.6배 증가한 상태이다. 노인 인구 대비 인정률도 6.5%로 전년도(2013년) 6.1%에 비해 0.4% 상승하였다. 노인장기요양 인정자들이 확대

된 것은 건강상의 이유로 일상생활에 어려움을 겪고 있는 노인과 그 가족의 부담을 덜어줌으로써 노후생활의 안정을 도모할 수 있도록 건강보장 영역이 확대되었다는 측면에서 환영할 만한 일이다. 그러나 이러한 장기요양 필요노인의 증가는 동시에 65세 이상 의료보장 적용 대상자의 증가와 더불어 장기요양 비용의 증가를 초래하고 있어 그 대안이 필요한 실정이다.

표 4-5 2014년 장기요양 신청자 및 인정자 (단위: 명)

구분	인원	구분	인원	구분	인원
신청자	734,120	1등급	37,955	등급 외자	160,488
		2등급	72,483		
		3등급	170,070		
		4등급	131,697		
		5등급	9,320		
		인정자 계	421,525		
65세 이상 노인 인구	6,500,659	노인 인구 대비 인정률	6.5%	-	

| 출처 | 국민건강보험공단(2014a). 노인장기요양보험 통계연보.

2) 재가 급여와 시설 급여의 비용효율성 비교

가속화되는 고령화 추세와 이로 인한 장기요양 비용의 증가로 인한 부담감을 줄이기 위한 대안 중의 하나가 재가 서비스의 활성화이다. 장기요양 급여 중 재가 급여 이용이 시설 급여 이용에 비해 비용 효율적인지의 여부를 장기요양 급여 실적 데이터를 활용해 산출한 결과인 | 표 4-6 | 에서 보는 바와 같이 재가 급여의 비용 효율성이 높은 것으로 나타났다.

장기요양보험 각 연도 장기요양 급여 실적 통계 의하면, 2010년 상반기 현재 재가 급여를 이용한 노인들이 22만 1천 명으로 전체 이용자의 70.6%를 차지하고, 시설 급여 이용노인은 9만 2천 명으로 29.4%인 것으로 나타났다(국민건강보험공단, 2010). 이들이 사용한 장기요양 급여 비용을 살펴보면 재가 급여의 경우는 1인당 월평균 50만 6천 원을 사용하였으며, 시설 급여비의 경우는 월평균 85만 8천 원으로 1인당 월평균 재가 급여

비가 시설 급여비의 59%에 불과한 것으로 나타났다. 이와 같이 시설보다 재가 중심의 장기요양 서비스 제공체계는 재정운용의 효율성을 높일 수 있어 제도의 발전과 지속 가능성을 제고하는 데 기여할 수 있다.

표 4-6 장기요양 급여실적

구분	소계			재가 급여			시설 급여		
	2008	2009	2010. 6	2008	2009	2010. 6	2008	2009	2010. 6
요양실 인원 (천 명)	154	310	313	93	224	221	61	86	92
실인원 1인당 요양일수(일)	81.8	175.5	118.2	53.2	137.1	98.4	119.8	239.5	139.7
요양 급여비 (억 원)	4,268	17,369	11,434	1,640	9,856	6,702	2,628	7,513	4,731
월평균요양 급여비 (억 원)	771	1,447	1,906	273	821	1,117	438	626	789
실인원 1인당 월평균 요양 급여비(천 원)	475	497	652	295	367	506	717	732	858

| 출처 | 각 연도 노인장기요양보험 주요 통계 재구성.

3) 장기요양기관 현황

장기요양기관 현황을 살펴보면 | 표 4-7 | 과 같다. 전체 장기요양기관의 수는 15,704개로 2008년 노인장기요양보험 시작 때와 비교하여 1.89배 증가하였다. 재가 기관은 11,056개소로 2008년도에 비해 1.67배 증가하였으며, 시설 기관은 4,648개소로 2008년도에 비해 2.73배 증가하였다. 전체적으로 장기요양 인정자가 증가하는 양상과 함께 장기요양기관의 설치도 증가하는 것을 알 수 있다.

전체 장기요양기관 대비 재가 기관이 차지하는 비율은 70.4%이었으며, 시설 기관은 29.6%를 차지하였다. 이는 앞서 살펴본 | 표 4-6 | 에서 재가 급여를 이용한 노인들이 전체 이용자의 70.6%를 차지하고, 시설 급여 이용노인이 29.4%인 것과 유사하다. 이러한 결과는 가정에서의 돌봄자의 사회참여로 인해 가정에서의 일시적 도움보다 종일 돌봄 서비스를 받을 수 있는 시설입소 서비스의 필요성과 초창기에 비해 시간이 경과하면서 시설 급여에 관한 부정적 이미지가 줄어들었기 때문인 것으로 추론해 볼 수 있다.

표 4-7 장기요양기관 현황*

(단위: 개소)

연도	합계	재가 기관(전체 대비 비율)	시설 기관(전체 대비 비율)
2008	8,318	6,618(79.56%)	1,700(20.44%)
2009	14,556	11,928(81.95%)	2,628(18.05%)
2010	14,979	11,228(74.96%)	3,751(25.04%)
2011	14,918	10,857(72.78%)	4,061(27.22%)
2012	15,056	10,730(71.27%)	4,326(28.73%)
2013	15,704	11,056(70.40%)	4,648(29.6%)

*각 연도말 기준, 지정 운영되고 있는 기관 수를 의미함.

| 출처 | 각 연도 노인장기요양보험 주요 통계 재구성.

03 건강 의존도에 따른 재가노인복지 서비스 유형

재가노인복지 서비스의 대상이 되는 노인을 건강 의존도에 따라 완전 의존 노인, 일부 의존 노인, 일부 자립 노인 및 완전 자립 노인으로 구분하고, 건강 의존도에 따라 이용할 수 있는 재가노인복지 서비스의 유형을 제시하면 |그림 4-4| 와 같다.

완전 자립 →	일부 자립 →	일부 의존 →	완전 의존
건강한 노인	요재활 노인		요보호 노인
등급 외 C형	(치매특별) 5등급 등급 외 A, B형	3등급 중 일부 4등급	1등급 2등급 3등급
• 노인돌봄기본 • 독거노인 보호 • 결식우려 노인 무료급식	• 인지 활동형 프로그램 • 노인돌봄종합 서비스	• 방문요양 • 방문목욕 • 주 · 야간보호 • 단기보호 • 재가노인 지원 • 방문간호 • 복지용구 대여	• 방문요양 • 방문목욕 • 주 · 야간보호 • 단기보호 • 재가노인 지원 • 방문간호 • 복지용구 대여
• 노인학대예방 • 학대피해노인 쉼터			

|그림 4-4| 건강 의존도(Care Continuum)에 따른 재가노인복지 서비스 유형

먼저 완전 의존 노인은 장기요양 등급 1등급(95점 이상)부터 3등급 인정자(60점 이상 75점 미만)가 포함된다. 이들은 전적으로 다른 사람의 도움이 있어야 활동이 가능한 요보호노인으로 재가장기요양 급여인 방문요양, 방문목욕, 방문간호, 주 · 야간보호, 단기보호, 복지용구 대여 서비스를 이용할 수 있으며, 이러한 서비스를 이용하지 않는 등급 인정자에 한해서 노인 상담이나 가족교육 등 재가노인 지원 서비스를 이용할 수 있다.

일부 의존 노인은 장기요양 등급 3등급 중 일부와 4등급(51점 이상 60점 미만)이 해당된다. 완전 의존 노인과 동일한 재가노인복지 서비스를 이용할 수는 있으나, 월 급여 한도액이 상대적으로 적기 때문에 서비스를 이용할 수 있는 횟수가 완전 의존 노인에 비해 적다.

일부 자립 노인은 치매특별등급인 5등급 노인과 등급 외 A, B 노인이 해당된다. 5등급 노인은 1~4등급의 수급자와 달리 인지 기능 악화 방지 및 잔존능력 유지를 위해 주 3회 또는 월 12회 이상 인지 활동형 프로그램을 이용할 수 있다. 반면 5등급과 같은 건강 수준인 45점 이상 51점이지만 치매가 아닌 노인들은 등급 외 A에 해당되며, 요양인정점수 40점 이상 45점 미만인 등급 외 B 노인과 같이 노인돌봄종합 서비스를 이용할 수 있다. 그러나 노인돌봄종합 서비스의 대상은 가구 소득이 전국 가구 평균 소득의 150% 이하인 저소득자로 제한된다. 일부 의존 노인과 일부 자립 노인은 부분적인 도움이 있어야 활동이 가능한 요재활 노인으로 구분할 수 있다.

완전 자립 노인은 혼자서 일상생활이 가능한 건강한 노인이라 할 수 있다. 장기요양등급으로는 40점 미만의 등급 외 C에 해당된다. 이들은 정서적 지원과 영양 관리 등을 목적으로 제공되는 노인돌봄기본 서비스, 독거노인 보호 서비스 및 결식우려 노인 무료급식 서비스 등을 이용할 수 있다.

이 외에도 노인 학대 예방을 위한 교육이나 학대노인을 위한 쉼터 이용 등은 노인의 인권보호 차원에서 노인의 건강 의존도에 상관없이 누구나 이용할 수 있는 재가노인복지 서비스이다.

04 장기요양요원(요양보호사)

재가장기요양 서비스의 핵심인 방문 서비스를 비롯하여 주 · 야간보호 및 단기보호 서비스 등을 제공하는 전문인력은 장기요양요원(이하 요양보호사로 명칭을 표기함)이라고 할 수 있다. 따라서 재가장기요양 서비스의 질을 담보하고, 제도의 안정적 기반을 조성하기 위해서 가장 중요한 것은 성실하고 사명감 있는 우수한 요양보호사를 양성하는 데에 있다. 여기에서는 요양보호사의 자격요건과 교육과정에 관하여 살펴보기로 한다.

1) 요양보호사의 자격요건

요양보호사는 일정기간 교육을 이수하고 시험에 합격하여 국가자격을 취득한 자로서 장기요양기관에 소속되어 수급자가 건강하고 편안한 노후를 보낼 수 있도록 신체 및 인지 활동 지원 등의 급여를 제공하는 전문 인력이다(보건복지부 · 국민건강보험공단, 2015). 노인장기요양보험제도가 시행되기 이전에는 가정봉사원이라는 명칭으로 신체적 · 정신적 장애로 인해 일상생활이 어려운 재가노인들을 돌보는 일을 가정봉사원 파견시설에서 담당하였다.

그러나 2008년 7월 노인장기요양보험제도 시행에 대비하여 종전 「노인복지법」 상 인력인 가정봉사원보다 기능이나 지식 수준이 향상된 장기요양인력을 양성하고자 하는 목적을 가지고 요양보호사 국가자격제도를 신설하였다(보건복지부, 2014b). 요양보호사 자격을 취득하기 위해서는 요양보호사 교육 기관에서 소정의 교육과정을 이수한 후에 국가자격시험에 합격하여야 한다. 학력이나 연령의 제한이 없으며, 체류조건과 체류기한 등 출입국관리법령[6] 등에 위반되지 않는 자에 한하여 외국인도 자격을 취득할 수 있다.

2) 요양보호사의 역할

「노인복지법」 상 노인주거복지시설, 노인전문병원을 제외한 노인의료복지시설, 재가노인복지시설과 「노인장기요양보험법」 상 장기요양기관, 즉 요양시설과 방문간호를

6) 출입국관리법시행령 [별표 1] 외국인의 체류자격: 거주(F-2) 비자 소지자, 재외동포(F-4) 비자 소지자, 영주(F-5) 비자 소지자, 결혼이민(F-6) 비자 소지자, 방문취업(H-2) 비자 소지자

제외한 재가장기요양기관을 설치 · 운영하고자 하는 자는 보건복지부령으로 정하는 바에 따라 노인 등의 신체 활동 또는 가사 활동 지원 등의 업무를 전문적으로 수행하는 요양보호사를 두어야 한다.

그러나 요양병원 등 병원은 요양보호사를 배치할 법적인 의무가 없으며, 간병인이나 자원봉사자의 업무에 있어서는 요양보호사 자격증을 법적으로 요하지는 않는다. 요양보호사의 역할은 다음과 같다.

(1) 신체 활동 지원

- 식사 및 약 챙겨드리기, 개인 위생 활동(세수, 양치, 머리 감기, 목욕 등)
- 몸단장(머리 손질, 손 · 발톱 정리, 옷 갈아입기 등)
- 체위 변경, 이동 도움, 배설 도움(화장실 이동변기 이용, 기저귀 교체 등)
- 신체 기능 증진 활동 등

(2) 일상생활 지원

- 외출 동행(장보기, 산책, 물품 구매, 병원 이용 등)
- 수급자의 방 안 청소 및 환경 관리, 빨래, 식사 준비, 설거지 등
- 단, 가족을 위한 행위는 제외됨

(3) 정서 지원

- 말벗, 의사소통 도움 등

(4) 인지 활동 지원[7)]

- 회상 훈련, 기억력 향상 활동, 잔존 기능 유지, 향상을 위한 사회 활동 훈련(수급자와 함께 옷 개기, 요리하기 등)

---

7) 인지 활동 지원은 치매로 인해 일상생활자립이 원활하지 않은 장기요양 5등급자에게 제공되는 급여이다. 따라서 요양보호사는 치매에 대한 이해 및 치매 환자 돌봄에 대한 전문성을 향상시키기 위한 치매 전문교육을 이수한 후 시험에 합격한 경우에만 인지 활동 서비스를 제공할 수 있다.

3) 수급자가 요양보호사에게 요구해서는 안 되는 행위

요양보호사와 수급자는 서로의 인격을 존중해야 한다. 요양보호사가 수급노인의 인격을 존중하지 않을 시 학대의 형태로 나타나지만 수급자와 그 가족이 요양보호사의 인격을 존중하지 않을 경우도 요양보호사의 인권 침해가 될 수 있다. 그리고 수급노인과 그 가족들이 요양보호사의 역할에 대한 이해가 부족할 경우에는 상호간에 마찰이 생길 수 있다. 이러한 갈등을 최소화시킬 수 있도록 조정하고 개입하는 일들이 사회복지사의 역할이다.

따라서 다음과 같은 행위는 수급자나 보호자가 요양보호사에게 요구해서는 안 되는 경위임을 알아두어야 한다. 첫째, 수급자의 가족을 위한 행위, 둘째, 수급자 또는 그 가족의 생업을 지원하는 행위, 셋째, 그 밖에 수급자의 일상생활에 지장이 없는 행위는 요양보호사의 역할 밖의 일이기 때문에 요구해서는 안 된다.

요양보호사에게 요구해서는 안 되는 행위

[사례 1]
○○ 시에서 방문요양을 수행하는 이○○(여) 요양보호사는 박○○(남) 수급자에게 성적 수치심이 느껴지는 안마를 요구받고 당황했는데, 알고 보니 이 수급자는 미모의 요양보호사에게만 급여를 받기를 원하면서 상습적으로 안마를 요구해 온 것으로 밝혀졌다.

[사례 2]
유○○ 수급자의 배우자는 최○○ 요양보호사에게 가족들을 위한 집안 청소, 빨래, 식사 준비, 장보기, 밭매기까지 요구하였고, 옆집에 사는 수급자의 여동생은 수급자를 제대로 모시지 못한다며 욕설까지 하여 심한 인격적 모욕을 느끼게 하였다.

| 출처 | 보건복지부 · 국민건강보험공단(2015). 노인장기요양보험 급여 이용 안내.

4) 요양보호사 현황

노인장기요양보험 통계에 의하면 2015년 말 기준 요양보호사는 294,788명이었으며, 이 중에 재가시설 종사자는 전체의 81.9%인 241,323명이었다. 요양보호사의 숫자는 2011년에 471,875명으로 가장 큰 증가세를 나타낸 이후 2012년 233,459명으로 감소하였다가 다시 꾸준히 증가하는 추세를 보이고 있다. 사회복지사는 2015년 말 기준 13,923명으로 꾸준히 증가하였다. 연도별 증가 현황을 구체적으로 살펴보면 | 표 4-8 | 과 같다.

표 4-8 요양보호사 증가 현황 (단위: 년, 명)

구분		2010	2011	2012*	2013*	2014*	2015*
계*	요양보호사	454,921	471,875	233,459	252,663	266,538	294,788
	사회복지사	7,136	7,347	6,751	7,506	11,298	13,923
재가	요양보호사	420,099	432,327	192,830	206,971	216,358	241,323
	사회복지사	4,520	4,483	3,427	3,828	6,623	8,440
시설	요양보호사	34,822	39,548	45,234	51,449	56,072	60,386
	사회복지사	2,616	2,864	3,459	3,809	4,817	5,634

*본 통계자료는 당해연도말 장기요양기관 소재지 기준으로 작성되었으며, 2012년부터 2015년 '계'는 행정구역(시 · 군 · 구)별, 급여 종류별 중복이 제외된 수치로 실제 조사된 합보다 작음.

| 출처 | 국민건강보험공단(https://www.nhis.or.kr). 노인장기요양보험 통계.

5) 요양보호사 양성 과정[8)]

(1) 교육과정

요양보호사 양성을 위한 교육과정은 '표준교육과정'과 '자격 또는 사회복지 관련 면허소지자 교육과정'으로 구분할 수 있다. 구체적인 내용은 다음과 같다.

① 표준교육과정

표준교육과정은 이론 강의 80시간과 실기연습 80시간을 이수한 후에 관련 기관에서의 현장실습 80시간으로 구성되어 총 240시간의 교육을 마쳐야 한다. 구체적인 교육 내용과 교육 시간은 | 표 4-9 | 와 같다.

8) 「노인복지법」 제29조의 2 제2항과 관련된 시행규칙 [별표 10의 2]를 참조하였다.

표 4-9 표준교육과정

<table>
<tr><th rowspan="2">구분</th><th rowspan="2">과목</th><th rowspan="2">교육 내용</th><th rowspan="2">세부 내용</th><th colspan="2">교육 시간</th></tr>
<tr><th>이론</th><th>실기</th></tr>
<tr><td rowspan="10">이론 강의 (80 시간) / 실기 연습 (80 시간)</td><td rowspan="4">요양 보호 개론</td><td>요양보호 관련제도 및 서비스</td><td>• 사회복지제도
• 노인보건복지 서비스제도의 개요
• 노인장기요양 서비스에서의 방문간호
• 장기요양보험 서비스 표준
• 노인보건복지 서비스 관련 자원</td><td>5</td><td></td></tr>
<tr><td>요양보호 업무의 목적 및 기능</td><td>• 요양보호 업무의 목적과 기능
• 요양보호사의 기본원칙 및 역할 범위
• 요양보호 서비스 유형(시설 · 재가)</td><td>2</td><td></td></tr>
<tr><td>요양보호사의 직업윤리와 자세</td><td>• 요양보호사 직업윤리 및 윤리강령
• 요양보호사 직업적 태도
• 노인의 인권 및 학대 예방
• 요양보호사의 자기 관리 및 안전 관리(건강 관리, 스트레스 관리, 자기계발, 자격 관리, 성희롱 대처 등)</td><td>8</td><td>6</td></tr>
<tr><td>요양보호 대상자 이해</td><td>• 노년기 특성(생리 · 심리적 특성)
• 노인과 가족 관계</td><td>2</td><td></td></tr>
<tr><td>요양 보호 관련 기초 지식</td><td>의학적 · 간호학적 기초지식</td><td>• 노인의 기본 건강 상태 사정(이론 · 실기)
• 노인의 주요 질환(치매, 뇌졸중, 파킨슨 질환 등)
• 노인의 건강증진 및 질병예방</td><td>12</td><td>3</td></tr>
<tr><td rowspan="5">요양 보호 각론</td><td rowspan="5">기본요양 보호기술</td><td>〈섭취 요양보호〉
• 식사 돕기(경구, 비경구) • 복약 돕기와 약 보관</td><td>4</td><td>6</td></tr>
<tr><td>〈배설 요양보호〉
• 화장실 사용 돕기 • 침상배설 돕기
• 이동변기 사용 돕기 • 기저귀 사용 돕기
• 유치 도뇨관(留置 導尿管) 사용 돕기</td><td>5</td><td>8</td></tr>
<tr><td>〈개인위생 및 환경 요양보호〉
• 구강 · 두발 · 손발 · 회음부(會陰部) 청결 돕기
• 세면 · 목욕 돕기
• 옷 갈아입히기
• 침상청결 등 쾌적한 환경 유지하기</td><td>5</td><td>8</td></tr>
<tr><td>〈체위변경과 이동 요양보호〉
• 침상 이동 돕기 • 휠체어 이동 돕기
• 보행(자가, 기구) 돕기 • 이송 돕기</td><td>6</td><td>8</td></tr>
<tr><td>〈안전 및 감염 관련 요양보호〉
• 낙상/미끄러짐/넘어짐 예방 • 흡인(吸引)
• 감염 예방 및 욕창 예방</td><td>3</td><td>6</td></tr>
</table>

<table>
<tr><th rowspan="2">구분</th><th rowspan="2">과목</th><th rowspan="2">교육 내용</th><th rowspan="2">세부 내용</th><th colspan="2">교육 시간</th></tr>
<tr><th>이론</th><th>실기</th></tr>
<tr><td rowspan="8">이론 강의 (80 시간) / 실기 연습 (80 시간)</td><td rowspan="4">요양 보호 각론</td><td>가사 및 일상생활 지원</td><td>• 일상생활 지원의 목적, 기능 및 기본원칙
• 식사 준비와 영양 관리
• 식품, 식기 등의 위생 관리
• 피복과 침상의 청결 관리 및 세탁
• 외출 돕기 및 일상 업무 지원
• 쾌적한 거주 환경 유지하기</td><td>4</td><td>6</td></tr>
<tr><td>의사소통 및 여가 지원</td><td>• 효율적 의사소통
• 의사소통 및 라포(rapport) 형성 방법
• 여가 활동 돕기(TV 시청, 음악 듣기 등)</td><td>5</td><td>6</td></tr>
<tr><td>서비스 이용 지원</td><td>• 요양보호 대상자 · 장소 특성파악 및 서비스 계획 변경 지원
• 타직종, 타서비스와의 연계성
• 업무 보고회, 사례 검토회</td><td>3</td><td>4</td></tr>
<tr><td>요양보호 업무 기록 및 보고</td><td>• 기록과 보고의 목적 및 중요성
• 업무일지 기록 방법
• 업무 보고 방법</td><td>3</td><td>4</td></tr>
<tr><td rowspan="3">특수 요양 보호 각론</td><td>치매요양 보호기술</td><td>• 치매 대상자의 일상생활 지원
• 치매 대상자의 문제행동 대처
• 치매 대상자와의 의사소통</td><td>6</td><td>6</td></tr>
<tr><td>임종 및 호스피스 요양보호기술</td><td>• 죽음 및 임종 단계
• 호스피스의 개요
• 임종 대상자의 요양보호</td><td>3</td><td>3</td></tr>
<tr><td>응급 처치 기술</td><td>• 응급 처치(골절, 질식, 경련, 화상 등)
• 기본 소생술</td><td>4</td><td>6</td></tr>
<tr><td colspan="3">소계</td><td>① 80</td><td>② 80</td></tr>
<tr><td rowspan="3">현장 실습 (80 시간)</td><td colspan="2">노인요양시설 실습</td><td>통합실습 I</td><td colspan="2">40</td></tr>
<tr><td colspan="2">재가노인복지시설 실습</td><td>통합실습 II</td><td colspan="2">40</td></tr>
<tr><td colspan="3">소계</td><td colspan="2">③ 80</td></tr>
<tr><td colspan="4">총계(①+②+③)</td><td colspan="2">240</td></tr>
</table>

| 출처 | 보건복지부(2015a). 2015년 노인보건복지사업안내.

② 자격 또는 사회복지 관련 면허소지자의 교육과정

사회복지사, 간호사, 간호조무사, 물리치료사, 작업치료사, 작업치료사 등 자격을 갖춘 자들을 위한 교육과정은 표준교육과정에 비해 교육 시간이 상당히 경감된다. 이들은 총 50시간의 교육과정으로 이론 강의 32시간과 실기 연습 10시간을 이수한 후에 관련 기관에서의 8시간의 현장실습을 마치면 교육과정을 마친다. 구체적인 교육 내용과 교육 시간은 | 표 4-9 | 와 같다.

■ 사회복지사

사회복지사를 위한 교육과정은 다음 | 표 4-10 | 과 같다.

표 4-10 사회복지사 자격증 소지자 교육과정

구분	과목	교육 내용	교육 시간	
			이론	실기
이론강의 (32시간) / 실기연습 (10시간)	요양보호개론	• 요양보호 관련제도 및 서비스	3	
		• 요양보호 업무의 목적 및 기능	2	
		• 요양보호사의 직업윤리와 자세	8	
	요양보호 관련 기초지식	• 의학적 · 간호학적 기초지식	10	4
	기본요양보호각론	• 기본요양보호기술	4	3
		• 요양보호 업무 기록 및 보고	2	
	특수요양보호각론	• 치매요양보호기술	3	3
	소계		① 32	② 10
현장실습 (8시간)	노인요양시설 또는 재가노인복지시설 등 실습		③ 8	
총계(①+②+③)			50	

| 출처 | 보건복지부(2015a). 2015년 노인보건복지사업안내.

■ 간호사

간호사를 위한 교육과정은 다음 | 표 4-11 | 과 같다.

표 4-11 간호사 자격 소지자* 교육과정

<table>
<tr><th rowspan="2">구분</th><th rowspan="2">과목</th><th rowspan="2">교육 내용</th><th colspan="2">교육 시간</th></tr>
<tr><th>이론</th><th>실기</th></tr>
<tr><td rowspan="8">이론강의
(26시간)
/
실기연습
(6시간)</td><td rowspan="4">요양보호개론</td><td>• 요양보호 관련제도 및 서비스</td><td>5</td><td></td></tr>
<tr><td>• 요양보호 업무의 목적 및 기능</td><td>2</td><td></td></tr>
<tr><td>• 요양보호사의 직업윤리와 자세</td><td>8</td><td>4</td></tr>
<tr><td>• 요양보호 대상자 이해</td><td>2</td><td></td></tr>
<tr><td rowspan="2">기본요양보호각론</td><td>• 서비스 이용 지원</td><td>3</td><td></td></tr>
<tr><td>• 요양보호 업무 기록 및 보고</td><td>3</td><td>2</td></tr>
<tr><td>특수요양보호각론</td><td>• 치매요양보호기술</td><td>3</td><td></td></tr>
<tr><td colspan="2">소계</td><td>① 26</td><td>② 6</td></tr>
<tr><td>현장실습
(8시간)</td><td colspan="2">노인요양시설 또는 재가노인복지시설 실습</td><td colspan="2">③ 8</td></tr>
<tr><td colspan="3">총계(①+②+③)</td><td colspan="2">40</td></tr>
</table>

*간호사 · 사회복지사 · 간호조무사 · 물리치료사 · 작업치료사의 자격 또는 면허 소지자는 요양보호사 교육과정 수강 전에 해당 자격증 또는 면허증을 발급받은 사람을 말한다.

| 출처 | 보건복지부(2015a). 2015년 노인보건복지사업안내.

■ 간호조무사 · 물리치료사 · 작업치료사

간호조무사 · 물리치료사 · 작업치료사를 위한 교육과정은 다음 | 표 4-12 | 와 같다.

표 4-12 간호조무사 · 물리치료사 · 작업치료사 교육과정

구분	과목	교육 내용	교육 시간	
			이론	실기
이론강의 (31시간) / 실기연습 (11시간)	요양보호개론	• 요양보호 관련제도 및 서비스	5	
		• 요양보호 업무의 목적 및 기능	2	
		• 요양보호사의 직업윤리와 자세	8	4
		• 요양보호 대상자 이해	2	
	기본요양보호각론	• 의사소통 및 여가 지원	5	
		• 서비스 이용 지원	3	
		• 요양보호 업무 기록 및 보고	3	4
	특수요양보호각론	• 치매요양보호기술	3	3
	소계		① 31	② 11
현장실습 (8시간)	노인요양시설 또는 재가노인복지시설 실습		③ 8	
총계(①+②+③)			50	

| 출처 | 보건복지부(2015a). 2015년 노인보건복지사업안내.

(2) 경력자 및 자격 소지자 등의 교육 시간 감면

① 경력자의 교육 시간 감면

간호조무사 · 물리치료사 · 작업치료사의 경력인정 기관으로부터 생활지도원, 유급가정봉사원 및 간병인 등 간병 · 요양 관련 종사자로서 1년(1,200시간) 이상의 경력을 인정받은 사람은 표준교육과정에서 실기연습 시간 및 현장실습 시간을 각각 2분의 1씩 감면할 수 있다.

간호조무사 · 물리치료사 · 작업치료사의 경력인정 기관 중 관련법 및 「노인장기요양보험법」에 따른 노인요양시설 · 재가노인복지시설 · 장기요양기관 또는 재가장기요양기관에서 생활지도원, 유급가정봉사원 및 간병인 등 간병 · 요양 관련 종사자로서 1년(1,200시간) 이상의 경력을 인정받은 사람은 종사한 시설과 관련한 현장실습 시간의 전부를 감면할 수 있다.

② 자격 소지자 등의 현장실습 시간 감면

간호조무사 · 물리치료사 · 작업치료사의 경력인정 기관 중 관련법 및 「노인장기요양보험법」에 따른 노인요양시설 · 재가노인복지시설 · 장기요양기관 또는 재가장기요양기관에서 그 자격 또는 면허 소지자로서 종사하여 1년(1,200시간) 이상의 경력을 인정받은 간호사 · 사회복지사 · 간호조무사 · 물리치료사 및 작업치료사는 현장실습 시간의 전부를 감면할 수 있다.

③ 경력인정 기관

- 「노인복지법」에 따른 노인주거복지시설, 노인의료복지시설 또는 재가노인복지시설
- 「국민기초생활보장법」에 따른 지역자활센터 및 자활공동체
- 「노인장기요양보험법」에 따른 장기요양기관 또는 재가장기요양기관
- 「농 · 어촌 등 보건의료를 위한 특별조치법」에 따른 보건진료소
- 「의료법」에 따른 의료기관
- 「장애인복지법」에 따른 장애인 거주시설, 장애인 지역사회재활시설(다만, 장애인 체육시설, 장애인 수련시설, 장애인 심부름센터, 수화통역센터, 점자도서관과 점자도서 및 녹음서 출판시설은 제외한다.) 또는 장애인 유료복지시설
- 「정신보건법」에 따른 정신질환자 거주시설, 정신질환자 지역재활시설 또는 정신질환자 종합시설(정신질환자 거주시설 또는 정신질환자 지역재활시설이 결합되어 있는 시설만을 말한다.)
- 「지역보건법」에 따른 보건소 또는 보건지소
- 그 밖에 보건복지부장관이 정하는 기관 또는 단체

(3) 교육과정 운영 기준

실기연습의 경우는 각 회당 교육 인원이 최대 40명을 초과할 수 없다. 요양보호사 교육 기관(현장실습 기관을 포함한다.)은 보건복지부장관이 정하는 교육과정 운영 지침에 따라 요양보호사 교육(현장실습을 포함한다.)을 실시하여야 한다. 현장실습은 다음의 기준을 준수하여야 한다.

- 현장실습은 이론 강의 및 실기연습을 이수한 후에 실시하여야 한다.
- 현장실습 기관은 관련법 및 「노인장기요양보험법」에 따른 노인요양시설 · 재가노인복지시설 · 장기요양기관 및 재가장기요양기관으로서 현장실습에 관하여 보건복지부장관이 정하는 기준에 적합하여야 한다.

현장실습의 평가 기준은 실습 평가 체크리스트 각 항목을 적정하게 수행하고, 각 교육 세부 내용별 평가 점수가 70점 이상이며, 전체 평균 점수가 80점 이상이어야 한다. 각 교육 세부 내용별 평가 점수는 교육생의 출석상황 및 교육 참여도 등을 종합하여 평가한다. 현장실습 평가 불합격자는 일정 시간 재교육 후 2차 평가를 받을 수 있도록 하여야 한다. 현장실습 기관은 현장실습 불합격자에게 재교육 시간을 통보하여야 한다. 수료 기준은 교육생이 이론 강의 · 실기연습 및 현장실습을 각각 8할 이상 출석하고, 제3호의 현장실습 평가 기준에 적합한 때에 교육과정을 수료한 것으로 인정한다.

Chapter 5

완전 · 일부 의존 노인을 위한 재가노인복지 서비스

1 가정방문(방문요양, 방문목욕, 방문간호) 서비스
2 시설 이용(주 · 야간보호, 단기보호) 서비스
3 재가노인 지원 서비스
4 복지용구 서비스
5 복합 서비스 지원기관

본 장에서는 전적으로 또는 일부 다른 사람의 도움이 필요한 노인을 위한 재가노인복지 서비스에 대해 알아보기로 한다. 서비스 유형으로는 방문요양, 방문목욕, 방문간호 등 가정방문 서비스, 주 · 야간보호, 단기보호 등 시설 이용 서비스, 장기요양 인정자 중 방문요양, 방문목욕, 주 · 야간보호, 단기보호 이외의 서비스를 필요로 하는 자를 위한 재가노인 지원 서비스 및 복지용구 서비스가 있다. 마지막에는 이들 서비스를 복합적으로 지원하는 복합 서비스 지원기관에 대해 살펴보기로 한다.

01 가정방문(방문요양, 방문목욕, 방문간호) 서비스

1) 서비스의 목적, 대상 및 서비스 내용

(1) 방문요양 서비스

방문요양 서비스는 가정에서 일상생활을 영위하고 있는 노인으로서 신체적 · 정신적 장애로 어려움을 겪고 있는 노인에게 지역사회 안에서 건전하고 안정된 노후를 영위하도록 장기요양요원(요양보호사)이 가정을 방문하여 신체 활동 및 가사 활동 등 필요한 각종 서비스를 제공하는 것이다. 심신이 허약하거나 장애가 있는 65세 이상의 자로서 장기요양 1등급부터 4등급을 인정받은 자가 가정에서의 보호가 필요한 경우는 대상이 된다. 단, 노인돌봄 서비스, 가사간병도우미, 독거노인생활지도사 등 타 서비스를 제공받고 있는 자는 대상에서 제외된다. 서비스 내용은 다음과 같다(보건복지부, 2015a).

- 신체 활동 지원 서비스: 세면 도움, 구강 관리, 몸 청결, 머리 감기기, 몸단장, 옷 갈아입히기, 목욕 도움, 배설 도움, 식사 도움, 체위 변경, 이동 도움, 신체 기능의 유지 · 증진 등
- 가사 활동 지원 서비스: 취사, 생활필수품 구매, 청소 · 세탁 · 주변 정돈 등
- 개인 활동 지원 서비스: 외출 시 동행, 부축, 일상업무 대행 등
- 정서 지원 서비스: 말벗, 격려 및 위로, 생활 상담, 의사소통 도움 등

(2) 방문목욕 서비스

방문목욕 서비스는 목욕 장비를 갖추고 재가노인을 방문하여 목욕 서비스를 제공하는 것을 목적으로 한다. 심신이 허약하거나 장애가 있는 65세 이상의 자로서 1~4등급을 인정받고 가정에서의 목욕이 필요한 자가 대상이 된다. 서비스 내용은 목욕 준비, 입욕 시 이동 보조, 몸 씻기, 머리 말리기, 옷 갈아입히기 등이며, 목욕 후 주변 정리까지를 포함한다.

방문목욕은 차량을 이용하는 목욕과 차량을 이용하지 않은 목욕으로 구분한다. 수급자의 신체적 상태로 인하여 특수욕조 등 장비를 이용한 목욕이 필요한 경우 또는 가정 내 욕조나 온수를 이용할 수 없는 경우에 차량 이용 방문목욕을 제공하며, 방문목욕 차량은 욕조, 급탕기, 물탱크, 펌프, 호스릴 등을 갖춘 차량으로 특별자치시장 · 특별자치도지사 · 시장 · 군수 · 구청장에게 신고된 차량이어야 한다. 차량을 이용하지 않은 방문목욕은 이동식 욕조, 가정 내 욕조 등의 장비를 이용한다. 목욕실이 갖추어진 장기요양기관과 「공중위생관리법」에 따라 목욕설비가 갖추어진 대중목욕탕에 수급자를 모시고 가서 목욕 급여를 제공하는 경우도 이에 해당된다.

(3) 방문간호 서비스

방문간호 서비스는 장기요양요원인 간호사 등이 의사, 한의사 또는 치과의사의 방문간호 지시서에 따라 수급자의 가정 등을 방문하여 간호, 진료의 보조, 요양에 관한 상담이나 구강위생 등을 제공하는 장기요양 급여이다. 이용 대상은 1~4등급 장기요양 인정자이다. 서비스 내용으로는 간호사정 및 진단 등 기본 간호, 욕창치료 및 단순 상처치료 등 간호, 검사 관련 사항, 투약 관련 지도, 환자 · 가족 대상 건강관리에 필요한 식이요법 등 교육 훈련 · 상담 등이 있다.

2) 서비스 제공 원칙[1] 및 방법

재가 급여를 제공하는 장기요양기관은 수급자가 가족과 함께 생활하면서 가정에서 스스로 일상생활을 유지할 수 있도록 하는 데 도움을 주는 방향으로 장기요양 급여를 제공하여야 한다. 동일 시간 중복 급여 제공을 금지하고 있기 때문에 방문요양 · 방문

1) 장기요양 급여 제공 기준 및 급여 비용 산정 방법 등에 관한 고시 보건복지부고시 제2014-97호를 참조하여 재구성하였다.

목욕 · 방문간호 및 주 · 야간보호 중 2종류 이상의 급여를 동일 시간에 함께 제공할 수 없다. 다만, 방문요양과 방문간호, 방문목욕과 방문간호, 주 · 야간보호 미이용일 급여 비용 산정기간 중 다른 급여의 경우에는 수급자의 원활한 급여 이용을 위하여 부득이 한 경우는 동일한 시간에 함께 제공할 수 있다.

가정방문 서비스를 제공할 경우에는 수급자의 가정(가정집 등 수급자의 사적인 공간)을 방문하여 제공하여야 하며, 수급자의 병원방문 도움 등 특별한 사유가 있는 경우에는 예외로 한다. 해당 방문 시간 동안 수급자 1인에 대하여 전적으로 제공하여야 한다. 다만, 수급자 간의 관계가 부부, 형제자매, 직계혈족 등 특별한 사유가 있는 경우에는 동시 또는 순차적으로 제공할 수 있다. 정서 지원은 1회 방문 당 최대 60분 범위 내에서 제공하여야 한다.

방문목욕은 요양보호사 2인이 수급자의 가정을 방문하여 욕조를 활용한 전신입욕 등의 방법으로 제공하며, 수급자의 신체 상태에 따라 적절하게 제공하여야 한다. 수급자의 안전을 위하여 입욕 시 이동 보조와 몸 씻기의 과정은 반드시 2인 이상의 요양보호사에 의해 제공되어야 한다.

방문간호 서비스는 수급자의 상태 변화 등으로 당초의 방문간호 지시서와 다른 내용의 간호, 처치 등이 필요한 경우는 방문간호 지시서 발급의사와 상의한 후 지시에 따라 간호를 시행하며, 반드시 그 내용을 급여 제공 기록지에 기재하여야 한다. 방문요양이나 방문목욕을 이용하는 1등급부터 4등급까지 수급자는 월 1회에 한하여 월 한도액과 관계없이 예방 관리 등을 위한 방문간호를 이용할 수 있다.

3) 월 한도액 및 급여 비용 산정 기준

(1) 재가 급여의 월 한도액

월 한도액이란 한 달 동안 서비스 수가 중 일부만을 본인 부담금으로 납부하는 한도액을 말한다. 재가장기요양 서비스의 경우는 장기요양 등급별 월 한도액 범위 내에서 이용하여야 하며, 월 한도액을 초과한 비용은 수급자가 비용 전부를 부담하여야 한다. 각 등급별 월 한도액은 | 표 5-1 | 과 같다. 등급이 높을수록 월 한도액이 많기 때문에 서비스를 이용할 수 있는 횟수가 많아진다.

표 5-1 2016년도 재가 급여의 월 한도액 (단위: 원)

등급	1등급	2등급	3등급	4등급	5등급
월 한도액(원)	1,196,900	1,054,300	981,100	921,700	784,100

| 출처 | 국민건강보험공단 노인장기요양보험 홈페이지(www.longtermcare.or.kr).

(2) 급여 비용 산정 기준

가정방문 급여의 급여 제공 시간은 요양보호사, 간호사(또는 치과위생사, 간호조무사) 등이 수급자의 가정에 도착했을 때부터 필요한 서비스를 제공하기 위한 준비, 서비스의 제공 및 마무리에 소요된 총 시간을 말한다. 요양보호사, 간호사(또는 치과위생사, 간호조무사) 등의 이동에 소요되는 교통비는 따로 산정하지 않는다. 다만, 원거리교통비, 이동 서비스비는 예외이며, 가정방문 급여 비용의 산정은 수급자를 기준으로 적용하되 수급자 이외의 자에 대한 급여 비용은 산정하지 않는다. 가정방문 서비스의 구체적인 급여 비용은 | 표 5-2 | 와 같다.

표 5-2 2016년도 가정방문 서비스의 급여 비용

<table>
<tr><th>구분</th><th colspan="8">금액(원)</th></tr>
<tr><td rowspan="2">방문요양</td><td>30분 이상</td><td>60분 이상</td><td>90분 이상</td><td>120분 이상</td><td>150분 이상</td><td>180분 이상</td><td>210분 이상</td><td>240분 이상</td></tr>
<tr><td>11,390</td><td>17,490</td><td>23,450</td><td>29,610</td><td>33,650</td><td>37,200</td><td>40,470</td><td>43,500</td></tr>
<tr><td rowspan="2">방문간호</td><td colspan="3">30분 미만</td><td colspan="3">30~60분 미만</td><td colspan="2">60분 이상</td></tr>
<tr><td colspan="3">32,630</td><td colspan="3">40,940</td><td colspan="2">49,250</td></tr>
<tr><td rowspan="3">방문목욕</td><td colspan="6">차량 이용 시</td><td colspan="2" rowspan="2">방문목욕(차량 미이용)</td></tr>
<tr><td colspan="3">차량 내 목욕</td><td colspan="3">가정 내 목욕</td></tr>
<tr><td colspan="3">72,540</td><td colspan="3">65,410</td><td colspan="2">40,840</td></tr>
</table>

| 출처 | 보건복지부 보도자료(2015. 11. 13.). 16년 장기요양보험료율 현행 유지, 수가는 평균 0.97% 인상.

① 방문요양 서비스

- 방문요양의 급여 비용은 1회 방문 당 급여 제공 시간에 따라 산정한다.
- 1회 방문 당 240분 이상 급여를 제공하더라도 급여 비용은 추가로 지원하지 않

는다.

- 1일 2회까지 산정할 수 있으며, 이 경우 방문간격은 2시간 이상이어야 한다. 방문간격이 2시간 미만인 경우는 각 급여 제공 시간을 합산하여 1회로 산정한다.
- 야간(18시 이후 22시 이전)에 제공한 급여에 대하여는 20%, 심야(22시 이후 6시 이전)에 제공한 급여와 공휴일에 제공한 급여에 대하여는 30%를 가산한다. 다만, 인지활동형 방문요양은 해당되지 않는다.
- 수급자의 가족 등인 요양보호사가 급여를 제공한 경우는 수급자와 가족 모두를 위한 행위에 대하여는 급여 비용을 산정할 수 없으며, 신체 활동 지원 등 수급자만을 위한 행위에 대하여만 급여 비용을 산정한다. 60분 이상 급여를 제공하더라도 수급자 1인에 대하여 1일 60분 이상 급여 비용을 산정하고 가산 규정을 적용하지 않는다.

② 방문목욕 서비스

- 방문목욕의 급여 비용은 방문횟수를 기준으로 산정하고 목욕에 필요한 용품(물, 비누, 수건, 욕조, 목욕의자, 로션 등) 비용은 별도로 산정하지 않는다.
- 방문목욕의 급여 비용은 2인 이상의 요양보호사가 60분 이상 서비스를 제공한 경우에 산정하고, 소요 시간이 40분 이상 60분 미만인 경우에는 해당 급여 비용의 80%를 산정한다.
- 방문목욕의 급여 비용은 주 1회까지 산정 가능하다. 다만, 변실금 및 요실금 등으로 인하여 피부의 건강 유지 · 관리가 불가피한 경우에는 초과 산정할 수 있으며, 이 경우는 불가피한 사유를 급여 제공 기록지에 기재하여야 한다.

③ 방문간호 서비스

- 방문간호의 급여 비용은 1회 방문 당 제공 시간을 기준으로 산정하고 처치에 사용된 유치도뇨관, 기관지 삽입관, 거즈 등의 재료비와 검사료(가정에서 직접 시행되는 검사)는 별도로 산정하지 않는다.

02 시설 이용(주 · 야간보호, 단기보호) 서비스

1) 서비스의 목적, 대상 및 서비스 내용

(1) 주 · 야간보호 서비스

부득이한 사유로 가족의 보호를 받을 수 없는 심신이 허약한 노인과 장애노인을 주간 또는 야간 동안 보호시설에 입소시켜 필요한 각종 편의를 제공하여 이들의 생활안정과 심신 기능의 유지 · 향상을 도모하고, 그 가족의 신체적 · 정신적 부담의 경감을 목적으로 한다. 65세 이상 장기요양 급여 수급자(1~4등급)로서 주간 또는 야간 동안의 보호가 필요한 자가 대상이 된다. 서비스 내용은 다음과 같다(보건복지부, 2015a).

- 일상생활 지원: 취미 · 오락, 운동 등 여가생활 서비스
- 일상동작 훈련: 이동, 체위 변경, 기능 훈련(물리 치료적 훈련, 작업 치료적 훈련, 언어 치료적 훈련) 등
- 급식 및 목욕 서비스 등: 몸 청결, 머리 감기, 얼굴 씻기, 손 씻기, 구강 관리, 몸단장, 옷 갈아입히기, 배설, 식사 도움
- 이동 서비스
- 노인 가족에 대한 교육 및 상담

(2) 단기보호 서비스

부득이한 사유로 가족의 보호를 받을 수 없어 일시적으로 보호가 필요한 심신이 허약한 노인이나 장애노인을 보호시설에 단기간 입소시켜 보호함으로써 노인 및 노인가정의 복지증진을 도모하기 위한 서비스 제공하는 서비스이다. 장기요양 급여 수급자(1~4등급)로서 월 1일 이상 15일 이하 단기간의 보호가 필요한 자가 이용 대상이다. 서비스 내용은 다음과 같다.

- 신체 활동 지원, 기능회복 훈련, 그 밖의 일상생활에 필요한 편의를 제공하는 서비스
- 그 밖에 노인요양시설 또는 노인요양공동생활가정의 사업에 준하는 서비스

2) 서비스 제공 방법

(1) 주 · 야간보호 서비스

주 · 야간보호 급여는 수급자를 하루 중 일정 시간 동안 장기요양기관에 보호하면서 수급자의 기능 상태 및 욕구 등을 반영하여 제공하는 신체 활동 지원 및 심신 기능의 유지 · 향상을 위한 교육 · 훈련 등을 포함한다. 주 · 야간보호 서비스 제공기관은 영양, 수급자의 기호 및 건강 상태 등을 고려하여 식사를 제공하여야 한다. 천재지변 등 부득이한 경우를 제외하고는 시설 기관의 급여 형태와 유사하게 수급자를 24시간 이상 보호하여서는 안 된다.

(2) 단기보호 서비스

단기보호 서비스는 신체 활동 지원 및 심신 기능의 유지 · 향상을 위한 교육 · 훈련 등을 포함한다. 단기보호 기관은 하루에 3회 이상 영양, 수급자의 기호 및 건강 상태 등을 고려하여 규칙적인 식사를 제공한다. 단기보호 급여 제공 기간은 월 15일 이내로 하며, 가족 등의 외유 · 외출, 집안 경조사 등 갑작스러운 사정으로 인해 수급자를 돌볼 수 없는 경우와 주거환경의 일시적인 변화(이사, 시설 설비 등) 등 수급자의 특별한 요청이 있는 경우에는 연 2회에 한하여 월 15일을 초과하여 이용할 수 있다.

3) 급여 비용 산정 기준

(1) 주 · 야간보호 서비스 급여

- 주 · 야간보호의 급여 비용은 장기요양 등급 및 1일당 급여 제공 시간을 기준으로 산정하고, 신체 활동 지원 및 심신 기능의 유지 · 향상을 위한 교육 · 훈련 비용 등은 별도로 산정하지 아니한다.
- 주 · 야간보호 급여는 오전 8시부터 오후 10시까지를 표준 급여 제공 시간으로 하여 제공하되 기관의 운영 규정에 따라 탄력적으로 정할 수 있다.
- 주 · 야간보호 기관에서 수급자를 24시간 이상 보호한 경우는 급여 비용을 산정하지 아니한다. 다만, 천재지변 등 부득이한 경우는 그러하지 아니하다.
- 급여 계약 후 미이용일에 대한 급여 비용은 월 15일 이상 급여 계약을 체결한 후 수급자의 사정으로 이용하지 아니한 경우에 한하여 적용한다. 공휴일 및 토, 일요

일을 제외한 평일(월~금요일) 기준으로 월 3일의 범위 안에서 급여 내용 통보서 상 이용예정 급여 비용의 50%를 산정한다.

- 주 · 야간보호와 방문목욕을 병설하는 기관이 수급자에게 같은 날 주 · 야간보호와 방문목욕을 모두 제공한 경우에는 한 종류의 급여 비용만 산정한다.
- 이동 서비스비는 이용 횟수에 관계없이 1일 1회만 산정한다. 다만, 수급자가 이동 서비스를 편도만(기관으로 모셔오거나 또는 수급자의 실거주지까지 모셔다 드리는 경우) 이용한 경우에는 비용의 50%를 산정한다.
- 수급자에게 주 1회 목욕 서비스를 제공한 경우는 해당 수급자에 대하여 회당 추가 수가를 가산한다. 이 경우에 최대 월 4회까지 가산한다.

표 5-3 2016년도 주 · 야간보호 서비스의 급여 비용 (단위: 원)

분류		금액(원)
3시간 이상 ~ 6시간 미만	장기요양 1등급	26,700
	장기요양 2등급	24,720
	장기요양 3등급	22,820
	장기요양 4등급	21,780
	장기요양 5등급	20,740
6시간 이상 ~ 8시간 미만	장기요양 1등급	35,790
	장기요양 2등급	33,160
	장기요양 3등급	30,610
	장기요양 4등급	29,570
	장기요양 5등급	28,520
8시간 이상 ~ 10시간 미만	장기요양 1등급	44,530
	장기요양 2등급	41,250
	장기요양 3등급	38,080
	장기요양 4등급	37,040
	장기요양 5등급	35,990

분류		금액(원)
10시간 이상 ~ 12시간 미만	장기요양 1등급	49,050
	장기요양 2등급	45,440
	장기요양 3등급	41,980
	장기요양 4등급	40,930
	장기요양 5등급	39,880
12시간 이상	장기요양 1등급	52,600
	장기요양 2등급	48,730
	장기요양 3등급	45,020
	장기요양 4등급	43,980
	장기요양 5등급	42,930

| **출처** | 보건복지부 보도자료(2015. 11. 13.). 16년 장기요양보험료율 현행 유지, 수가는 평균 0.97% 인상.

(2) 단기보호 서비스 급여

- 단기보호 서비스의 급여 비용은 장기요양 등급 및 급여 제공 일수를 기준으로 산정하고 신체 활동 지원 및 심신 기능 유지·향상을 위한 교육·훈련 비용 등은 별도로 산정하지 아니한다.
- 단기보호 기관의 급여 비용은 1일당으로 산정하며 1일이라 함은 0시부터 24시까지를 의미한다.
- 단기보호 기관의 급여 비용은 입·퇴소 당일 급여 제공 시간이 12시간 이상인 경우에는 해당 급여 비용의 100%, 12시간 미만인 경우에는 50%만 산정한다.
- 단기보호 급여 기간의 계산은 매월 1일부터 말일까지를 기준으로 한다.

표 5-4 2016년도 단기보호 서비스의 급여 비용 (단위: 원)

분류	금액(원)
장기요양 1등급	44,900
장기요양 2등급	41,590
장기요양 3등급	38,410
장기요양 4등급	37,390
장기요양 5등급	36,380

| 출처 | 보건복지부 보도자료(2015. 11. 13.). 16년 장기요양보험료율 현행 유지, 수가는 평균 0.97% 인상.

03 재가노인 지원 서비스

1) 서비스 목적

재가노인 지원 서비스는 경제적 · 정신적 · 신체적인 이유로 독립적인 일상생활을 영위하기 어려운 노인과 복지사각지대 노인들에게 일상생활 지원(방문요양 제외)을 비롯한 각종 필요 서비스를 제공함으로써 지역사회 내에서 건강한 생활을 영위하는 데에 어려움이 없도록 예방적 복지 실현 및 사회 안전망 구축을 목적으로 한다.

2) 이용 대상

장기요양 급여 수급자로서 방문요양, 방문목욕, 주 · 야간보호, 단기보호 서비스 외의 서비스를 필요로 하는 자가 이용 대상이 된다. 장기요양 급여 수급자 외의 자 중 기초생활수급권자 및 부양 의무자로부터 적절한 부양을 받지 못하는 자로서 혼자서 일상생활을 수행하기 어려워 서비스의 제공이 필요하여 시 · 군 · 구청장이 의뢰한 자와 2008년 7월 1일 이전에 국가 및 지방자치단체로부터 운영비를 지원받는 시설을 이용하고 있는 장기요양 급여 수급자 외의 자 중 기초생활수급권자 및 실비 이용자, 기타 자연재해 등으로 긴급 지원이 필요한 노인(장기요양 서비스 이용자 포함) 등이 대상이다.

3) 서비스 내용

재가노인 지원 서비스는 방문요양 서비스 내용과 중복이 불가하며, 예방적 복지와 안전망 구축을 실현하기 위하여 영역별 프로그램(중분류) 계획을 수립하고 프로그램 안에서 다양한 서비스(소분류)를 개발하여 제공하는 것을 원칙으로 한다. 긴급 지원 사업은 필요시 장기요양 서비스 및 노인돌봄 서비스 여부와 관계없이 제공가능하다. 서비스 내용 중 교육 지원 프로그램은 이용 대상자, 보호자 및 지역주민(자원봉사자 포함)을 대상으로 다양한 내용으로 실시하여 안전망 및 긴급 지원 네트워크 구축에 활용한다. 재가노인 지원 서비스센터에서는 지역협의체 구성 및 사례 관리를 통하여 서비스의 중복을 방지하고, 필요 서비스의 즉각적인 지원을 도모한다. 재가노인 지원 서비스의 예시는 | 표 5-5 | 와 같다.

표 5-5 재가 지원 서비스 내용(예시)

대분류(사업)	중분류(프로그램)	소분류(서비스)*	
예방적 사업 (직접 서비스)	일상생활 지원 (※ 방문요양 서비스 내용 제외)	• 무료급식 및 밑반찬 서비스 • 행정 지원 서비스 • 김장 서비스	• 이 · 미용 서비스 • 명절 · 생신 서비스 • 차량 이송 서비스 • 장보기 서비스
	정서 지원	• 심리지지 서비스	
	주거환경 개선 지원	• 도배 서비스 • 장판 교체 서비스 • 전기 수리 서비스 • 방역 서비스	• 보일러 수리 서비스 • 변기 수리 서비스 • 편의시설 개 · 보수(문턱 제거 등) • 집수리 서비스
	여가 활동 지원	• 나들이 서비스	• 문화체험 서비스
	상담 지원	• 상담 서비스	
	지역사회 자원 개발	• 후원 · 결연 서비스	• 자원 연계 서비스
사회안전망 구축 사업 (간접 서비스)	연계 지원	• 안전 확인 서비스 • 생활교육 서비스 • 노 · 노케어 서비스 • 보청기, 틀니 제작 의뢰 서비스 • 장수 사진 서비스 • 노인장기요양보험	• 개안수술 서비스 • 건강검진 서비스 • 의료 연계 서비스 • 전 · 월세자금 지원 서비스 • 노인돌봄기본 • 노인돌봄종합
	교육 지원	• 임종 교육 • 보호자 교육 • 응급 처치 교육 • 낙상 예방 • 치매 예방	• 사기 예방 • 대인관계 기술 • 자살 예방 • 이성 교육
	지역사회 네트워크 지원	• 지역재가협의체 구성	• 사례 관리
긴급 지원 사업 (긴급 서비스)	긴급 지원	• 위기 지원 서비스 • 무선페이징 서비스**	• 응급호출 서비스 • 화재, 가스유출 감시 서비스

* 하단의 서비스 내용은 각 영역별로 제공할 수 있는 서비스 내용을 예시한 것이며, 다양한 서비스 제공을 위해 각 시설에서 추가로 서비스를 개발하여 제공할 수 있다.

** 무선페이징 서비스란 거동이 불편한 어르신이나 독거어르신의 안전 확보를 위해 위급상황에서 간단히 발신기(리모컨)의 버튼만 누르면 수혜자의 위치, 성명, 전화번호, 병상기록 등이 자동으로 신고되면서 119 구급대가 신속히 출동하여 응급 처치 및 병원으로 이송할 수 있는 시스템을 말한다. 현재 보건복지부와 지방자치단체들이 소방서 등을 통해 보급 중이다(네이버 지식백과 사회복지학 사전).

| 출처 | 보건복지부(2014a). 2014년 노인보건복지사업안내.

04 복지용구 서비스

1) 서비스 목적

가정에서 일상생활 유지에 도움을 주기 위한 방안으로 복지용구를 대여하여 사용할 수 있도록 함으로써 노인과 가족의 부담을 덜어주기 위함이 목적이다.

2) 복지용구 연 한도액

장기요양 모든 등급(1~5등급) 인정자가 이용 가능하며, 1인당 연간 160만 원 한도 내에서 복지용구 대여 서비스를 이용할 수 있다. 그러나 인정 조사 결과에 따라 수급자가 이용할 수 있는 복지용구 품목이 정해져 수급자에게 통보가 되며, 신체 기능의 변화로 등급이 상향되거나 하향되는 경우에는 사용할 수 있는 품목이 달라질 수 있다.

3) 복지용구 급여 품목

장기요양기관으로 지정된 복지용구 사업소에서 구입하거나 대여할 수 있다. 장기요양 인정서와 복지용구 급여확인서를 지참하고 가까운 복지용구 사업소를 방문하여 계약 후 이용이 가능하다. 국민건강보험공단 노인장기요양보험 홈페이지에서 복지용구 사업소와 복지용구 제품에 대한 정보 검색이 가능하며 검색 방법은 아래와 같다.

- (사업소 정보) www.longtermcare.or.kr 〉 장기요양 서비스 기관 검색
- (제품 정보) www.longtermcare.or.kr 〉 제도 소개 〉 급여 종류 및 내용〉 복지용구 〉 품목별 제품 안내

표 5-6 복지용구 급여 품목

구입 품목(9종)		대여 품목(8종)	
품목명(고시제품)	내구 연한	품목명(고시제품)	내구 연한
• 이동변기(32)	5년	• 수동휠체어(68)	5년
• 목욕의자(30)	5년	• 전동침대(69)	10년
• 성인보행기(82)	5년	• 수동침대(18)	10년
• 안전 손잡이(79)	–	• 욕창 예방 매트리스(35)	3년
• 미끄럼방지용품(84)	–	• 이동욕조(7)	5년
• 간이변기(14)	–	• 목욕리프트(2)	3년
• 지팡이(42)	2년	• 경사로(4)	5년
• 욕창 예방방석(19)	3년	• 배회감지기(1)	8년
• 자세변환용구(45)			

| 출처 | 보건복지부(2014a). 2014년 노인보건복지사업안내.

05 복합 서비스 지원기관

1) 농 · 어촌 재가노인복지시설

농 · 어촌 재가노인복지시설은 치매 · 중풍 등 노인성 질환으로 인하여 혼자서 일상생활을 하기 어려운 자에게 지역사회 내에서 방문요양, 주간보호, 단기보호 서비스를 제공하는 시설을 말한다. 시설의 유형 및 이용 인원은 다음과 같다.

- 방문요양+주간보호(10명)+단기보호(5명)
- 지역실정에 따라 조정할 수 있다.

2) 재가노인 지원센터

재가노인 지원센터는 건강상의 문제 등으로 일상생활을 스스로 하기 어려운 노인의 가정을 요양보호사가 방문하여 필요한 서비스를 제공하고 낮 동안 또는 단기간 통원 서비스 등을 종합적으로 제공하는 재가노인복지시설을 말한다. 방문 서비스는 인원 제한이 없고, 통원 서비스는 주간보호 30명, 단기보호 10명 규모에서 가능하다. 주요 사업은 다음과 같다.

- 방문 서비스: 방문요양, 방문목욕, 방문간호
- 통원 서비스: 주간보호, 단기보호
- 사례 관리 서비스: 노인 상담, 재가노인 사례 관리, 재가시설 네트워크 구축
- 기타 사업: 시 · 군 · 구가 위탁하는 재가노인복지 사업을 수행할 수 있다.

Chapter 6

일부 자립 노인을 위한 재가노인복지 서비스

1 치매특별등급(5등급) 노인을 위한 서비스

2 노인돌봄종합 서비스

3 치매특별등급(5등급) 서비스와 노인돌봄종합 서비스의 차이점

본 장에서는 노인들의 건강 의존도 연속선상에서 볼 때, 일상생활에 지장을 초래하는 신체적 · 인지적 기능장애가 있지만 일부 자립이 가능하며 서비스의 개입을 통해 보다 나은 삶의 질을 추구할 수 있는 노인들을 위한 재가노인복지 서비스에 대해 알아보기로 한다. 서비스 유형으로는 치매특별등급(5등급) 인정자가 이용할 수 있는 인지 활동형 프로그램과 저소득 등급 외 A, B 인정자들을 위한 노인돌봄종합 서비스가 있다.

01 치매특별등급(5등급) 노인을 위한 서비스

1) 치매특별등급(5등급)에 대한 개요

(1) 치매특별등급(5등급) 도입 배경

노인장기요양 등급은 2014년 6월까지만 해도 1등급부터 3등급으로 구분되었다. 그러나 장기요양 3등급의 경우는 수급자 간 기능 상태 차이가 크기 때문에 상대적으로 건강 수준이 좋지 않은 수급자들의 경우가 더 많은 서비스를 요구하는 상황이 되었고, 경증 치매노인들의 경우는 3등급으로 판정이 되지 않아 노인과 가족들의 고통과 부담이 큰 상황이었다. 이러한 문제를 해결하기 위해 2014년 7월부터 기존의 3등급 체계를 5등급 체계로 변경하여 시행해오고 있다.

첫째, 기존의 3등급을 장기요양 인정점수 60점을 기준으로 2개 등급(3, 4등급)으로 세분화하여 상대적으로 요양 필요도가 높은 3등급자의 서비스 이용량(월 한도액)을 확대하였다.

둘째, 일상생활에 지장이 있는 치매노인의 경우는 5등급(치매특별등급)을 신설하여 장기요양 혜택을 받을 수 있도록 하였으며, 이로써 일상생활에 일부 도움이 필요한 더 많은 노인들이 장기요양 서비스를 이용할 수 있게 되었다. 그러나 치매가 있더라도 일상생활에 지장이 없으면 등급이 인정되지 않는다. 그렇기 때문에 5등급 판정을 받기 위해서는 치매 진단의 근거, 치매로 인한 장애 정도 등의 정보가 담긴 의사 소견서 및 치매 진단 관련 보완서류[1)]를 국민건강보험공단 노인장기요양보험 운영센터에 제출해야 한다.

1) 보건복지부 지정 관련 교육을 이수한 의사 또는 한의사가 있는 의료기관 또는 보건(지)소에서만 발급이 가능하다. 발급 기관은 노인장기요양 홈페이지에서도 확인할 수 있다.

(2) 치매특별등급(5등급) 인정 요건

치매특별등급(5등급)은 그간 비교적 양호한 신체 기능 상태로 인해 장기요양 서비스를 받을 수 없었던 치매노인 중 일상생활 수행에 어려움을 겪는 노인을 대상으로 하며, 다른 사람의 도움이 필요한 정도를 나타내는 장기요양 인정점수가 45점 이상 51점 미만일 때 받을 수 있다. 인정 조사 후 제출한 의사 소견서 및 치매 진단 관련 보완서류를 토대로 치매 질환이 확인된 경우에 등급판정위원회의 심의 · 의결을 통해 5등급 수급자로 인정된다.

치매 진단 관련 보완서류는 장기요양 5등급 판정 시에 필요한 서류이기 때문에 장기요양 인정 조사 이전인 장기요양 인정 신청 시에는 접수가 불가하며, 인정 조사 이후에 제출하여야 한다. 치매 진단에 대한 결과와 인지 기능 감퇴로 인한 소견 등을 작성하는 점에서 일반 의사 소견서와는 내용과 작성 방법이 다르기 때문에 치매등급 판정에 필요한 의사 소견서 및 치매 진단 관련 보완 서류는 소정의 교육을 이수한 의료기관에서만 발급받을 수 있다. 총 발급 비용은 일반 대상자를 기준으로 할 때 2014년의 경우 「의료법」에 따른 의료기관은 47,500원(본인 부담 9,500원), 「지역보건법」에 따른 보건(지)소는 36,200원(본인 부담 7,240원)이 소요되며, 신청인이 부담하여야 한다. 교육이수 의료기관은 국민건강보험공단 노인장기요양보험 홈페이지에서 검색이 가능하다.

- (교육이수 의료기관 검색) www.longtermcare.or.kr 〉 제도소개 〉 장기요양 인정신청 및 이용 절차 〉 장기요양 이용 절차 〉 의사 소견서 교육이수 의료기관

2) 치매특별등급(5등급) 대상 서비스 유형

(1) 인지 활동형 프로그램

장기요양기관은 5등급 수급자에게 인지 기능 악화 방지 및 잔존능력 유지를 위한 인지 활동형 프로그램을 제공하여야 한다. 이를 위해 수급자의 특성상 인지 기능 증진 활동, 사회 활동 훈련 등을 효과적 · 지속적으로 제공하기에 적합한 주 · 야간보호 급여를 우선 제공하며, 수급자의 심신 상태와 욕구 등에 따라 인지 활동형 방문요양을 제공할 수 있다.

인지 활동형 방문요양을 제공할 경우에 요양보호사는 단순 수발 및 가사 서비스 위주의 업무에서 벗어나 프로그램 계획에 따라 회상 훈련, 기억력 향상 훈련 등을 제공하게

되므로 일반 방문요양 서비스의 내용인 청소, 설거지 등 가사 지원 서비스를 제공하지 않는다. 이러한 인지 활동형 프로그램이 효과적으로 제공되기 위해서는 무엇보다 보호자(가족)의 적극적인 지지와 참여가 중요하므로 치매 인식 개선과 치매노인에 대한 이해를 도모하게 하여 가족과 함께 대처해 나가는 것이 중요하다.

(2) 방문간호, 방문목욕, 단기보호 서비스

시설 보호 위주의 사후 치료적 서비스 제공에서 가족 및 지역사회의 예방적 보건서비스 체계로 전환하는 차원에서 재가치매노인에 대한 방문 · 관리를 실시해야 한다. 치매전문요원은 지역사회 노인의 치매 여부 확인, 질병의 진행경과 및 증상의 관찰, 치매환자에 대한 치료 및 보호 안내 등을 위하여 방문보건 사업, 노인일자리 사업 등 관련 사업과 적극적으로 연계하여 수행한다(보건복지부, 2015a).

5등급 수급자가 주 · 야간보호 또는 인지 활동형 방문요양을 매주 3회 또는 월 12회 이상 이용한 경우는 월 한도액 범위 내에서 방문간호, 방문목욕, 단기보호도 이용할 수 있다. 2014년 10월 1일부터 주 · 야간보호 기관에서 주 1회(최대 월 4회) 목욕 서비스를 제공받을 수 있으며, 주 · 야간보호 기관이 주 1회 이상 목욕 서비스를 제공한 경우에 수급자는 비용을 따로 지불하지 않고, 기관이 수급자 1인에 대하여 매주 1회, 수급자 1인당 최대 월 4회까지 공단에 비용을 청구할 수 있다. 이때 몸 씻기는 반드시 요양보호사가 제공하여야 한다.

5등급 수급자는 가족 상담과 교육 등을 위해 표준장기요양 이용계획서의 권고에 따라 방문간호를 월 1회 이용하여야 한다. 먼저 의료기관을 방문하여 의사의 방문간호 지시서를 발급 받아야 하며, 방문간호 기관에 방문간호 지시서를 제출하고 서비스 계약을 하면 된다. 월 한도액 내에서 다른 서비스와 시간이 중복되지 않는다면 단기보호 서비스를 이용할 수 있다.

(3) 치매주간 보호센터

치매주간 보호센터는 저소득 등급자 또는 등급 외자 치매노인을 보호하기 위한 전문서비스 제공기관이다. 장기요양 급여 수급자(1~4등급)이거나, 65세 이상의 기초생활수급자 및 부양의무자로부터 적절한 부양을 받지 못하는 자 중 혼자 일상생활을 수행하기 어려워 재가 서비스의 제공이 필요한 자를 대상으로 한다. 지역사회 거주자로 의료기관에서 진단을 받은 경증치매노인으로 송영이 가능한 자여야 하며, 국민기초생활보장 수급권자 및 차상위 계층자의 경우에는 우선 선정 대상이 된다.

- 이용 시간: 월 ~ 금요일 09:00~18:00(차량운행 시간 포함, 공휴일 제외)
- 운영내용: 치매 상담, 치매선별 검사, 주간보호 서비스, 재가방문 서비스
- 이용료: 실비(중식 및 간식비)
- 구비서류: 치매 진단서, 주민등록등본, 건강검진 결과표, 약 처방전, 이용 신청서, 사진 2매

(4) 복지용구 서비스

5등급 수급자도 연 160만 원 한도 내에서 복지용구를 이용할 수 있으며, 인정 조사 결과에 따라 수급자가 이용할 수 있는 복지용구 품목이 정해져 수급자에게 통보가 된다. 5등급 수급자를 위한 복지용구 품목으로는 치매로 길을 잃은 노인들의 위치를 가족이나 보호자에게 알려주는 배회감지기가 있으며, GPS형과 매트형이 있다. GPS형은 수급자의 위치를 GPS와 이동통신을 통해 보호자의 휴대폰으로 전송하여 수급자의 위치를 확인할 수 있으며, 매트형은 수급자가 거주하는 집안에 설치하여 수급자가 매트 위를 지나갈 때 수신기에서 소리가 나는 형태로 수급자가 집 밖 혹은 방 밖으로 나가는 것을 보호자가 인지할 수 있도록 도와준다. 이 외에도 보행에 도움을 주는 지팡이, 성인용 보행기, 안전 손잡이, 휠체어, 미끄럼 방지용품 등이 있다.

(5) 치매용품 지원 사업

보건소의 치매상담센터가 치매돌봄 관련 지원용품을 제공하거나 대여함으로써 가정에서 치매노인들의 돌봄이 원활히 이루어지도록 하는 것을 목적으로 한다.

표 6-1 치매노인 및 치매노인 가족 지원 용품 예시

분류	제공/대여 구분	제품명
일상생활 및 목욕 보조용품	제공물품	• 식사용 에이프런
	대여물품	• U자형 목욕의자
대변 보조용품	제공물품	• 성인용 팬티기저귀, 기저귀 커버, 손잡이 변기
	대여물품	• 의자식 변기, E형 이동식 변기, 남성용 소변기, 여성용 소변기
와상노인 욕창치료 및 예방 관련용품	제공물품	• 방수시트, 욕창치료 의약품, 욕창방지 에어매트
	대여물품	• 욕창 예방 쿠션
보행 보조용품	대여물품	• 바퀴보행기, 보행기 보조기, 휠체어
치료 및 운동용품	제공물품	• 얼음주머니
	대여물품	• 온습찜질팩, 상/하지 운동기
인지 개선용품	제공물품	• 게골게임, 레이스하기, 화상용 비디오 등
	대여물품	• 시각에 의한 메모리판, 형태 분류 보드판, 미로게임, 코끼리 연결하기, 촉감인지보드판, 비교보드판과 원형 분류판
기타 치매노인 지원용품	제공물품	• 인식표, 미끄럼 방지제, 케어스탭 등

※ 비교적 고가인 제품은 대여물품, 저가에도 구입 가능한 제품은 제공물품으로 구분하고 있으나 보건소 치매상담센터에서 자율적으로 결정 가능

| 출처 | 보건복지부(2014a). 2014년 노인보건복지사업안내.

(6) 치매노인의 사회적 지원 안내

재가치매노인에게 필요한 정보를 안내함으로써 치매노인과 가족의 부담을 경감시켜 주는 지원 안내의 내용은 다음과 같다.

- 필요한 경우에 노인장기요양보험(2~6) 등급인정 조사를 신청할 수 있도록 안내
- 치매노인의 상태에 따라 치매거점병원, 주간보호시설 및 관내 복지관 재활 프로그램의 이용, 전문요양시설, 치매전문요양병원, 노인전문병원 등에의 입소 등을 안내
- 치매환자와 가족에게 올바른 정보를 제공하고, 케어 및 간병 스트레스 상담 기능을 상시적으로 제공하는 콜센터 및 홈페이지에 대한 안내 및 홍보

- 치매상담전화센터(☎ 1899-9988): 전국 어디서나 시내전화 요금 적용. 단, 핸드폰 제외
- 치매정보 365 홈페이지(http://www.edementia.or.kr): 보건복지부와 중앙치매센터에서 운영

(7) 성년후견인제도

성년후견제도는 치매어르신과 같이 정신적 어려움(인지 기능 저하, 판단력 장애) 등으로 본인 스스로 의사결정을 할 수 없는 경우이거나 추후에 판단력 저하(인지 기능 저하)에 대비하여 신뢰할 수 있는 사람과 후견계약을 맺는 제도로, 후견인 선정을 통해 법률행위(부동산 계약), 재산 관리(통장 관리), 사회복지 서비스 이용, 신상 보호(병원 수술) 및 사회생활에서 필요한 사무 처리를 제공받게 되는 제도를 말한다.

- 대상: 치매, 지적장애, 자폐증, 뇌병변장애 등 정신적 어려움이 있는 분
- 문의: 가정법원(서울, 부산, 대구, 대전, 광주)
  가정법원이 설치되지 않은 지역은 각 지역 지방법원에 문의
- 치매상담콜센터(1899-9988)
- 한국성년후견학회(http://www.aglp.or.kr) 02-2220-0985
- 대한민국 법원(http://www.scourt.go.kr)

3) 인지 활동형 프로그램 내용

(1) 인지 활동형 프로그램 제공 방법

5등급 수급자에게 인지 기능 악화를 방지하고, 잔존능력의 유지 · 향상을 위해 제공되는 프로그램이다. 이 프로그램은 워크북, 사진 등 인지 훈련 도구를 활용한 인지 자극 활동과 훈련 위주로 구성된다. 구체적인 프로그램 제공 방법은 다음과 같다.

- 주 · 야간보호 기관은 인지 활동형 프로그램을 1일 60분 이상 제공한다. 반면 방문요양기관은 일 1회(하루 120분을 연속)에 한하여 이용할 수 있으며, 60분 동안 인지 자극 활동을 제공하고, 나머지 시간은 수급자와 함께 잔존 기능 유지 · 향상을 위한 훈련을 제공한다.

- 5등급 수급자는 주 · 야간보호 인지 활동형 프로그램과 인지 활동형 방문요양을 합하여 매주 3회 또는 월 12회 이상 이용하여야 한다.
- 방문요양기관은 원칙적으로 인지 활동형 방문요양만을 제공하여야 한다. 다만, 5등급 수급자가 주 · 야간보호를 1일 8시간 이상 이용하는 경우는 예외적으로 방문요양 급여를 제공할 수 있다. 이 경우에 주 · 야간보호 급여 제공 시간 전 · 후로 가정에서 옷 벗고 입기 및 식사 도움 등을 1일 2회 범위 내에서 제공할 수 있다.
- 5등급 수급자는 월 한도액 내에서 시간이 중복되지 않는다면 주 · 야간보호와 다른 재가 급여(인지 활동형 방문요양, 방문목욕, 방문간호, 단기보호)를 동일한 날에 이용 가능하다.

(2) 인지 활동형 프로그램 제공기관의 요건

주 · 야간보호 기관 또는 방문요양기관에서 인지 활동형 프로그램을 제공하기 위해서는 해당 기관 종사자 중 다음과 같은 자격을 가진 자가 치매 전문교육을 이수하고, 프로그램 관리자로서 다음과 같은 업무를 수행하여야 한다.

① 주 · 야간보호 기관

관리책임자, 사회복지사, 간호(조무)사, 물리(작업)치료사가 인지 활동형 프로그램을 제공할 수 있으며, 주 · 야간보호 기관의 프로그램 관리자의 주요 업무는 다음과 같다.

- 급여 제공 전에 수급자의 개인별 특성, 욕구, 기능 상태 등을 종합적으로 고려하여 프로그램 계획(내용, 일정, 횟수 등)을 매월 수립한다.
- 프로그램 계획에 따른 요양보호사의 급여 제공을 모니터링하고, 요양보호사에게 적정한 급여 제공을 지도한다.
- 치매가 있는 수급자의 가족을 대상으로 상담을 진행한다.

② 방문요양기관

방문요양기관에서 인지 활동형 프로그램을 제공하기 위해서는 해당 기관에 소속된 관리책임자, 사회복지사, 요양보호사가 보건복지부 지정 치매 전문교육을 이수하여야 한다. 주요 업무는 다음과 같다.

- 프로그램 관리자가 수립한 프로그램 계획에 따라 인지 활동형 프로그램을 수급자

에게 제공한다.

- 수급자에게 제공한 급여 내용과 수급자의 반응, 수행 정도 등을 급여 제공 기록지에 기재한다.

③ 방문간호 기관

방문간호 기관에서 5등급 수급자에게 방문간호를 제공할 수 있는 방문간호 기관에 소속된 자로서 치매 전문교육 이수 후 수료증을 취득한 간호(조무)사가 해당된다. 방문간호 지시서에 따라 제공하며, 수급자에게 제공한 급여 내용 등을 급여 제공 기록지에 기재한다.

02 노인돌봄종합 서비스[2)]

1) 서비스 목적 및 대상

노인돌봄종합 서비스는 혼자 힘으로 일상생활을 영위하기 어려운 저소득층 노인에게 가사 활동 지원 또는 주간보호 서비스를 제공하여 안정된 노후생활 보장 및 가족의 사회 · 경제적 활동 기반을 조성하는 데 그 목적이 있다. 만 65세 이상의 노인(독거노인) 또는 고령(부부 모두 75세 이상)의 부부 노인 가구 중 가구 소득, 건강 상태 등을 고려하여 돌봄 서비스가 필요한 자를 대상자로 한다. 서비스 유형은 다음과 같다(보건복지부, 2015b).

- 방문 서비스(월 27시간, 36시간)
- 주간보호 서비스(월 27시간: 9일, 36시간: 12일)
- 치매가족 휴가 지원 서비스(연 6일 범위 내)
- 단기 가사 서비스(월 24시간)

2) 서비스 대상자 선정 방법

(1) 방문 서비스 · 주간보호 서비스

만 65세 이상 노인으로 장기요양 등급 외 A, B 인정자가 해당되며, 서비스 이용 중이라도 장기요양 등급(1~4등급)을 판정받게 되면 노인돌봄종합 서비스 대상에서 제외된다. 노인장기요양 서비스는 소득 수준에 관계없이 건강등급 기준만 충족하면 되는 반면, 노인돌봄종합 서비스는 가구 소득이 전국 가구 평균 소득의 150% 이하라는 소득 수준을 동시에 만족시켜야 한다. 장기요양 등급 외 A, B 인정자 이외에도 차상위 계층 이하 소득 수준이면서 장애 1~3등급 또는 중증질환자는 전체 서비스 대상자 수의 5% 이내로 선정이 가능하다.

대상자 선정 시 독거노인, 치매질환자, 기타 노인성 질환자 등 대상자 특징과 건강 상태를 고려하여 | 표 6-2 | 와 같은 방식으로 우선 선정한다. 예를 들어, 독거노인(장기요양 등급 외 B자)이 치매질환자(장기요양 등급 외 A자)보다 우선적으로 선정된다.

2) 보건복지부(2015c). 「2015년 노인돌봄 서비스 사업안내」의 내용을 토대로 재구성하여 기술하였다.

표 6-2 서비스 대상자 우선 선정 기준

순위	① 대상자 특징	② 건강 기준
1순위	독거노인	장기요양 등급 외 A자
2순위	치매질환자	장기요양 등급 외 B자
3순위	기타 노인성 질환자	

| **출처** | 보건복지부(2015c). 2015년 노인돌봄 서비스 사업안내.

(2) 치매가족 휴가 지원 서비스

노인돌봄종합 서비스 이용자 중 치매노인 본인 또는 가족이 의사진단서나 의사소견서를 첨부하여 신청할 수 있다. 노인돌봄종합 서비스 신규 신청시 동시 신청 가능하고 치매가족 휴가 지원 서비스 기존 이용자는 사업년도가 바뀌어도 재신청 없이 이용 가능하다.

(3) 단기 가사 서비스

만 65세 이상의 독거노인 또는 고령(부부 모두 만 75세 이상) 부부 노인 가구 중에서 선정한다. 독거노인 또는 부부 노인 가구는 주민등록상 기준으로 확인하며, 주민등록상 동거 가족이 있더라도 실제로 홀로 살고 있거나 노인 가구만이 살고 있는 것이 확인될 경우는 현장 확인서 등을 구비한 후 선정할 수 있다. 가구 소득이 전국 가구 평균 소득의 150% 이하이면서 골절(인공관절 포함) 또는 중증 질환 수술로 일상생활이 불편한 경우에 대상이 된다. 최근 2개월 이내의 의사 진단서(소견서)를 제출하여야 하며, 독거노인이 75세 이상 고령의 부부 노인 가구보다 우선 선정 대상이다.

(4) 제외 대상

다음과 같은 사항에 해당되는 자는 노인돌봄종합 서비스의 선정에서 제외된다.

- 연령, 소득 기준, 건강 상태(장기요양 등급 외 A, B, 골절 및 중증 질환 수술 등) 기준이 적합하지 않은 자
- 재가 서비스 사업의 대상이 아닌 자
  - 의료기관 입원 중인 노인

- 국민기초생활보장법 제32조에 따른 보장시설 입소자

■ 국고 사업에 의하여 동일한 또는 유사한 재가 서비스를 받고 있는 자[3)]

- 자활근로에 의한 간병 서비스
- 노인돌봄기본 서비스
- 「노인복지법」에 의한 방문요양 서비스(구 가정봉사원 파견 사업)
- 노인장기요양보험(저소득층 본인 일부 부담금 지원, 특별현금 급여, 재가 급여, 시설 급여)
- 장애인 활동 지원 서비스(활동 보조 서비스)
- 국가보훈처 복지도우미
- 기타 정부부처 · 지방자치단체에서 시행하는 사회서비스 일자리 사업의 가사간병 서비스 등 이에 준하는 재가 서비스

3) 주요 서비스 내용

요양보호사 자격증 소지자[4)]가 「사회서비스 이용 및 이용권 관리에 관한 법률」에 따라 시 · 군 · 구에 등록한 제공기관에서 서비스를 제공한다. 대상자가 의료기관에 입원 시 노인돌봄 서비스 제공이 불가능하며, 해당기간 동안 서비스를 중지한다.

(1) 방문 서비스

신변 · 활동 지원을 위해 식사 도움, 세면 도움, 체위 변경, 옷 갈아입히기, 구강 관리, 신체 기능의 유지 · 증진, 화장실 이용 도움, 외출 동행, 목욕 보조 등을 제공한다. 목욕 보조 서비스는 보호자가 입회하는 경우에만 가능하다. 가사 · 일상생활 지원을 위해서는 취사, 생활필수품 구매, 청소, 세탁 등을 제공한다.

(2) 주간보호 서비스

심신 기능 회복 서비스(여가, 물리치료, 작업치료, 언어치료 등의 기능 훈련), 급식 및 목

---

3) 노인돌봄 서비스는 서비스 대상 선정 기준이 노인이지만 가구에 대한 지원 서비스이므로, 실제 주거를 같이 하는 가구원 중 노인돌봄종합 서비스, 가사간병 서비스, 노인장기요양보험 방문요양 등의 서비스를 받고 있을 경우 서비스 대상에서 제외된다.

4) 다음과 같은 경우에 해당될 때는 노인돌보미가 될 수 없다. '노인돌봄종합 서비스를 받는 노인, 「사회복지사업법」에 의한 사회복지시설(개인운영신고시설 포함)의 장 및 종사자(일 8시간 이상 상시근무자), 노인돌봄종합 서비스 제공기관장 및 종사자(일 8시간 이상 상시근무자), 기타 정부 지원 사업의 상시근무자, 노동부 지원 사회적 일자리 사업, 희망근로 등 기타 이에 준하는 정부 · 지방자치단체에서 실시하는 사회적 일자리 참여자 중 주 30시간 이상 전일제'

욕, 노인 가족에 대한 교육 및 상담 등의 주간보호 서비스를 제공한다.

(3) 치매가족 휴가 지원 서비스

방문 서비스 또는 주간보호 서비스 이용자 중 치매노인에게 단기보호 서비스를 추가 제공하는 서비스이다. 연 6일 범위 내에서 사용할 수 있다.

(4) 단기가사 서비스

식사 도움, 옷 갈아입히기, 외출 동행, 취사, 생활필수품 구매, 청소, 세탁 등 가사·일상생활 및 신변 활동을 지원한다. 서비스 제공기간은 2개월 이내를 원칙으로 하며, 서비스 횟수는 주 3회, 1회당 2시간으로 한다.

4) 서비스 단가 및 본인 부담금

서비스 대상자에게 카드식 바우처를 발급한 후 등록된 기관에서 서비스를 이용할 수 있다. 서비스 내용에 따른 금액은 |표 6-3|과 같다.

표 6-3 노인돌봄종합 서비스 단가

서비스 내용	근무일 유형	금액(원)	기준
방문 서비스 · 단기가사 서비스	• 매일 일반적으로 제공하는 경우	9,800	시간당 단가
	• 22시 이후 6시 이전 심야에 제공하는 경우	10,540	
	• 「관공서의 공휴일에 관한 규정」에 의한 공휴일에 제공하는 경우(단, 근로자의 날 포함)	10,540	
	• 치매가족 휴가 지원 서비스	36,380	
주간보호 서비스	• 매일 일반적으로 제공하는 경우	29,400	일당, 9시간 기준
	• 22시 이후 6시 이전 심야에 제공하는 경우	31,620	
	• 「관공서의 공휴일에 관한 규정」에 의한 공휴일에 제공하는 경우(단, 근로자의 날 포함)	31,620	

|출처| 보건복지부(2015c). 2015년 노인돌봄 서비스 사업안내.

바우처 지원액은 월 193,200원부터 344,520원까지 차등 지원된다. 차등 지원 기준은 첫째, 기초생활수급자, 차상위 계층 초과 여부 등 소득 수준과 둘째, 방문 서비스(월 27시간 또는 36시간), 주간보호 서비스(월 9회 또는 월 12회), 단기가사 서비스(월 24시간) 등 서비스 시간량에 따른다. 본인 부담금은 소득 수준을 5등급으로 구분하여 차등 적용하며 | 표 6-4 | 와 같다.

표 6-4 소득 수준별 본인 부담금

서비스 유형 및 시간		기초생활 수급자	차상위 계층	차상위 초과 ~100% 미만	100% 이상~ 130% 미만	130% 이상~ 150% 이하
방문 · 주간	27시간(9일)	무료	18,000원	37,000원	42,000원	48,000원
	36시간(12일)	8,280원	24,000원	49,000원	56,000원	64,000원
단기 가사	24시간(1개월)	무료	16,000원	33,000원	38,000원	42,000원
	48시간(2개월)	무료	32,000원	66,000원	76,000원	84,000원

| 출처 | 보건복지부(2015c). 2015년 노인돌봄 서비스 사업안내.

5) 서비스 제공 절차

노인장기요양 서비스와 달리 노인돌봄종합 서비스는 사회서비스 기관이 제공하는 전자바우처 사업의 일환이기 때문에 이용 절차가 조금 생소하다. 따라서 사전에 이루어지는 바우처 생성 과정을 설명하면 | 그림 6-1 | 과 같다.

장기요양 등급 판정 결과 등급 외 A 또는 B가 인정된 후 노인돌봄종합 서비스를 제공받기 원할 경우는 본인이나 가족이 읍 · 면 · 동 주민센터에 신청해야 한다. 읍 · 면 · 동 담당 공무원이 연령, 건강 상태, 소득 조사 및 가구원의 유사 서비스 이용 여부를 조사한 후 시 · 군 · 구청 담당 사업팀에서 본인에게 결정 내용을 통지한다.

한국보건복지정보개발원으로 신청자 결정 자료가 전송되면 개발원은 전담 금융기관으로 발급 대상자 자료를 송부한다. 전담 금융기관은 서비스 대상자에게 바우처 카드를 발급한 후 송부한다. 서비스 대상자가 금융기관 지정계좌에 본인 부담금 선납금을 납부하여 바우처가 생성되며, 서비스 대상자가 제공기관에 연락하여 계약서를 작성한 후 서비스를 제공받을 수 있다.

절차	내용	지침 관련 부분
건강 판정	• 본인 및 가족 등이 국민건강보험공단에 신청 • 장기요양 등급 판정 결과 장기요양 등급 외 A 또는 B 판정자	서비스 대상자 선정
▼		
서비스 신청	• 본인 및 가족 등이 읍 · 면 · 동에 신청	서비스 대상자 선정
▼		
조사	• 읍 · 면 · 동 담당 공무원 – 연령, 건강 상태, 소득 조사 – 가구원의 유사 서비스 이용 여부 조사	서비스 대상자 선정
▼		
결정 · 통지	• 시 · 군 · 구청(담당 사업팀) – 본인에게 결정 내용 통지 – 한국보건복지정보개발원으로 신청자 결정자료 전송	서비스 대상자 선정
▼		
바우처 카드 발급	• 한국보건복지정보개발원: 전담 금융기관으로 발급 대상자 자료 송부 • 전담 금융기관: 서비스 대상자에게 바우처 카드 발급 · 송부	바우처 지급 및 이용
▼		
본인 부담금 납부(선납)	• 서비스 대상자 – 금융기관 지정계좌에 입금 ➡ 바우처 생성	바우처 지급 및 이용
▼		
서비스 대상자 관리	• 시 · 군 · 구, 읍 · 면 · 동 – 대상자 관리(전출입, 사망, 자격 기준 등) – 서비스 제공기관 관리 – 바우처 관리	서비스 대상자 선정 바우처 지급 및 이용

| 출처 | 보건복지부(2014a). 2014년 노인보건복지사업안내.

| 그림 6-1 | 노인돌봄종합 서비스 대상자 선정 및 관리

03 치매특별등급(5등급) 서비스와 노인돌봄종합 서비스의 차이점

1) 서비스 대상 및 신청 절차

2014년 7월부터 신설된 치매특별등급(5등급)과 노인돌봄종합 서비스 대상의 차이점을 살펴보면 | 표 6-5 | 와 같다. 먼저 5등급 대상자는 치매특별등급이라고 이름 붙여진 바와 같이 일상생활 수행이 어려운 치매노인이 해당된다. 노인장기요양 등급신청 기관인 국민건강보험공단 전국지사(운영센터)에 신청한 후 소정의 절차를 거쳐 5등급자로 인정되면 서비스 이용이 가능하다. 반면 노인돌봄종합 서비스의 경우는 동일한 장기요양 등급 인정 절차를 거쳐 등급 외 A 또는 B의 판정을 받은 후에 주민등록상 주소지의 읍 · 면 · 동 주민 센터에 바우처 대상 선정을 위한 신청서를 제출하여야 한다는 점에서 차이가 있다.

표 6-5 서비스 대상 신청 절차 비교

구분	치매특별등급(5등급)	노인돌봄종합 서비스
대상	• 일상생활 수행이 어려운 치매노인	• 혼자 일상생활을 영위하기 어려운 노인
신청서 제출처	• 국민건강보험공단 전국 지사(운영센터)	• 국민건강보험공단 전국 지사(운영센터) • 주민등록상 주소지 읍 · 면 · 동 주민센터
시행일	2014년 7월 1일	2009년

| 출처 | 보건복지부(2015c). 2015년 노인돌봄 서비스 사업안내.

2) 판정(선정) 기준

장기요양 등급 판정 시에는 인정 조사 결과 인정점수가 45점 이상 51점 미만 수준의 건강 정도이면 수급이 가능한 점은 동일하다. 그러나 같은 건강 수준일지라도 치매가 있는 노인은 치매특별등급(5등급), 그렇지 않은 노인은 장기요양 등급 외 A, B 판정을 받는다. 5등급을 받기 위해서는 의사 · 한의사가 발급한 의사 소견서와 치매 진단 관련 보완서류를 제출해야 하며, 소득 수준에 상관없이 등급에 따른 월 한도액의 서비스를 이용할 수 있다.

반면, 노인돌봄종합 서비스는 읍 · 면 · 동의 정보를 통해 소득 수준과 독거 여부를 파악하기 때문에 별도의 서류를 제출할 필요는 없으나 단기가사 서비스의 대상으로 선정되기 위해서는 골절(인공관절 포함) 또는 중증 질환 수술로 일상생활이 불편한 것을 증명할 수 있는 의사 소견서를 제출해야 한다.

표 6-6 판정(선정) 기준 비교

구분	치매특별등급(5등급)	노인돌봄종합 서비스
건강 수준	• 인정 조사 결과 인정점수(45점 이상 ~51점 미만) • 치매 정도	• 인정 조사 결과 인정점수(45점 이상 ~51점 미만) • 장기요양 등급 외 A, B
소득 수준	• 상관없음	• 전국 가구 평균 소득 150% 이하
보완서류	• 의사 · 한의사가 발급한 의사 소견서 • 치매 진단 관련 보완서류 제출	• 단기가사 서비스: 의사 진단서(소견서)

| 출처 | 보건복지부(2015c). 2015년 노인돌봄 서비스 사업안내.

3) 서비스 내용

치매특별등급(5등급) 수급자는 주 · 야간보호와 방문요양 서비스 이용 시 주로 인지자극 활동 및 잔존 기능 유지 · 향상을 위한 인지 활동형 프로그램을 이용해야 하며, 식사 준비 등 가사 지원 서비스 제공이 불가하다. 반면, 노인돌봄종합 서비스는 주로 일상생활 및 가사 지원 서비스가 주를 이룬다. 치매특별등급(5등급)은 반드시 월 1회 방문간호 서비스를 이용해야 하며, 복지용구 서비스를 이용할 수 있으나 노인돌봄종합 서비스는 방문간호와 복지용구 서비스를 이용할 수 없다.

표 6-7 서비스 내용 비교

구분	치매특별등급(5등급)	노인돌봄종합 서비스
주 · 야간보호	• 인지 활동형 프로그램 제공 • 주 1회 목욕 서비스 제공 가능 • 월 20회 • 일 8시간 이용 시 월 한도액 50% 가산	• 여가, 물리치료, 급식 및 목욕 등 • 월 9~12회, 일 9시간
방문요양	• 인지 활동형 방문요양만 가능 • 인지 자극 활동 및 잔존 기능 유지 · 향상을 위한 훈련 제공 • 식사 준비 등 가사 지원 서비스 제공 불가 • 월 12회 이상, 일 2시간	• 식사 · 세면 도움, 옷 갈아입히기, 세탁 등 • 14~18회, 일 2시간
방문간호	• 방문간호 지시서에 따라 가족 상담 · 교육 등 제공 • 월 1회	–
복지용구 구입 및 대여	• 배회감지기, 지팡이, 안전손잡이 등 구입 · 대여	–
기타	• 월 한도액 범위 내 주 · 야간보호, 방문간호 급여 등 중복 이용 가능	• 월 한도액 범위 내 해당 서비스 이용 가능

| 출처 | 보건복지부(2015c). 2015년 노인돌봄 서비스 사업안내.

4) 급여 한도액 및 본인 부담금

치매특별등급(5등급)은 장기요양 급여 월간 한도액인 766,000원 범위 내에서 서비스를 이용할 수 있으며, 복지용구의 구입 및 대여는 연간 160만 원이다. 본인 부담금은 일반인의 경우 서비스 이용 수가의 15%를 지불하며, 감경 대상자의 기준에 따라 기초생활보장수급자는 무료, 의료수급권자는 7.5%를 부담한다. 노인돌봄종합 서비스 대상자는 바우처 지원액이 소득 수준 및 월 사용량에 따라 216,600원부터 344,520원까지 차등 지원되며, 본인 부담금 또한 기준에 따라 차등 납부한다.

표 6-8 2015년도 급여 한도액 및 본인 부담금 비교

치매특별등급(5등급)	노인돌봄종합 서비스
• 장기요양 급여 월간 급여 한도액 – 766,600원(현물 급여)/ 15% 본인 부담 • 복지용구 연간 급여 한도액 – 1,600,000원/ 15% 본인 부담 ※ 의료 급여자, 감경 대상자 등 기준에 따라 본인 부담금 무료~15% 차등 적용	• 지원액 및 본인 부담금 – 지원액(월): 216,600~344,520원 – 본인 부담금(월): 무료~64,000원 ※ 소득 수준 및 월 서비스 사용량에 따라 차등화

| 출처 | 보건복지부(2015c). 2015년 노인돌봄 서비스 사업안내.

Chapter 7

완전 자립 독거노인을 위한 재가노인복지 서비스

본 장에서는 신체적 · 인지적 기능 측면에서는 장기요양 등급 인정 노인들에 비해 상대적으로 양호하여 일상생활에 불편은 없지만 동거가족 없이 홀로 지내야 하기 때문에 초래되는 어려움이 있는 노인들을 위한 재가노인복지 서비스에 대해 알아보고자 한다. 장기요양 등급 판정 시 등급 외 C로 판정을 받았거나 아예 장기요양 등급신청을 하지 않은 건강한 노인을 대상으로 제공되는 서비스들이다.

특히 홀로 사는 독거노인들의 경우는 건강 의존도 연속선상에서 볼 때에는 완전 자립 노인에 해당되지만 정서적 외로움과 경제적 빈곤의 문제 등을 가지고 있어 사회복지적 개입이 필요하다. 이러한 노인들이 이용할 수 있는 서비스로는 노인돌봄기본 서비스, 독거노인 응급안전돌보미 서비스, 독거노인 사랑잇기 서비스, 무연고 독거노인 장례 지원 서비스 등이 있다.

01 독거노인 보호사업[1] 개요

1) 목적 및 사업 근거

독거노인 보호사업은 홀로 사는 노인에 대한 생활 실태 및 복지 욕구 파악, 정기적인 안전 확인, 보건 · 복지 서비스 연계 및 조정, 생활교육 등을 통해 독거노인에 대한 종합적인 사회 안전망을 구축하는 것을 목적으로 한다. 이러한 목적 달성을 위해 「노인복지법」에서는 '홀로 사는 노인에 대한 지원' 조항을 두고 홀로 사는 노인에 대하여 방문요양 서비스 등의 서비스와 안전 확인 등의 보호 조치를 취해야 함을 명시하고 있다(「노인복지법」 제27조의 2). 또한 보호 대상자에 대한 보호는 현물로 제공함을 원칙으로 하고, 보호 대상자에게 사회복지 서비스 이용권을 지급하여 국가 또는 지방자치단체 외의 자로부터 그 이용권으로 보호를 받도록 하고 있다(「사회복지사업법」 제33조의 7).

2) 독거노인 현황 조사

독거노인의 경우에는 자발적으로 서비스를 의뢰하지 않는 경우가 많기 때문에 매년

1) 보건복지부(2015c). 「2015년 노인돌봄 서비스 사업 안내」의 내용을 토대로 재구성하여 기술하였다.

초에 정기 조사를 실시하여 누락자를 방지하고 있다. 정기 조사의 대상은 65세 이상 기초노령연금수급자 중 재가복지 서비스를 받지 않고 있는 독거노인이며, 연초 정기 조사 때 현황 조사를 실시하지 못한 경우는 매월 추가 조사를 실시한다. 추가 조사는 만 65세 진입자 및 전입 독거노인을 중심으로 이루어진다.

서비스 관리자는 현황 조사 대상자를 독거노인생활관리사에게 배정하고, 현황 조사를 실시하도록 조치해야 하며, 독거노인생활관리사는 직접 가구를 방문하여 현황 조사 카드를 작성한다. 이때 지역주민의 현황을 잘 아는 이 · 통 · 반장의 의견을 적극 참고한다. 시 · 군 · 구 담당자는 주민등록상 만 65세 이상 1인 가구 명단을 일괄등록하고, 이후에 읍 · 면 · 동 주민센터의 이 · 통 · 반장을 통해 발굴한 요보호 독거노인을 현황 조사 대상자로 취약노인 지원시스템에 등록해야 한다.

현황 조사를 위해 방문했을 때 주거상황이나 건강 실태 등 육안으로 살펴본 생활환경이 매우 취약하다고 판단된 경우는 3회 이상 추가 조사를 시도하고, 추가 조사를 거부한 경우는 거부자 확인 서명 후 보관하며, 해당 독거노인에 대해 행정 기관에서 관리하도록 읍 · 면 · 동에 통보한다. 특히 알콜중독으로 보이는 남성 독거노인, 거동이 매우 불편한 독거노인, 이웃과의 접촉이 거의 없는 독거노인 등은 서비스관리자에게 보고하여 관계 기관의 도움을 받을 수 있도록 조치해야만 한다. 그러나 생활환경이 양호한 거부자는 거부 종결 처리한다.

3) 독거노인 보호사업의 종류

독거노인 보호사업의 종류는 노인돌봄기본 서비스, 독거노인 사랑잇기 서비스, 무연고 독거노인 장례 지원 서비스가 있으며, 서비스별 제공 내용은 다음과 같다.

- 노인돌봄기본 서비스: 안전 확인, 생활교육, 서비스 연계
- 독거노인 사랑잇기 서비스: 안부 확인
- 무연고 독거노인 장례 지원 서비스

4) 서비스 대상자 선정 요건

현황 조사를 통해 파악된 소득, 건강, 주거, 사회적 접촉 등의 수준을 평가하여 보호

필요도가 높은 독거노인을 사업 대상자로 선정한다. 서비스별 대상자 선정 요건은 다음과 같다.

(1) 노인돌봄기본 서비스 대상자

주민등록상 동거자 유무에 상관없이 실제 혼자 살고 있는 65세 이상 노인으로서, 첫째, 일상적 위험에 매우 취약하여 정기적인 안전 확인이 필요한 경우, 둘째, 소득, 건강, 주거, 사회적 접촉 등의 수준이 열악하여 노인 관련 보건복지 서비스 지원이 필요한 경우, 셋째, 안전 확인이 필요한 대상은 아니지만 정기적인 생활상황 점검 및 사회적 접촉 기회 제공이 필요한 경우에 해당하는 자를 선정한다. 그러나 국고 사업에 의하여 동일한 또는 유사한 재가복지 서비스를 받고 있는 자는 대상자에서 제외한다.[2)]

(2) 독거노인 사랑잇기 서비스 대상자

노인돌봄기본 서비스 대상자로 선정되지 못한 독거노인 중 민간 자원봉사자 연계를 통해 안부 확인 등의 서비스 제공이 필요한 홀로 사는 노인을 대상으로 한다.

(3) 무연고 독거노인 장례 지원 서비스 대상자

노인돌봄기본 서비스, 독거노인 응급안전돌보미 서비스 수혜자 중 무연고 사망자를 대상으로 한다.

5) 서비스 대상자 배정

서비스 제공을 위해 수혜 대상자들에게 독거노인생활관리사를 배정하며, 독거노인생활관리사(서비스관리자 포함) 1명당 노인돌봄 기본 서비스는 평균 25명, 응급안전돌보미 서비스는 평균 100명 수준으로 배정한다. 다만 독거노인 생활관리사의 이동거리, 독거노인 주거 및 건강 상태 등을 고려하여 '생활관리사' 별 배정되는 독거노인의 수는 탄력적으로 조정이 가능하다.

---

2) 자활근로에 의한 간병 서비스, 노인돌봄종합 서비스, 노인장기요양보험, 국가보훈처 복지도우미, 기타 정부부처 · 지방자치단체에서 시행하는 사회서비스 일자리 사업의 가사 간병 서비스 등 이에 준하는 재가 서비스를 받고 있는 경우 제외 대상이다.

표 7-1 독거노인생활관리사 배정 기준

구분	수혜자 배정 인원	비고
기본수혜자만 배정	• 생활관리사 1명당 기본수혜자 25명	• 응급과 기본 동시 수혜자는 기본수혜자로 산정
응급수혜자만 배정	• 생활관리사 1명당 응급수혜자 100명	–
기본 및 응급수혜자 동시 배정	• 생활관리사 1명에게 기본수혜자와 응급수혜자를 적절하게 배분 – 기본수혜자 1명 = 응급수혜자 4명으로 산정	• 생활관리사 1명에게 기본수혜자 20명, 응급수혜자 20명 배정

| 출처 | 보건복지부(2015c). 2015년 노인돌봄 서비스 사업안내.

6) 서비스 대상자 선정 절차

독거노인 보호 서비스의 대상자 선정 절차는 | 그림 7-1 | 과 같다.

절차	내용
현황 조사 대상자 확정 (시 · 군 · 구)	• 주민등록상 독거노인, 이 · 통 · 반장 등에 의해 발굴된 독거노인 중 재가복지 서비스를 받지 않는 독거노인을 대상자로 확정
▼	
현황 조사 실시 (수행기관)	• 확정된 대상자를 기준으로 독거노인생활관리사가 현황 조사 실시
▼	
사업 대상자 추천 (수행기관)	• 재가 서비스를 받지 못하는 치매 환자 • 관계 기관으로부터 의뢰받은 자살 · 학대 고위험군 • 재가 서비스를 받지 못하는 85세 이상 고령자 • 판정 기준에 따라 서비스 지원 대상자 선정
▼	
서비스 신청 (대상자)	• 추천된 사업 대상자가 서비스 신청서 작성 제출
▼	
서비스 자격 결정 (시 · 군 · 구)	• 신청된 서비스 대상자에 대해 자격 확인 후 자격 결정 • 중복 · 제외 대상자 확인 후 결정
▼	
서비스 제공 (수행기관)	• 독거노인생활관리사 배정 및 서비스 제공 • 독거노인응급안전돌보미 댁내장비 설치 및 서비스 제공

| 출처 | 보건복지부(2015c). 2015년 노인돌봄 서비스 사업안내.

| 그림 7-1 | 독거노인 보호 서비스 대상자 선정 절차

02 독거노인 보호 서비스의 내용

1) 노인돌봄기본 서비스

노인돌봄기본 서비스는 독거노인생활관리사를 파견하여 요보호 독거노인에게 정기적으로 안전을 확인하고 정서적 지원, 건강 · 영양 관리 등의 생활교육 실시와 보건 · 복지 서비스 자원 발굴 및 연계를 실시하는 서비스이다. 2007년 독거노인도우미 파견 사업으로 시작하였으며, 2008년에는 독거노인생활관리사 파견 사업으로 명칭이 바뀌었고, 2009년에는 노인돌봄기본 서비스로 전환되었다.

(1) 안전 확인 서비스

독거노인생활관리사가 독거노인 1인에 대해 주 1회 이상 방문을 통해 대상자의 건강상태, 환경 변화 및 욕구 파악 등 안전을 직접 확인하고, 주 2회 이상의 전화통화로 간접 확인을 실시한다. 안전 확인 결과를 취약노인 지원시스템에 등록해야 하며, 폭염, 한파 및 폭설 특보 발령 기간 동안에는 매일 실시한다.

(2) 생활교육

생활교육이 필요한 독거노인 수, 지역 특성을 고려하여 독거노인 생활교육 계획을 수립하여 제공한다. 생활교육은 생활관리사별 월 1회 이상, 1회당 1시간씩 실시하여 독거노인별 분기당 1회 이상 교육을 받을 수 있도록 한다. 교육과 관련한 제반 사항을 고려하여 주민자치센터, 복지관, 경로당, 기타 공공장소 등 독거노인이 접근하기 쉬운 장소를 활용한다. 교육 인원은 5인 이상[3)]이면 가능하고, 사업 대상자 외의 일반노인의 참여도 가능하다. 교육 내용은 장수노트, 치매예방교육, 기상특보 대책방안교육 등을 적극 활용하고, 생활교육 추진 결과를 취약노인 지원시스템에 입력해야 한다.

3) 도서벽지 등 인원확보가 어려운 지역의 경우 2인 이상 참여 생활교육을 인정하며, 독거노인의 건강 상태 및 주택 위치 등의 특성으로 생활교육이 어려운 경우는 관련 문서를 기록하고 1:1(일 대 일) 교육을 실시할 수 있다.

표 7-2 생활교육 표준 프로그램

구분	교육 내용	비고
표준 프로그램 1	• 운동	• 노인돌봄기본 서비스 생활교육 동영상 교재: 운동편
표준 프로그램 2	• 건강	• 노인돌봄기본 서비스 생활교육 동영상 교재: 건강편
표준 프로그램 3	• 기상특보	• 폭염, 폭설 및 한파
표준 프로그램 4	• 치매 예방교육	–
※ 교육 동영상 및 교재는 취약노인 지원시스템 및 독거노인종합 지원센터 홈페이지에서 다운로드 사용		

| 출처 | 보건복지부(2014b). 2014년 노인돌봄 사업안내.

(3) 서비스 연계

독거노인 정보를 참조한 후 직접 방문 등을 통해 대상자의 욕구를 파악하여 개인별 서비스 계획을 수립하고, 정부 지원 사업 및 지역사회 민간복지 자원을 적극 발굴하여 서비스를 연계한다. 이를 위해 서비스관리자는 서비스 제공 주체(기관, 단체 및 개인 등)와 협의하여 서비스 제공 여부 및 방식 등을 결정하여 독거노인생활관리사에게 통보하고, 독거노인생활관리사는 해당 서비스 제공기관과 서비스 지원 대상 가구를 연계하고 사후점검을 실시한다. 서비스 연계의 예시는 | 표 7-3 | 과 같다.

표 7-3 서비스 연계 예시

욕구	종류	내용	관련 기관 및 단체
소득보장	경제적 지원	• 기초생활보장, 긴급 지원, • 기초노령연금, 결연 후원 등	• 읍 · 면 · 동 주민센터 • 민간복지 기관 및 단체 등
고용보장	노인일자리	• 노인일자리 제공, 취업 알선	• 시니어클럽, 노인취업 지원센터 등
권익 보호	안전 확인	• 무선페이징, u-안심폰, 독거노인 응급안전돌보미 등	• 소방방재청, 읍 · 면 · 동 주민센터, 시 · 군 · 구 등
	노인 학대 예방 사업	• 학대 상담, 보호 및 지원 등	• 노인보호전문기관
건강 보장	노-노 케어	• 말벗 서비스, 청소 · 세탁 보조	• 노인일자리 수행기관
	종합 서비스	• 가사, 간병 서비스, 말벗 서비스	• 노인돌봄종합 서비스 수행기관
	방문보건 사업	• 보건 서비스	• 보건소
	치매 검진 및 관리 지원	• 치매 조기 검진, 치매 치료 관리비 (약제비 등) 지원	• 보건소

욕구	종류	내용	관련 기관 및 단체
건강 보장	장기요양보험	• 방문요양, 방문목욕, 방문간호, 주 · 야간보호, 단기보호, 복지용구 등	• 국민건강보험공단, 노인장기요양보험 지원센터
	노인 의치 · 보철	• 노인 의치 · 보철	• 보건소, 민간단체 등
	노인 안검진	• 노인 안검진, 개안수술(백내장 등), 돋보기 무료 지원 및 수리	• 한국실명 예방재단, 보건소, 민간단체 등
	의료 서비스	• 지역사회 의료기관 연계를 통한 진료 · 치료 서비스	• 민간의료기관 등
	이 · 미용 서비스	• 이 · 미용 서비스	• 민간복지 기관 및 단체 등
영양 관리	무료급식	• 경로식당, 식사 제공	• 무료급식 사업수행 단체 • 민간복지 기관 및 단체
	식사 배달	• 도시락, 밑반찬 배달	• 사업수행 단체
	푸드뱅크 · 마켓 · 팜, 식료품 등	• 식료품, 약품 등	• 민간복지 기관 및 단체
주거 보장	주택 마련	• 영구임대주택, 독거노인 공동생활가정 등	• 시 · 군 · 구청, 읍 · 면 · 동 주민센터, 주택공사 등
	노인복지시설 입소	• 노인복지주택, 양로시설, 노인공동생활가정 등	• 노인 주거복지시설 등
	주거개선 사업	• 도배 · 장판, 전기공사, 냉 · 난방 수리 등	• 주거 개선 사업단, 민간 자원봉사 및 후원
사회 활동 여가	자원봉사	• 가사 보조, 병원 등 외출 동행, 말벗 서비스 지원 등 각종 자원봉사 활동	• 지역 내 자원봉사단체, 종교 단체, 학교, 민간기업의 사회봉사단 등
	여가 · 문화 · 교육 활동	• 여가 · 문화 · 교육 프로그램	• 노인복지관, 노인교실(경로대학), 경로당 등
자원 연계	후원금품	• 지역 내 공공 및 민간의 자발적 후원금이나 후원물품 연계	• 공공 기관, 종교단체, 민간기업 등의 민간기관 및 시민
장례 지원	장례의례 지원	• 무연고 독거노인 장례의례 지원 시 종교의례	• 종교단체, 꽃집, 사진관 등
기타	기타	• 지역 내 민간 복지 서비스	• 공공 기관, 종교단체, 민간기업 등의 민간기관 및 시민

| 출처 | 보건복지부(2015c). 2015년 노인돌봄 서비스 사업안내.

2) 독거노인 사랑잇기 서비스

2011년부터 시행하는 서비스로 노인돌봄기본 서비스 사업 예비 대상자로서 민간의 자원봉사자가 안부전화 또는 규칙적인 방문을 통해 정기적 안전 확인 및 정서 지원 서비스를 제공한다. 독거노인 1인에 대해 주 2회 전화로 간접 확인하며, 대상자의 안부 확인 및 정보 제공 등 서비스 결과를 취약노인 지원시스템에 등록한다.

3) 무연고 독거노인 장례 지원 서비스

무연고 독거노인 사망자에 대한 장례 서비스 제공을 통해 사망자의 존엄성과 품격을 유지해 주고자 하는 목적으로 생활관리사가 상주가 되어 최소한의 장례의례 서비스를 제공한다. 무연고 독거노인 사망자라 함은 연고자가 없거나, 연고자를 알 수 없는 경우 또는 연고자가 시체인수를 거부 기피한 만 65세 이상 독거노인을 의미한다(보건복지부, 2015c). 기본 서비스 대상자 중 무연고 독거노인이 우선 대상이며, 독거노인종합 지원센터와 시 · 군 · 구의 노인돌봄기본 서비스 수행기관이 지원 주체가 된다.

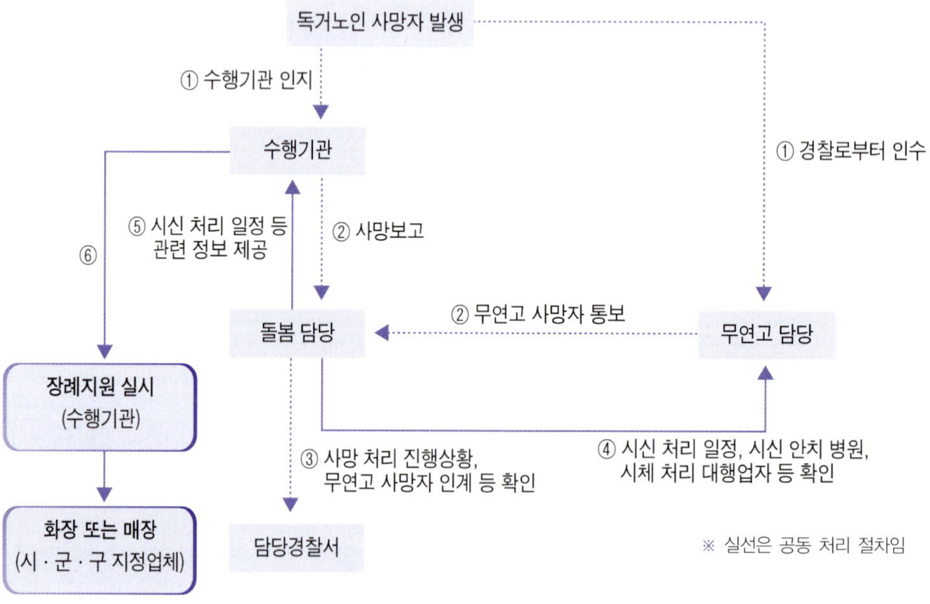

| 출처 | 보건복지부(2015c). 2015년 노인돌봄 서비스 사업안내.

| 그림 7-2 | 장례 지원 서비스 진행 절차

03 독거노인 보호 서비스 제공 인력

독거노인 보호 서비스에 필요한 인력으로는 거점 수행기관과 실제 서비스를 제공하는 시 · 군 · 구 수행기관의 서비스관리자가 있으며, 수행기관에는 독거노인생활관리사, 응급안전돌보미 서비스 시범 지역의 기술요원과 상담원이 포함된다. 각각의 자격 및 업무 내용을 살펴보면 다음과 같다.

1) (거점) 서비스관리자

거점 수행기관별 1명의 사회복지사 자격증 소지자가 다음의 업무를 담당한다.

- 관할 지자체 수행기관 제공인력 교육
- 시 · 도를 보좌하여 관할 지자체 수행기관 사업 모니터링 및 평가 실시
- 무연고 독거노인 장례 지원 서비스 거점 수행기관 및 역할(장례물품관리 및 배송 등)
- 독거노인 사랑잇기 사업 지원과 거점 지역 민관협력 자원 개발 및 연계
- 혹한기 · 혹서기 · 기상특보 시 독거노인 안전 관리 강화(수행기관 모니터링 등)
- 시 · 도별 실적 관리 및 독거노인 자료 조사 등
- 보건복지부 및 독거노인종합 지원센터에서 독거노인 지원에 관해 의뢰하는 사업

2) 수행기관 서비스관리자

수행기관별 사회복지사 자격증 소지자 1명 이상이 서비스관리자가 되며, 주요 업무는 다음과 같다.

- 노인돌봄기본 서비스, 사랑잇기 서비스, 기타 보건복지 연계 서비스 지원 총괄 및 행정 회계 처리
- 사업 관련 인력 복무 관리와 업무 조정
- 사업 실적 관리(시스템 활용)
- 고위험 독거노인 집중 관리
- 서비스수혜자 중 치매등록자에 대해서 투약 확인 관리(월~금 1회/일)
- 관계 기관에서 의뢰받은 자살 · 학대 고위험 독거노인에 대해 월 1회 방문 확인

- 독거노인의 욕구에 따른 서비스 계획 수립 및 서비스 연계 · 조정
- 독거노인 생활교육 계획 수립 및 관리
- 종교단체, 기업, 학교의 자원봉사 활동 등 지역 내 복지자원 조사, 발굴, 연계
- 생활관리사 보수교육 실시(혹서기 · 혹한기 시 보수교육 필수, 2회 이상 실시)
- 서비스 대상자에 대한 정확한 현황 파악 및 독거노인생활관리사 복무 관리를 위한 모니터링

3) 독거노인 생활관리사

시 · 도는 기초자치단체의 사업의지 및 독거노인 인구 비율 등을 감안하여 시 · 군 · 구별 생활관리사 인원 조정이 가능하며, 사업수행기관은 합리적인 기준을 마련하여 생활관리사의 근무태도, 업무실적 등을 투명하고 공정한 절차에 따라 평가하고, 배정된 인원수만큼 생활관리사 당 대상 인원을 조정한다. 자격은 독거노인 생활관리사로서 활동이 가능한 신체 건강한 사람이면 가능하다. 신규 종사자 채용 시에는 저소득층, 장기실업자, 여성가장, 고령자 등 취약 계층을 우선 채용하고, 기존 독거노인생활관리사는 근무 평가 결과를 반영하여 재계약 여부를 결정한다. 독거노인 생활관리사의 주요 업무는 다음과 같다.

- 지역사회 독거노인 현황 조사
- 주기적 방문, 안부전화 등을 통해 안전 확인 및 서비스 욕구 파악 실시
- 독거노인응급안전돌보미시스템, 무선페이징 등 안전 확인 기구 점검 및 관리, 배터리 교체, 사용법 안내 및 이용 사례 교육
- 주거 및 생활 상태 점검을 통한 위험요소 제거 등 생활환경 정비
- 독거노인 지원 사업 대상 독거노인이 위급상황 등 도움 요청 시 신속한 대응
- 기상특보에 따른 독거노인 안전 확인 및 긴급대피 지원
- 독거노인에게 필요한 보건복지 서비스 연계 지원, 조정 및 사후점검
- 독거노인 생활교육 계획 수립 지원 및 생활교육 실시
- 무연고 독거노인 장례 지원 서비스 및 사랑잇기 서비스 지원

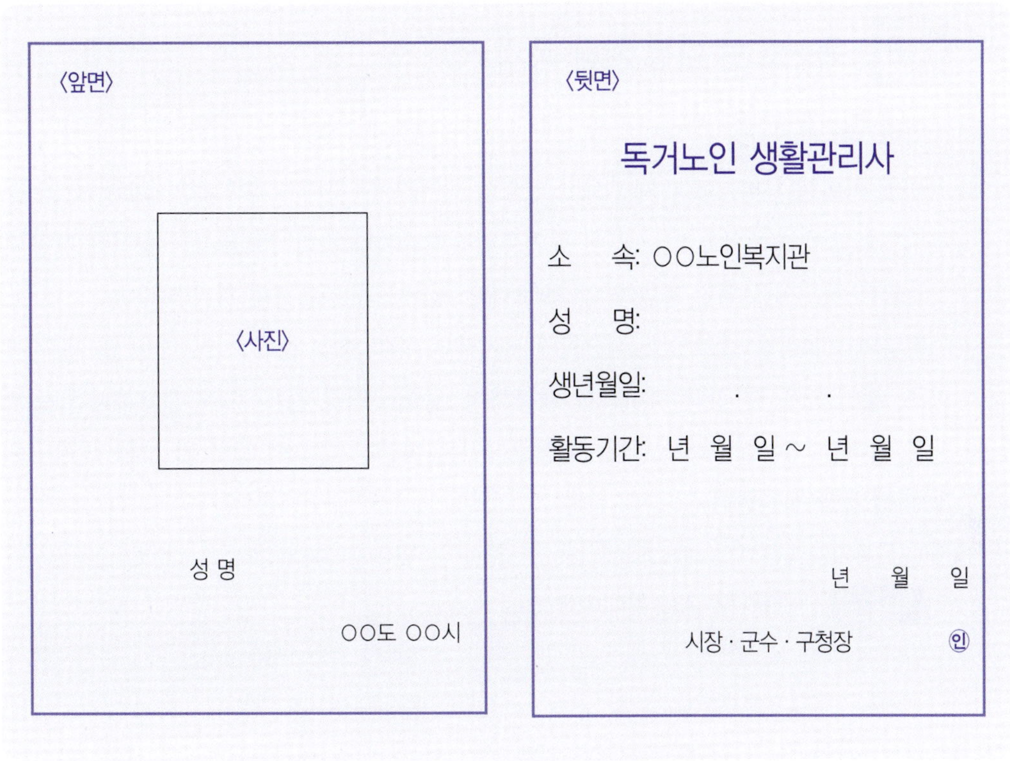

| 그림 7-3 | 독거노인 생활관리사 신분증(예시)

04 독거노인 대상 기타 복지 서비스

지역사회에 위치한 다양한 사회복지 관련 기관들이 이상에서 설명한 독거노인 보호 서비스 이외의 서비스들을 제공하고 있으며, 구체적인 서비스 내용들은 | 표 7-4 | 와 같다. 가장 많이 제공되고 있는 것이 노인종합복지관이나 종합사회복지관에 의해 제공되는 결식우려노인을 위한 밑반찬 및 식사 배달 서비스와 무료급식 서비스이다.

정부의 보조금을 받고 있는 재가노인복지센터 등이 영양 관리, 가사 지원 및 세탁 서비스, 정서 지원 및 상담 서비스를 제공하며, 종합사회복지관과 노인종합복지관 등에서도 이러한 서비스를 제공한다. 보건소에서는 방문간호, 가정간호 및 노인 의치 · 보철 사업 등을 실시한다.

표 7-4 독거노인을 위한 기타 서비스

개별 서비스	개별 서비스 지원기관
• 밑반찬 및 식사 배달 • 무료급식 • 영양 관리 서비스	• 노인종합복지관 • 종합사회복지관 • 재가노인복지센터 등
• 가사 지원 서비스 • 세탁 서비스	• 노인종합복지관 • 재가노인 지원센터 등
• 정서 지원 서비스 • 상담 사업	• 노인종합복지관 • 재가노인복지센터 등
• 목욕 서비스 • 이 · 미용 서비스	• 종합사회복지관 • 재가노인 지원센터 등
• 주간 · 단기보호 • 건강증진 및 위생 사업	• 단기보호센터 • 주 · 야간보호센터 등
• 방문간호 및 가정간호 • 노인 의치 · 보철 사업	• 보건소 등
• 무의탁노인 주거시설 제공 • 노인 주거개선	• 종합사회복지관 • 노인단체 등
• 노인 의치 · 보철 사업 • 물리치료 • 차량 지원, 결연(물품 지원)	• 보건소 • 재가노인복지센터 • 노인종합복지관, 종합사회복지관

| 출처 | 보건복지부(2015c). 2015년 노인돌봄 서비스 사업 안내.

Part III

재가노인복지 관련 주요 이슈와 실천

제I부에서는 재가노인복지 서비스의 개념과 필요성, 그리고 발달 과정 등 재가노인복지 서비스 전반에 관한 이해를 돕기 위한 내용들을 제시하였다. 그리고 제II부에서는 노인의 건강 의존도를 완전 의존, 일부 의존, 일부 자립, 완전 자립의 형태로 구분하고, 건강 의존도에 따라 필요한 재가노인복지 서비스들은 무엇이 있는지를 살펴보았다.

제III부에서는 노인들을 대상으로 제공되는 재가복지 서비스와 관련하여 제기되는 몇몇 이슈들에 관해 논의해보기로 한다. 특히 노인복지 정책과 서비스의 확대에 따른 사회적 비용 증가에 대응해야 하는 정부와 노인들을 돌봐야 하는 가족의 입장에서 고려되어야 할 몇 가지 이슈를 선정하고, 이러한 문제에 대응함에 있어 부양 부담과 부양비의 절감 효과를 가져올 수 있는 예방적 측면의 사회복지 서비스들은 무엇이 있는지 등을 알아보려고 한다.

Chapter 8

치매노인과 가족 지원

장기요양 필요노인의 증가로 인해 정부와 가족 모두에게 가장 큰 부담이 되는 것은 치매노인 돌봄의 문제이다. 치매노인이 발생하게 되면 한 사람 개인의 고통으로 끝나지 않고, 가족 전체의 삶을 망가트리는 결과를 초래하는 경우가 많으며, 사회적으로도 막대한 비용을 지불하게 하는 부정적 요인으로 작용한다. 치매노인의 문제를 좀 더 심각하게 고민하고 다루어야 하는 이유는 노인 인구 증가에 따라 치매노인의 절대적인 숫자가 늘어날 뿐만 아니라 전체 노인 중에서 차지하는 치매노인의 발생 비율이 지속적으로 높아지고 있기 때문이다. 이러한 문제에 관한 논의를 위해 본 장에서는 치매노인의 증가 현황 등 관련된 실태를 살펴보고, 치매노인과 그들의 가족을 위한 정책과 구체적인 사회복지 서비스들은 무엇이 있는지 등을 알아보려고 한다.

01 치매노인 실태

1) 치매노인 증가 현황

치매는 인간의 뇌가 성숙하여 정상적인 지적 수준에 도달한 이후 질병이나 외상 등과 같은 후천적 원인에 의해 뇌가 손상됨으로써 고등 정신 기능에 장애가 나타나는 복합적인 임상증후군이다. 즉, 치매는 뇌의 병변에 의하여 기억장애, 사고장애, 판단장애, 지남력장애, 계산력장애 등과 같은 인지 기능이 감퇴되며, 정서장애, 성격 변화, 일상생활 동작능력 장애 등이 수반됨으로써 직업, 일상적 사회 활동 또는 대인관계에 장애를 초래하는 노년기의 대표적인 기질성 정신장애이다(권중돈, 2010). 치매의 종류는 |표 8-1| 과 같다.

표 8-1 치매의 종류

치매의 종류		주요 위험요인	치료 · 예방
비가역적 치매	퇴행성 뇌질환에 의한 치매: 알츠하이머병, 전측두엽 치매, 루이체 치매 등	• 고령 • 가족력 • 저학력 • 우울증 • 성별(여성) • 흡연 • 두부 손상력 등	• 조기에 진단을 받으면 인지 기능 개선제를 통하여 질병의 진행 지연 가능 • 중기 이후는 정신행동증상에 대한 대증적 치료 병행
반가역적 치매	뇌혈관성 치매	• 고혈압 • 심장병 • 당뇨병 • 동맥경화 • 고지혈증 • 흡연 등	• 알츠하이머병 다음으로 많은 치매 • 위험요인을 관리하면 예방이 가능함 • 인지 기능 개선제, 항혈소판제제, 항응고제 등의 치료제 사용
가역적 치매	대사성 치매, 뇌종양에 의한 치매, 영양결핍에 의한 치매 등	• 갑상선기능저하증 • 경막하출혈 • 정상압 뇌수종 • 양성 뇌종양 • 비타민 B12 결핍 등	• 원인 문제를 해결하면 치료 가능

| **출처** | 보건복지부(2015c). 2015년 노인돌봄 서비스 사업안내.

치매노인의 경우에는 가정에서 지속적으로 생활하기 위해서는 어쩔 수 없이 가족들의 보호에 의존할 수밖에 없게 된다. 그러나 가족들도 치매노인을 스스로 보호하기에는 역부족이기 때문에 사회와 정부의 지원에 의존할 수밖에 없는 구조가 발생한다. 치매노인의 문제가 사회문제화되는 이유는 노인 인구의 증가와 더불어 치매노인의 수가 점차 증가하기 때문이다.

보건복지부가 조사한 「2012년 치매 유병률 조사」 결과[1)]에 의하면 2012년 우리나라 치매 유병률[2)]이 9.18%이며, 치매 환자 수는 54만 1천 명에 이른다. | 그림 8-1 | 에서 보여주는 바와 같이 급속한 고령화로 인해 치매 유병률은 계속 상승하여 환자 수도 2030년에는 약 127만 명, 2050년에는 약 271만 명으로 매 20년마다 약 2배씩 증가할 것으로 추산된다. 이와 같이 치매 환자의 수가 증가함으로 인해 발생하는 가족의 부양 부담과

1) 분당서울대학교병원이 보건복지부로부터 위탁받아 2012년 4월부터 12월까지 전국 65세 이상 노인 6,008명을 대상으로 실시한 실태 조사로 훈련된 조사원이 선별 검사 도구(MMSE-DS)를 이용하여 간이평가를 실시한 후 정신건강 전문의 및 심리사가 최종 진단 및 유형 감별을 실시하였다.
2) 65세 이상 전체 노인 인구 중 치매 환자가 차지하는 비율을 말한다.

사회적 비용 증가는 향후 대응해야 할 심각하고 중요한 노인복지 문제로 대두되고 있다.

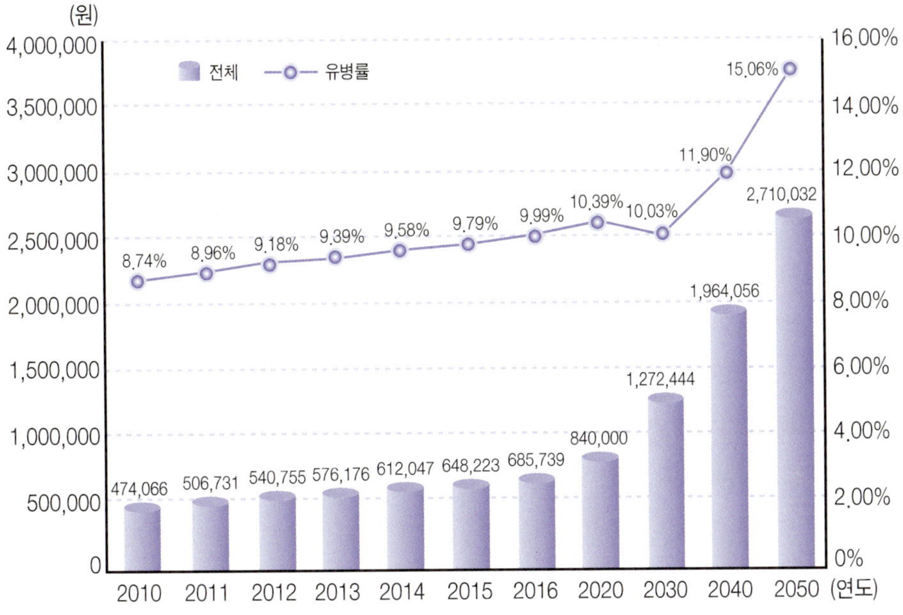

| 출처 | 보건복지부(2013a). 2012년 치매 유병률 조사.

| 그림 8-1 | 65세 이상 노인의 치매 유병률 및 치매 환자 수 추이

현재 치매 환자로 진단되지 않았지만 경도 인지장애를 보이는 노인들의 수도 심각한 수준인 것으로 나타났다. 동일 연령대에 비해 인지 기능이 떨어져 있는 상태로서 일상생활을 수행하는 능력은 보존되어 있지만 정상에서 치매로 이행되는 중간 단계인 경도 인지장애 유병률이 27.82%로 65세 이상 전체 노인 인구의 1/4을 넘는 것으로 추산되었다. 이는 노인들을 대상으로 정기적인 치매 정밀 검사와 진단을 통해 치매 환자를 조기 발견해야 하며, 경도 치매 환자의 인지 능력 향상을 위한 '프로그램' 적인 개입을 확대해야 함을 보여준다. 또한 조사자의 88.2%는 치매에 관한 교육을 받은 적이 없었고, 치매 인식도[3] 수준은 100점 만점에 64.7점으로 조사되어 노인을 대상으로 하는 체계적인 치매 예방교육과 대처 방법에 관한 홍보가 필요한 것으로 나타났다(보건복지부, 2013a).

3) 치매라는 질병에 대한 지식 및 질병을 관리하기 위해 어떤 행동을 할 것인지에 대한 정보를 알고 있는 정도를 말한다.

2) 치매노인 가족의 부양 부담

부양 부담은 부양자들이 겪는 부정적인 경험을 칭하는 용어로 사용된다. 일반적으로 질환을 앓고 있는 가족원이 있을 경우에 주로 돌보는 역할을 맡은 다른 가족원이 경험하는 신체적 · 정서적 · 경제적 · 사회적 차원의 어려움을 말하며, 긴장감, 역할 피로, 스트레스 등과 같은 개념으로 정의할 수 있다(Bull, 1990).

치매노인의 부양자들은 장기적인 부양으로 인한 역할 과중과 신체적 피로로 인한 건강 상실 등을 경험하게 되며, 사회적 관계망의 제한과 개인적으로 하고 싶은 일을 포기해야 하는 등 사회적 기회도 제한받게 된다. 뿐만 아니라 높은 긴장과 우울 · 불안 등의 심리 상태, 그리고 노인보호에 소요되는 지출로 인한 경제적 부담도 짊어지게 된다. 이러한 다양한 영역의 부양 부담은 부양자들의 생활만족도를 떨어뜨리고 때로는 죄책감과 우울증을 유발하는 등 삶의 질을 위협한다.

학자들에 따라 다양한 차원으로 부양 부담을 구분하고 있으며, 주요 내용을 정리하여 제시하면 | 표 8-2 | 와 같다. 거의 모든 학자들의 연구 결과에서 신체적 부담, 정서적 부담, 경제적 부담, 사회적 부담의 영역을 공통적으로 보고하고 있으며, 이 외에도 시간(의존)적 부담, 발달적 부담, 가족관계의 악화 등을 추가로 제시하고 있다.

표 8-2 요양 필요노인 가족의 부양 부담감의 차원

학자	부양 부담 차원
Kosberg & Cair(1986)	• 사회적 활동의 제한, 개인적 생활의 제한, 경제적 비용, 보호 제공에 대한 가치, 노인과의 관계상의 스트레스, 정신적 · 신체적 애로
Novak & Guest(1989)	• 시간적 부담, 발달상의 부담, 신체적 부담, 사회적 부담, 정서적 부담
권중돈(1996)	• 사회적 활동 제한, 치매노인과 부양자 관계의 부정적 변화, 전체 가족관계의 부정적 변화, 심리적 부담, 경제적 부담과 경제 활동의 제약, 건강상의 부담
김양이(2000)	• 신체적 측면(신체적 건강악화), 정서적 측면(우울감, 불안감, 자아존중감의 저하, 기분의 침체), 사회적 측면(가족과 환자 자녀 간의 부정적인 관계로의 변화), 사회 활동의 제한
서문진희 · 정여주(2011)	• 사회적 부담(옴짝달싹 못함), 신체적 부담(신체적으로 힘듦), 심리 · 정서적 부담(마음이 괴로움), 가족들 간의 갈등(가족이 원수), 경제적 부담(돈이 많이 듦)
박해경(2013)	• 시간 의존적 부담, 발달적 부담, 신체적 부담, 사회적 부담, 정서적 부담, 경제적 부담

특히 치매노인 부양자의 부양 부담감, 대처전략, 안녕감에 관한 연구를 수행한 박해경(2013)의 연구 결과에서 제시한 각 부담감의 개념을 살펴보면 다음과 같다.

- 시간 의존적 부담감: 치매노인의 인지 기능 저하와 문제행동으로 인하여 부양가족들은 노인의 행동에 24시간 '주의를 집중' 해야 하므로 시간에 대한 요구와 압력을 많이 받는다. 가족들은 치매노인을 돌보는 일로 인해 짧은 휴식 시간도 가질 수 없다.
- 발달적 부담감: 치매노인을 돌보는 것 때문에 지쳐서 '내 생활을 잃어버렸다고 느낀다든지' 이러한 상황에서 '탈출하고 싶다' 고 느끼는 등의 부담감이다.
- 신체적 부담감: 잠이 부족하다든지 치매노인을 돌봄으로 해서 피로하고, 자신의 건강이 나빠졌기 때문에 가지는 부담감이다.
- 경제적 부담감: 재정적 부담과 경제 활동의 제약이라는 측면에서의 부담감으로 치매노인의 치료와 간호에 소요되는 비용이 부족하거나 치매노인의 의료비로 인하여 가족 내에서 발생하는 재정적 요구를 충족시킬 수 없는 등의 재정적 부담감을 경험하며, 경제 활동에 지장을 받기 때문에 겪는 부담감을 말한다.
- 사회적(관계적) 부담감: 치매노인을 돌보기 위한 노력을 다른 가족이 인정해주지 않기 때문에 생기는 원망이나, 그로 인해 그전만큼 다른 식구들과 잘 지내지 못하는 등으로 인해 겪는 부담감을 말한다.
- 정서적 부담감: 부양의 영향으로 부양자가 겪는 부정적 감정들로 화가 나면 자신을 통제할 수 없다거나 생활에 흥미가 없어지고, 낙담하거나 우울해하는 측면의 부담감을 말한다.

한편, 보다 구체적으로 각 부양 부담 차원별 부담감 정도를 살펴보면 | 표 8-3 | 과 같다. 연구 결과는 경상남도 창원시 소재 노인주간보호센터와 재가노인복지센터 이용노인과 요양병원 및 요양원 입소 치매노인의 부양가족 249명을 대상으로 시간 의존적 부담감, 발달적 부담감, 신체적 부담감, 경제적 부담, 사회적 부담 및 정서적 부담감 정도를 조사하여 도출되었다(박해경, 2013). 도출된 연구 결과에 따르면 조사 대상 부양자들의 부양 부담감 중 가장 높은 부양 부담감은 시간 의존적 부담감이었고, 발달적 부담감과 신체적 부담감이 전체 평균 이상으로 높게 나타났다. 그 다음이 경제적 부담, 사회적 부담, 정서적 부담 순이었다.

표 8-3 치매노인 부양자의 부양 부담감의 평균

부양 부담감	평균(M)	표준편차(SD)
시간 의존적 부담	4.10	0.80
발달적 부담	3.62	1.01
신체적 부담	3.60	0.99
사회적(관계적) 부담	3.34	0.94
정서적 부담	3.02	0.91
경제적 부담	3.39	1.05
전체	3.50	0.76

| 출처 | 박해경(2013). 치매노인 부양자의 부양 부담감 대처전략, 안녕감에 관한 연구.

3) 치매노인 보호를 위한 사회적 비용

고령화로 인한 노인 의료비 지출이 지속적으로 증가하고 있으며, 치매노인의 의료비 증가는 더욱 가속화되고 있는 실정이다. 국민건강보험공단 건강보험정책연구원의 「2002~2009년 노인성 질환자 진료추이 분석 결과」에 따르면 의료기관을 이용한 65세 이상 노인성 질환자가 2002년 49만 9천명 대비 2009년 102만 7천명으로 205.7%가 증가하였으며, 총 진료비는 5,813억 원 대비 4,387억 원으로 419.5% 증가한 것으로 나타났다. 이 중에서 65세 미만인 사람들을 제외하고[4] 65세 이상 노인을 분류하여 살펴본 결과, 2009년 진료실 인원이 2002년 대비 255.4%, 총 진료비가 543.7%로 크게 증가한 것으로 나타나 노인성 질환자 전체 의료비 증가는 65세 이상 노인의 의료 이용 증가에 기인한 것으로 보인다(국민건강보험공단, 2011).

특히 치매 환자의 의료 이용이 급격히 증가한 것으로 나타났는데 「2002~2009년 노인성 질환자 진료 추이 분석 결과」 중에서 65세 이상 치매 질환을 겪고 있는 노인만을 분류하여 연도별 증가 현황을 살펴본 결과가 | 표 8-4 | 이다.

4) 노인성 질환은 노년기에 주로 나타나는 치매, 파킨슨병, 뇌혈관 질환, 기저핵의 기타 퇴행성 질환을 포함하는 질병군으로서 65세 미만인 사람들에게서 나타나기도 한다.

표 8-4 65세 이상 치매노인의 의료비 증가 현황*

연도	진료 실인원(명)	총진료비(천만 원)	1인당 총진료비(원)	2002년 대비 진료실 인원
2002	39,589	4,689	1,187,709	1.00
2003	47,963	6,124	1,280,996	1.21
2004	58,979	7,806	1,326,331	1.49
2005	73,262	11,593	1,588,150	1.85
2006	93,592	18,669	2,000,495	2.36
2007	122,328	30,264	2,477,615	3.09
2008	159,699	46,845	2,933,301	4.03
2009	197,026	57,770	2,932,088	4.98

* 진료실 인원: 비급여 및 한방 · 약국진료건 제외(입원 및 외래 기준), 총진료비: 비급여 및 한방 제외.

| 출처 | 국민건강보험공단(2011). 2002~2009년 노인성 질환자 진료추이 분석 결과.

치매노인의 진료 빈도가 지속적으로 증가하였으며, 2005년을 기점으로 가파르게 상승하여 2009년에는 진료실 인원이 2002년 대비 497.7% 증가하였다. 총 진료비는 더욱 심각한 양상을 보이고 있는데, 2002년 469억 원에서 2009년 5,777억 원이나 큰 폭으로 증가하였으며, 이는 2002년 대비 1,232% 증가한 수치이다. 치매를 포함한 노인성 질환별 총 진료비의 2002년 대비 2009년의 증가한 내용을 그래프로 나타내면 | 그림 8-2 | 와 같다.

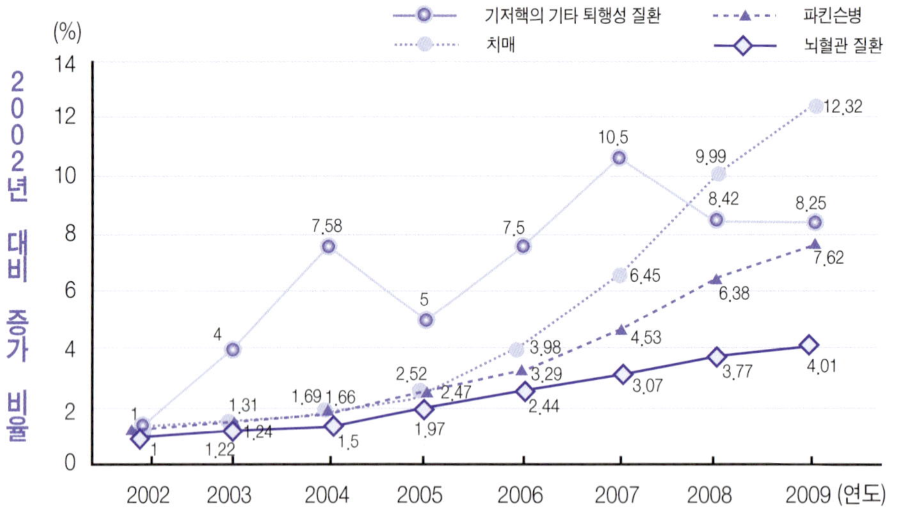

| 출처 | 국민건강보험공단(2011). 2002~2009년 노인성 질환자 진료추이 분석 결과. 재구성.

| 그림 8-2 | 노인성 질환별 총 진료비 증가 추이(65세 이상)

치매는 장기적인 돌봄이 필요하기 때문에 치매노인과 그 가족이 상당 기간 동안 관련 비용을 부담하게 된다. 보건복지부와 중앙치매센터의 조사 결과에 따르면 2013년 기준 우리나라의 치매노인은 약 57만 명이며, 배우자, 자녀, 손자녀를 포함한 치매노인의 가족은 약 230만 명에 이르는 것으로 추산된다. 또한 치매노인의 조호자[5)]는 2013년 기준 연간 2,030만 원을 치매노인을 돌보는 데 사용하고 있는 것으로 조사되었다. 이를 토대로 치매노인의 수를 고려하여 치매 관리에 투입되는 직 · 간접 비용을 추산하면 2013년 기준 11조 원을 넘어서는 것으로 추정된다(김상우 · 이채정, 2014).

이와 같은 사회적 비용의 증가는 국가의 비용 부담을 키울 뿐 아니라 젊은 세대와 노인 세대 간의 갈등을 초래할 우려도 높인다는 점에서 지혜로운 대처가 필요하다고 할 수 있다. 우리나라의 노년 부양비는 2005년 생산 가능 인구 7.9명이 노인 1명, 2010년에는 6.6명이 노인 1명을 부양하였으나, 2030년에는 2.6명, 2050년에는 1.4명으로 줄어들 추세이다(통계청, 2011). 이와 같이 노인을 부양해야 할 젊은 세대가 줄어들고 있는

5) '조호'란 도와서 보호한다는 뜻이다. 치매 환자의 조호자는 치매 환자의 일상생활 유지를 위한 돌봄(서비스)을 제공하는 사람으로서, 치매 환자의 가족이 주로 해당된다.

추세에 전체 의료비 중에서 노인들이 소비하는 의료비의 비중까지 높아지면 젊은 세대의 저항을 불러올 수 있으며, 이는 세대 간 갈등으로 표출될 소지가 있다.

외국의 세대 간 갈등 사례

[일본]
노인요양 서비스 '개호보험' 실시 이후 노인 관련 시민단체인 '실버유니온(Silver Union)'의 서비스 확대를 요청하는 광고를 '마이니치신문' 1면에 게재하였고, 다음 해 여름 젊은 세대 단체인 '라이츠(Rights)'가 '미래 세대에 불리한 정책을 선거로 심판하자'며 선거 연령을 18세로 낮추자는 시위가 전개되었다.

[독일]
2003년 독일의 기민당 청년조직(Young Union) 필립 미스펠더 의장(25세)은 경제 회생을 위해 노인층 복지 지출 축소를 주장하였다. 이에 기독교민주연합(CDU)의 노인연합 의장인 오토볼프(70세)는 필립 미스펠더에 대한 격한 감정을 언론에 토로하였다.

| **출처** | 조선일보(2011. 12. 8.). 세대 간의 복지갈등이 생기면 어떻게 해야 할까?

02 치매노인과 가족을 위한 정책

1) 치매노인과 가족을 위한 정책 방향

앞서 살펴본 바와 같이 인구 고령화 · 치매 환자 증가에 따른 사회 · 경제적 비용 절감, 치매 환자와 가족의 삶의 질 향상 등을 위해서는 치매의 조기발견 및 치료 · 보호가 필요하다. 이를 위해 정부 차원에서의 사회적 지원 기반 확충 등 대책 마련과 제반 문제들에 능동적으로 대처하기 위해 정부는 2008년 제1차 치매종합대책을 수립하였다. 그 이후 「노인복지법」의 일부 조항에 근거하여 시행되던 치매 관리 사업의 법적 근거를 2011년 8월 제정된 「치매 관리법」에 규정하였으며, 2012년 치매에 대한 국민의 이해가 아직 부족하고, 가족의 부양 부담을 완화시킬 수 있는 사회적 지원시스템의 지속적 확충이 필요하다는 인식 하에 제2차 국가치매관리 종합 계획을 수립하였다. 제2차 국가치매관리 종합 계획(2013~2015)의 방향성과 목표는 |그림 8-3| 과 같다.

정책목표

- 치매의 예방-발견-치료-보호를 위한 체계적 기반 구축
- 치매 환자와 가족의 삶의 질 향상 및 노년의 불안감 해소
- 치매에 대한 올바른 이해 및 사회적 관심 제고

추진과제

1. 조기발견 및 예방 강화
   ① 치매 검진 내실화, 진단율 제고 ② 치매 발생 위험요인 사전 관리 강화

2. 맞춤형 치료 보호 강화
   ① 치료 지원 강화
   ② 장기요양 대상자 확대
   ③ 가족의 돌봄 지원
   ④ 치매 거점병원 지정 · 운영

3. 인프라 확충
   ① 치매관리 전달체계 확립
   ② 치매환자 종합 DB 고도화
   ③ 전문인력 양성
   ④ 치매 연구개발 강화

4. 가족 지원 및 사회적 소통 확대
   ① 치매 케어 상담 등 가족 지원 강화 ② 치매 인식 개선 및 정보 제공

|출처| 보건복지부(2012b). 제2차 국가치매 관리 종합 계획.

|그림 8-3| 「제2차 국가치매 관리 종합 계획(2013~2015)」의 정책 목표 및 추진과제

국가치매관리 종합 계획의 방향성은 첫째, 조기 발견 및 예방 강화를 목표로 한다. 이를 위해 치매 검진 내실화 및 진단율을 제고하고 위험요인의 사전 관리를 강화해야 한다. 둘째, 맞춤형 치료 · 보호 강화를 들 수 있다. 치매 치료 및 관리비 지원 강화, 장기요양 대상자 확대, 가족의 돌봄을 지원하는 재가 서비스 확대, 치매거점병원 지정 · 운영 등이 목표이다. 셋째, 전문 인력 양성에 힘쓰고, 연구개발을 강화하고 국가치매등록시스템 구축 등 인프라 확충이 있다. 넷째, 치매 케어 상담, 인식 개선 및 정보 제공 강화 등 가족 지원 및 소통강화에 역점을 두려는 계획이다. 이를 토대로 치매로 인한 사회적 비용을 줄이기 위하여 2014년 7월에는 노인장기요양보험 대상자를 확대하고 그중 치매노인들을 위한 특별등급인 5등급을 신설하였으며, '치매 가족 휴가제' 를 시행하는 등 치매 관리 사업을 확대하고 있다.

2) 치매 관리법

보건복지부는 2011년 8월 「치매 관리법」을 제정하고 2012년 2월부터 시행하고 있다. 「치매 관리법」은 치매의 예방, 치매 환자의 진료 · 요양 및 치매 퇴치를 위한 연구 등에 관한 정책을 종합적으로 수립 · 시행함으로써 치매로 인한 개인적 고통과 피해 및 사회적 부담을 줄이고 국민건강 증진에 이바지함을 목적으로 한다. 국가와 지방자치단체는 치매 관리에 관한 사업을 시행하고 지원함으로써 치매를 예방하고 치매 환자에게 적절한 의료 서비스가 제공될 수 있도록 적극 노력하여야 한다고 규정하고 있다.

그동안 「노인복지법」의 일부 조항에 근거를 두고 시행되던 치매 관리 사업이 법을 근거로 하여 확대 시행되었으며, 이로 인해 치매 환자의 가족에 대한 지원 규정, 중앙치매센터의 설치 근거 변경, 광역치매센터 및 치매상담전화센터의 신설이 가능해졌다. 또한 치매 관리의 중요성을 널리 알리고 치매를 극복하기 위한 범국민적 공감대를 형성하기 위하여 매년 9월 21일을 '치매 극복의 날' 로 정하고 있다.

3) 노인장기요양보험제도

노인장기요양보험은 일상생활을 혼자서 수행하기 어려운 노인 등에게 신체 활동 · 가사 활동 지원 등 요양 서비스를 제공함으로써 노후 돌봄 및 가족 부담 경감에 기여해왔으나, '신체 기능 중심의 중증 노인' 위주로 제도를 설계하여 OECD 국가와 비교할 때

수혜 범위가 넓지 못하였다. 그로 인해 급증하는 치매 환자 가족들의 부담이 과중함에도 불구하고 신체 기능은 양호하나 간헐적 문제행동을 보이는 경증 치매 환자는 장기요양 수급자로 보호받기 어려운 상황이었다. 이와 같은 문제를 해결하기 위해 정부는 2014년 7월부터 노인장기요양보험의 3등급 체계를 '4+1' 등급 체계로 개편하고, 경증 치매 환자 중 일상생활 수행에 어려움을 겪는 노인을 대상으로 '치매등급(5등급)'을 신설하여, 대상자의 인지 기능 유지 및 향상을 위해 치매 전문교육을 받은 방문요양보호사 등이 인지 활동형 프로그램을 주 3회 또는 월 12회 이상 제공하도록 하고 있다.

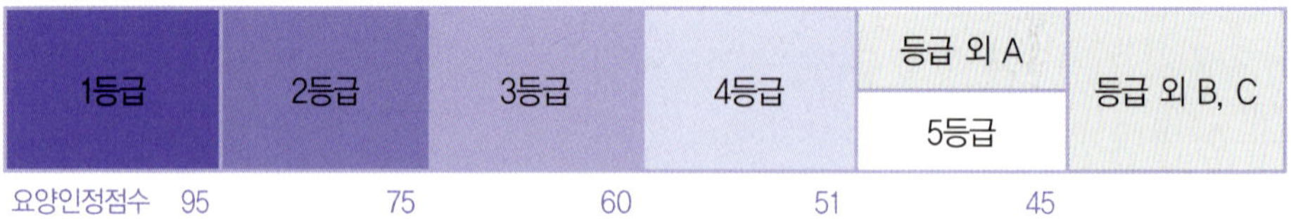

|출처| 보건복지부 · 국민건강보험공단(2015). 노인장기요양보험 급여이용 안내서.

|그림 8-4| 노인장기요양보험 등급 체계 개편

03 치매 관리 사업

1) 치매 관리 사업의 주요 내용

현재 정부가 추진 중인 치매 관리 사업은 | 표 8-5 | 에 제시된 사업들로 구성된다. 대부분의 치매 관리 사업은 국민건강증진 기금으로 수행되며, '치매 관리 체계 구축', '노인 건강 관리', '지역사회 통합 건강증진 사업', '만성병 관리 기술개발 연구'가 해당된다. 노인장기요양보험 운영 지원으로 수행되는 사업은 '치매특별등급' 도입에 따른 '노인장기요양보험 사업 운영'이 해당한다.

(1) 치매 관리 체계 구축 사업

국가치매 관리 사업 운영은 중앙치매센터에 대한 지원을 통하여 치매 전문 인력 교육 사업, 실종 노인 방지 사업, 홈페이지 및 스마트폰 앱 운영, 치매 연구, 홍보 및 인식 개선 사업, 지역 치매 관리, 국제협력 등을 수행할 수 있도록 하는 것이다. 광역 치매 관리 사업 운영은 11개 시 · 도에 설립 · 운영 중인 광역 치매센터를 지원하는 사업이다. '치매 상담 콜'은 콜 센터를 운영하여 치매 환자 및 그 보호자에 대한 상담을 실시하고, 적절한 서비스를 연계해주는 것을 목표로 한다.

공립 치매병원 기능 보강은 공립 요양병원 중 기능 보강이 필요한 요양병원을 선정하여 기능 보강비를 지원하는 사업이다. 이 같은 사업은 공립 치매병원의 쾌적한 환경조성을 통한 치매 질환의 악화 방지 및 치매노인 가족의 부담 경감을 목표로 한다. 공립 치매병원 BTL(Build-Transfer-Lease) 정부지급금은 기존의 공립 치매병원 신축 사업이 2008년부터 BTL 사업 방식[6]으로 전환됨에 따라, BTL 방식으로 완공된 6개 병원에 대한 정부지급금을 지급하는 사업이다.

6) BTL(Build-Transfer-Lease): 민간이 자금을 투자하여 사회 기반시설을 건설(Build)한 후 국가나 지자체로 소유권을 이전(Transfer)하고, 국가나 지자체 등에 시설을 임대(Lease)하여 투자비를 회수하는 사업 방식을 말한다.

표 8-5 치매 관리 사업의 구성*

회계/기금	단위 사업	세부 사업	사업명
국민건강 증진기금	노인 의료시설 확충	치매 관리 체계 구축	• 국가치매 관리 사업 운영 • 광역치매 관리 사업 운영 • 치매상담콜 • 공립 치매병원 기능 보강 • 공립 치매병원 BTL 정부지급금
	취약 계층 의료비 지원	노인 건강 관리	• 치매 치료 관리비 지원 • 기타 치매 예방 관리
	보건소 건강증진	지역사회 통합 건강증진 사업	• 치매 검진 사업비
	질병 관리 연구	만성병 관리 기술 개발 연구	• 고령화 대응 노화 및 치매 연구
일반회계	노인 장기요양 보험 지원	노인장기요양보험 사업 운영	• 노인장기요양보험 운영 지원 • 치매특별등급 소요분
			• 기타의료급여수급권자 급여 비용 국가 지원 • 치매특별등급 소요분

*보건복지부의 「2014년 예산안 및 기금운용 계획안 사업설명 자료」 및 보건복지부 제출 자료를 토대로 국회예산정책처가 작성한 것이다.

| 출처 | 김상우 · 이채정(2014). 치매 관리사업의 현황과 개선과제.

(2) 노인 건강 관리 사업

'치매 치료 관리비' 지원은 약제비 등 '치매 치료 관리비'를 월 3만 원 상한으로 저소득층 치매 환자에게 지원하는 사업이다. 기타 치매 예방 관리는 치매 관리 사업 홍보, 치매 전문교육 등을 포함한다.

(3) 지역사회 통합 건강증진 사업

치매 검진 사업비는 시 · 군 · 구 보건소에서 노인을 대상으로 검진을 실시하여 치매 여부를 판정하고, 치매노인에게 필요한 각종 자원 및 서비스를 연계해 주는 데 사용된다.

(4) 만성병 관리 기술 개발 연구

치매를 비롯한 만성 질환에 대한 연구 개발비를 지원하는 사업이며, 동 사업의 예산 산출내역에 '고령화 대응 노화 및 치매 연구' 비용이 포함되어 있다.

(5) 노인장기요양보험 사업 운영

'노인장기요양보험 사업 추진 경비 지원', '노인장기요양보험 가입자 및 기타 의료수급권자에 대한 국가부담금 지원' 등을 통하여 노인장기요양보험제도의 안정적인 추진을 도모하는 것을 목적으로 한다. 2014년 7월 노인장기요양보험에 '치매특별등급'이 도입됨에 따라 2014년 예산부터 치매특별등급 운영에 따른 추가 비용이 반영되었다.

2) 치매 관리 사업의 전달 체계

|그림 8-5| 에서 보는 바와 같이 치매 관리 사업의 전달 체계는 치매 관리 정책 수행기관과 치매 관리 서비스 제공기관으로 구분할 수 있다.

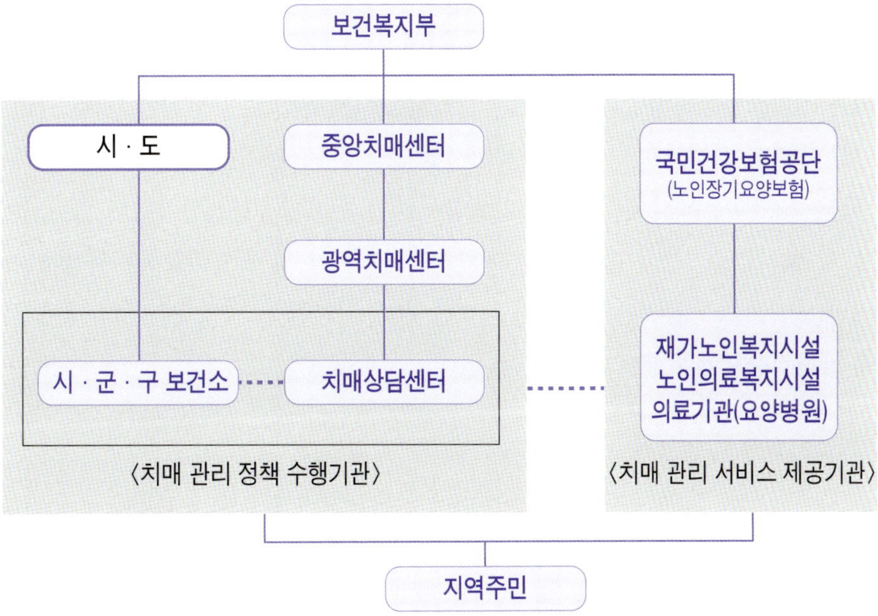

|출처| 김상우 · 이채정(2014). 치매 관리사업의 현황과 개선과제.

|그림 8-5| 치매 관리 사업의 전달 체계

먼저, 치매 관리 정책 수행기관은 보건복지부, 중앙치매센터, 광역치매센터, 시 · 군 · 구 치매상담센터로 구성된다. 중앙치매센터는 치매 관리 사업의 컨트롤 타워로 치매 환자 통계, 인력 관리, 교육과정 개발, 연구개발 총괄 기획 및 관련 신기술 보급을

담당하고 있다. 또한 치매 환자의 진료, 치매 관리에 관한 홍보, 치매와 관련된 국내·외 협력 등의 업무도 수행할 수 있도록 「치매 관리법」에 규정되어 있다.

광역치매센터는 지역 여건에 적합한 서비스 모델을 개발하고, 인력 관리 및 교육, 기술 지원, 보건소 치매 관리 사업 평가를 수행하는 조직이다. 치매 관리 사업의 지원, 지역특화 치매 지원 프로그램 개발 및 시·군·구 기술 지원, 교육 사업 등을 통하여, 지역사회의 치매 치료·관리와 요양 서비스가 원활하게 제공되도록 지원한다.

시·군·구 치매상담센터는 정부가 제공하는 각종 치매 관련 서비스를 일반 국민에게 직접 전달한다. 치매 조기 검진, 사례 관리 및 모니터링, 지역사회 전문 인력 및 자원을 활용한 가족 지원, 예방 교육 및 홍보 등을 수행한다. 정부는 전문 의료기관 및 인력이 풍부한 도시는 민간 위탁, 의료 자원이 부족한 농촌은 보건소가 직영하는 방식으로 치매상담센터를 운영하도록 하고 있다.

치매 관리 서비스 제공기관은 보건복지부와 국민건강관리공단의 관리·감독으로 운영되는 재가노인복지시설, 노인의료복지시설, 요양병원으로 구성된다. 치매 관리 서비스 제공기관을 살펴보면, 재가노인복지시설에는 방문요양기관, 주·야간보호 기관 등이 있고, 노인의료복지시설에는 노인요양시설, 노인요양공동생활가정이 있다. 요양병원은 병원급 의료기관에 해당된다. 재가노인복지시설 및 노인의료복지시설을 이용하는 치매노인은 노인장기요양보험의 혜택을 받게 되지만, 요양병원을 이용하는 치매노인은 국민건강보험의 혜택을 받게 된다.

04 치매노인과 가족을 위한 복지 서비스 유형

앞서 살펴본 정책들을 근거로 제공되고 있는 치매 환자와 그 가족을 위한 복지 서비스 유형을 살펴보면 크게는 예방 및 등록 관리 사업과 간호 및 요양 서비스로 나누어지지만 요양 서비스에 관해서는 앞 장에서 다루었으므로 여기에서는 다루지 않기로 한다. 이에 치매상담센터(또는 치매노인 지원센터)나 실종 노인상담 지원센터 등 공적 기관과 한국치매협회와 한국치매가족협회 등의 민간단체에서 자체 개발하여 제공하는 '예방 및 등록 관리 사업' 에 관해 살펴보고, 저소득 치매노인 지원 사업으로서 노인장기요양 등급 외자 전용 주 · 야간보호센터 운영 사업과 치매 가족 휴가제 등에 관해 알아보고자 한다.

1) 치매상담센터 · 치매 지원센터 운영

「치매 관리법」 제17조에 의거하여 지역사회 치매 관리 사업에 대한 원활한 수행과 치매노인 등록에 따른 관리 및 이에 필요한 상담이나 지원 등의 서비스를 제공하여 치매노인이 보다 건강한 삶을 누릴 수 있도록 하기 위해 전국 보건소에 치매상담센터를 설치 · 운영하고 있다. 서울특별시의 경우에는 서울시 치매 센터가 치매 통합 관리시스템 구축을 통해 25개 자치구 치매 지원센터 운영을 지원하고 있다. 지역사회에 거주(주민등록 상)하는 60세 이상 치매노인과 가족이 이용할 수 있으며, 주요 사업으로는 치매 예방 및 인식 개선 사업, 치매 조기 검진 사업, 치매 등록 관리 사업, 치매 지역사회 자원 강화 사업, 인지 건강 프로그램 운영 및 배회 가능 어르신 인식표 보급 사업 등이 있다.

(1) 치매 예방 및 인식 개선 사업

치매에 대한 올바른 인식을 유도하는 교육 및 홍보 활동을 통해 치매도 예방과 치료 관리가 가능하다는 사회적 이해를 확산시키고, 일반 시민과 유관 기관 종사자들이 치매 관리 사업에 적극적으로 동참할 수 있는 분위기를 조성하기 위한 사업이다. 주요 사업으로는 교육 및 홍보 자료 제작과 보급, 교육 및 홍보 프로그램 시행, 치매 극복의 날 기념행사 및 치매 홍보 서포터즈 운영 등이 있다.

(2) 치매 조기 검진 사업

치매의 위험이 높은 만 60세 이상 노인을 대상으로 치매 조기 검진을 실시하고, 치매 및 치매 고위험 노인을 조기에 발견하여 체계적인 치료 및 관리를 받을 수 있게 함으로써 치매 예방과 악화 방지에 기여함을 목적으로 한다. 대상자 선정 시에는 저소득층에 우선권을 부여한다.

① 기초 상담

치매상담센터 또는 치매 지원센터에 전화하거나 방문 또는 인터넷을 통한 기초 상담을 예약하여 서비스를 받을 수 있다.

② 선별 검사

치매 선별 검진 도구(MMSE-K/ MMSE-KC)를 이용한 인지 저하 여부를 확인할 수 있다.

③ 진단 검사

선별 검사 결과 '인지 저하'로 분류된 대상자에게 지역사회 협약 병원에서 1단계로 치매신경인지 검사(CERAD-K(N))[7] 또는 서울신경심리 검사(SNSB)[8]를 통해 치매 신경심리 평가를 실시하고, 1단계 검진 결과를 참고하여 2단계로 치매 임상 평가를 실시한 후 '치매', '치매 고위험', '정상'으로 진단 · 분류한다. 협약 병원 전문의는 진단 검사 후 1개월 이내 검진 결과를 검진 대상자(또는 가족)에게 알리고 해당 센터에 결과를 통보해야 한다.

④ 감별 검사

진단 검사 결과 '치매'로 진단 분류되어 원인에 대한 감별 검사가 필요한 자를 대상으로 감별 검사를 실시한다. 일반혈액 검사(CBC: Complete Blood cell Count), 간 기능 검사, 신장 기능 검사, 갑상선 기능 검사, 전해질 검사, 매독, 요 검사, 뇌 영상 촬영(CT 두부) 등의 검사 비용을 지원한다. 검진 비용의 지원 범위는 검사 항목을 모두 실시하는 것을 원칙으로 하고, 검사를 추가로 실시하는 경우에 소요 비용은 이용자 본인이

7) 한국판 CERAD 평가로서, Consortium to Establish a Registry for Alzheimer's Disease Assessment Packet의 약자이다.

8) Seoul Neuropsychological Screening Battery의 약자이다.

부담한다. 진단 검사는 진찰료, 치매 척도 검사비, 일상생활 수행 척도 검사, 치매 신경인지 검사비 등 상한 8만 원 선에서 정액 지원한다. 감별 검사는 치매의 원인 규명을 위하여 감별 검사(혈액 검사, 뇌 영상 촬영 등)를 실시하는 경우에는 건강보험(또는 의료 급여) 체계에 따라 이용자의 본인 부담금을 지원한다. 의원 · 병원 · 종합병원급 상한 8만 원, 상급종합병원의 경우는 상한 11만 원의 선에서 지원한다.

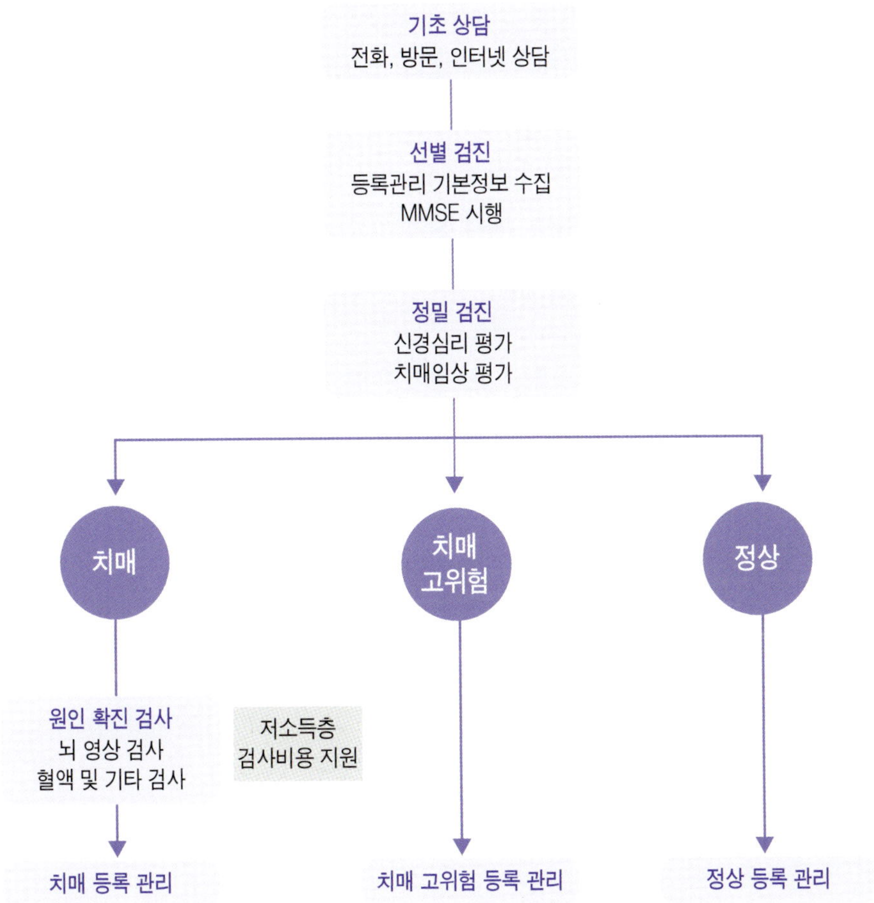

| 출처 | 서울특별시광역치매센터(https://www.seouldementia.kr/).

| 그림 8-6 | 서울시 치매센터의 치매 조기 검진 사업 절차

(3) 치매 등록 관리 사업

지역사회 치매노인에 대해 다양한 형태의 관리 서비스를 지속적으로 제공함으로써 노인의 삶의 질을 향상시키고 그 가족의 부양 부담을 경감시키기 위한 사업이다. 지역사회 치매 고위험 및 정상 노인에 대한 지속적인 예방 관리 서비스를 통해 치매 발생을 감소 또는 지연시킴으로써 노인 자신과 가족, 나아가 사회 전체의 부담을 줄이는 것을 목적으로 한다.

전화, 내소, 방문, 인터넷을 통해 일차적으로 상담하여 관련 정보를 제공하고 치매 조기 검진이나 등록 관리로 연계한다. 치매 조기 검진을 통해 '치매', '치매 고위험', '정상' 중 한 가지로 판정을 받았거나, 전문 의료기관에서 이미 치매로 진단받은 대상자를 일정 양식에 따라 등록하고, 등록된 대상자의 진단 분류 및 파악된 개인별 정보를 토대로 적정 관리를 계획하여 수행한다. 예를 들어 서울시 치매통합 관리 시스템의 관리 서비스 종류를 살펴보면 | 표 8-6 | 과 같다.

표 8-6 등록 대상자의 진단 분류에 따른 관리 서비스의 종류

치매 관리 서비스 종류	치매 고위험군 관리 서비스 종류	정상 관리 서비스 종류
• 인지건강센터 프로그램 시행 • 방문간호 서비스 • 조호물품 제공 서비스(위생재료 무상공급, 조호기구 무상 대여) • 배회 가능 어르신 인식표(명찰) 보급 • 치매 관련 정보 제공 • 가족 모임(또는 가족교실) • 지역 치매 관련 자원 연계(의료기관, 복지시설 등 연계) • 치료비 지원(저소득층) • 기타 필요한 서비스	• 정기 정밀 검진 서비스 • 인지건강센터 프로그램 시행 • 치매 예방 정보 제공 서비스 • 치매 예방 관련 프로그램 연계 서비스 • 기타 필요한 서비스	• 정기 선별 검진 서비스 • 치매 예방 정보 제공 서비스 • 치매 예방 관련 프로그램 연계 서비스 • 기타 필요한 서비스

| 출처 | 서울특별시광역치매센터(https://www.seouldementia.kr).

(4) 치매 치료 관리비 지원 사업

치매를 조기에 지속적으로 치료 · 관리함으로써 효과적으로 치매증상을 호전시키거나 증상 심화를 방지하여 노후 '삶의 질' 제고 및 사회 · 경제적 비용 절감에 기여함을 목적으로 한다. 치매 치료제를 복용 중인 치매노인으로 일정한 기준[9)]을 충족하는 60대

이상 노인을 대상으로 치매 치료 관리비 보험 급여분 중 본인 부담금(치매약제비 본인 부담금+약 처방 당일의 진료비 본인 부담금)에 대해 월 3만 원(연간 36만 원)을 정액 지원한다. 단, 의료 급여 수급권자는 본인 부담금에 대해서만 지원한다. 신청 시 구비 서류는 다음과 같다.

- 지원신청서
- 대상자 본인 명의 입금 통장 사본 1부(대상자와 가족 관계가 확인되는 가족의 통장 사본 제출 가능)
- (보건소장 인정자의 경우) 보건소장이 지원을 위해 필요하다고 인정하는 서류
- 치매치료제가 포함된 당해 연도 중 발행된 약 처방전 또는 약품명이 기재된 약국 영수증

(5) 배회 가능 어르신 인식표 보급 사업

치매 등으로 인하여 실종이 염려되는 어르신을 돌보는 가족 또는 본인에게 시 · 군 · 구 보건소(서울의 경우 치매 지원센터)에서 연중 계속 무료로 인식표를 보급하는 사업이다. 희망자가 시 · 군 · 구 보건소이나 치매 지원센터로 신청서를 제출하면, 보건소나 치매 지원센터는 실종 노인상담 지원센터 홈페이지에 신청 자료를 입력한다. 실종 노인상담 지원센터가 고유번호를 부여하고 인식표를 제작하여 해당 보건소 · 치매 지원센터로 인식표를 일괄 발송하면 보급희망자에게 배부한다.

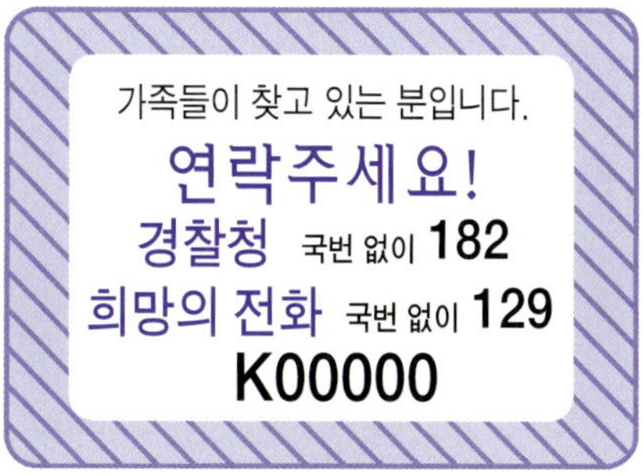

| 출처 | 보건복지부(2015a). 2015년 노인보건복지사업 안내.

| 그림 8-7 | 인식표 이미지

9) 전국 가구 평균 소득의 50% 이하인 자로 의료기관에서 치매의 상병코드(F00~F03, G30 중 하나 이상 포함)로 진단을 받고, 아세틸콜린 분해효소 억제제 또는 NMDA 수용체 길항제를 성분으로 하는 치매치료제 성분의 약을 복용하는 자와 혈관성 치매로 진단받은 노인은 혈관성 치매 치료제 성분 약 또는 항혈소판제제 등의 약을 복용하는 자를 말한다.

(6) 치매 지역사회 자원 강화 사업

치매 지역사회 자원 강화 사업으로는 치매 관련 지역사회 인적 · 물적 자원의 세부 실태 파악, 인적 · 물적 자원의 연계를 통한 효율적 활용 체계 구축, 치매 시설 정보 제공, 지역주민의 치매 이해도 및 욕구에 근거한 실질적인 사업 계획 및 평가, 치매 전문 자원봉사자 양성 등이 있다.

2) 실종 노인상담 지원센터

「노인복지법」 제39조에 근거하여 정당한 사유 없이 사고 또는 치매 등의 사유로 인하여 보호자로부터 이탈된 '실종 노인'의 조속한 발견과 복귀를 지원함으로써 노인의 안전을 위한 사회 안전망 구축과 실종 노인 가정의 복지 증진에 이바지함을 목적으로 한다. 실종 노인상담 지원센터에서 수행하고 있는 주요 사업의 내용을 정리하면 다음과 같다.

- 실종 노인 사례 접수 · 등록 및 가족 상담
- 실종 노인의 조속한 발견을 위한 지원 방안 마련
- 다양한 매체를 활용한 실종 노인 무료 사진 홍보 진행
- 전국 보호시설, 지자체 등에 실종 노인 찾기 사업 안내 및 홍보 협조 요청
- 보호시설 무연고 노인의 신상카드 데이터베이스(DB) 구축
- 배회 가능 어르신 인식표 보급
- 배회 가능 어르신 신상 정보 데이터베이스(DB) 구축 및 관련 기관과의 정보 공유
- 경찰청 실종아동찾기센터와의 실종 사례 공유
- 지자체로부터 신상카드 제출 독려 및 신상카드 사본 협조 등
- 보호시설로부터 무연고 노인 신상카드 및 변동 사항 접수 등
- 가족 안내문(실종예방 및 실종 시 대처요령 안내) 및 실종 예방 수첩 제공
- 실종 예방 캠페인 진행 및 대국민 홍보

실종 노인이 발생했을 경우의 신고 절차는 | 그림 8-8 | 과 같다.

● 실종되었을 경우 확인할 사항

- 집과 집 주변 및 정류장, 평소 자주 가던 곳
- 가고 싶다는 말을 자주 했거나, 과거 실종 경험이 있는 지역
- 큰 도로를 따라 이동하면서 찾아보거나, 구석진 곳 및 지하실 등
- 평소 가까이 지내던 어르신의 지인들에게 연락해보기
- 과거에 살았던 지역이나 추억이 깃든 곳

● 실종 노인보호 흐름도

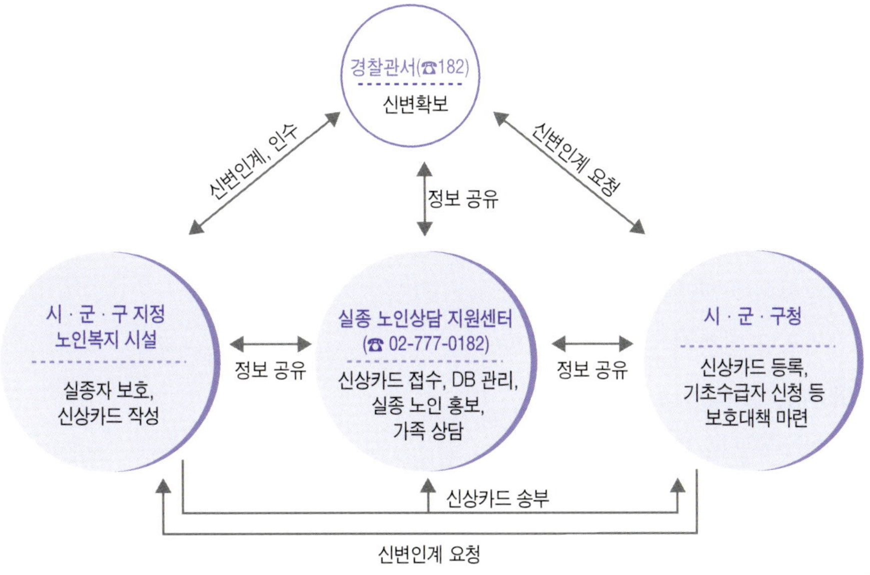

| 출처 | 보건복지부(2014a). 2014년도 노인보건복지사업안내.

| 그림 8-8 | 실종 노인 발생 시 확인 사항 및 보호 흐름도

3) 국가치매 지식정보 포털

국가치매 지식정보 포털(치매정보 365 http://www.edementia.or.kr)은 보건복지부가 주최하고, 국립 중앙치매센터가 주관으로 운영하는 웹 사이트로서 모든 국민이 치매에 대한 정보를 쉽게 얻어 올바로 이해하여 치매노인 및 가족의 어려움을 줄이고, 국민의 치매에 대한 인식과 삶의 질 증진에 이바지하기 위해 국내 · 외 치매전문가 네트워크를 중심으로 치매에 관한 최신 정보와 지식을 개발 · 보급하는 것을 목적으로 한다.

4) 치매 관련 서비스 제공 민간단체

(1) 한국치매협회

한국치매협회(http://www.silverweb.or.kr)는 1994년 설립된 단체로 의료, 간호, 노인복지 등 분야별 전문가들과 치매에 관심을 가지고 있는 사람들 및 치매 환자 가족 등이 모여서 치매를 예방하고 퇴치하여 치매문제 해결에 도움을 주고자 창립된 단체이다. 주요 사업으로는 교육 훈련 사업, 치매 전문 인력에 대한 해외 파견 연수교육 사업, 치매 관련 교육책자 출판 사업, 치매 관리 시범 사업, 원격 치매 진료 사업 등을 해오고 있다. 특히 서울시와 협약을 맺고 운영하는 치매 전문 시설인 서울형 데이케어센터는 치매 전문 프로그램과 전임 작업치료사가 지도하는 작업치료 제공에 중점을 두고 있다. 구체적인 내용은 다음과 같다.

■ 이용 대상: 노인장기요양 1~5등급 노인

■ 이용 시간: 월요일~금요일(09:00~22:00)

■ 신청시 구비 서류

- 장기요양 인정서
- 표준장기요양 이용계획서 사본
- 주민등록등본
- 치매 진단서(해당자) 또는 소견서
- 건강 진단서(전염성 질환 유무 확인서)
- 국민기초생활 수급자 증명서(해당자)

■ 계열 기관

- 관악 미르사랑 데이케어센터
- 강동 미르사랑 데이케어센터
- 성북 미르사랑 데이케어센터

■ 서비스 이용 비용

- 일반: 총 수가의 15%를 본인이 부담
- 의료 급여 수급권자: 본인 부담금 50% 감면
- 기초생활수급권자: 무료
- 등급 외자: 실비

- 비급여(식재료비, 간식비, 이 · 미용료 등) 별도

(2) 한국치매가족협회

한국치매가족협회(http://www.alzza.or.kr)는 1991년 3월 가족 모임으로 발족되어 우리나라에서 노망이나 망령 등으로 편견시 되어오던 치매를 '뇌의 질병'으로 인식시키는 데 앞장서 온 단체이다. 현재 세계 77개국에 협회를 두고 있는 세계치매협회의 정회원으로 등록되어 있으며, 치매노인과 가족을 중심으로 치매 상담이나 조사, 가족 지원, 치매 예방교육은 물론 노인용품 등에 관한 정보 제공 등을 통해 치매에 걸려도 지역사회에서 삶의 보람을 느끼고 살아갈 수 있도록 돕는 일들을 하고 있다. 주요 사업으로는 생명보험사회공헌재단과 협력하여 진행하는 치매 인식 개선 사업과 치매 관련 서적 · DVD 및 자료집 제작 · 보급 사업이 있으며, 그 이외에도 상담 사업, 치매 가족 자조 모임, 배회 구조센터 운영 등의 사업을 진행하고 있다.

① 치매 인식 개선 사업

- 치매 인식 주간 전국 순회 강연회: 서울, 경기, 강원 등 10개 지역 병원 및 보건소
- 치매교육 동영상 및 리플릿 '치매, 비밀스러운 뇌질환' 제작

② 치매 케어 DVD '마음의 행로' 및 '안개 속의 추억' 제작 및 배포

- 치매 케어 DVD '마음의 행로' 내용
  - 가족 편: 케어하고 있는 가족의 모습, 치매란?, 치매노인과 함께, 방문요양보호사의 지원, 생활해왔던 거리, 친숙한 얼굴(6개)
  - 시설 편: 바지 입기를 거부하는 망상 증상, 치매의 여러 가지 문제행동, 시간 및 장소에 대한 인지 장애, 잔존능력에 대한 통찰력(4개)
- 치매 케어 DVD '안개 속의 추억' 내용
  - 정신증상 편: 초기에 나타나는 우울증상, 정신증상은 불안 · 혼란으로 시작, 본인을 고통스럽게 하는 망상-1, 본인을 고통스럽게 하는 망상-2, 가족의 심정, 초로기 노인 가족 모임(6개)
  - 행동증상 편: 치매노인의 이상행동, 감정에 따른 케어의 중요성, 살던 집을 찾아가려는 행위, 방뇨 · 불결행위 · 일몰, 소중한 물건에 대한 집착(5개)

③ 치매 가족 자조 모임

■ 정기 치매 가족 모임: 가족 간호 방법 교육 및 정서적 지지를 위한 만남의 장
- 월별–영양 관리
- 정책 공부
- 치료요법 공부

■ 가족여행 세미나: 연 1회 실시

■ 정보소식지 '효심' 발행
- 간호 방법 및 가족협회 활동 안내
- 치매 관련 국내 · 외 최신 정보 전달(연 4회)

④ 배회 구조 등록 사업(인식표 보급 사업)

■ 치매노인 배회 구조 팔찌 제작 배포(등기 우송)

■ 배회 신고 전화(02-431-9993) 연중무휴 24시간 운영

■ 등록 비용–평생 2만 원

(3) 생명보험사회공헌재단

생명보험사회공헌재단(http://www.lif.or.kr)은 생명보험회사의 출연금으로 순수한 자선 사업을 전개하여 사회복지 공동체의 발전에 이바지하고자 하는 목적으로 설립된 단체이다. 희귀 · 난치성 질환자 지원 사업, 자살 예방 지원 사업, 저소득 치매노인 지원 사업, 저출산 해소 및 미숙아 지원 사업, 사회적 의인 지원 사업 등을 수행하고 있다.

이 중 저소득 치매노인 지원 사업으로 운영하고 있는 등급 외자 전용 주 · 야간보호센터는 사회복지법인들이 주간 보호센터를 운영하도록 지원함으로써 지역 내 증가하고 있는 저소득 등급 외 치매노인에게 낮 시간 동안 전문적인 서비스를 제공함으로써 노인에게는 심신 기능의 유지 및 향상을 도모하고, 부양 가족에게는 경제적 · 신체적 · 심리적 부담을 경감시켜 등급 외 치매노인 및 가족의 삶의 질 향상에 도움을 주는 사회안전망을 구축하는 것을 목적으로 한다. 구체적인 내용은 다음과 같다.

■ 주요 사업

- 경증 치매 어르신들의 인지 기능 강화 프로그램 운영
- 가족의 부양 스트레스 해소 지원 및 교육 정보 제공

■ 이용 대상: 만 65세 이상의 등급 외(A, B) 치매노인

- 자립 보행 및 용변 처리가 가능한 노인
- 전염성 질환이 없으며, 도움을 통해 원만한 공동생활이 가능한 노인
- 기관의 판정 회의를 통해 기관장의 승인을 받은 대상 노인
- 저소득 가정(수급자, 차상위, 소득 기준 300% 이하) 우선 이용 가능

■ 이용 시간: 매주 월~금(주 5일, 주말 및 공휴일 제외)

09:00~17:00(차량 서비스 시간 포함)

■ 이용료: 소득 기준에 따라 실비 적용

5) 치매 가족 휴가제

장기요양 수급자(1~5등급) 중 치매가 있는 것으로 확인된 수급자가 재가 급여를 이용하는 경우에 한해 돌봄으로 지친 가족들이 쉴 수 있도록 하는 제도이다. 치매가 있는 것으로 확인된 수급자가 월 한도액과 관계없이 최대 연간 6일에 한하여 단기보호 기관에 입소할 수 있다. 치매가 있는 것으로 확인된 수급자란, 인정 조사 시에 장기요양 인정 조사표 '질병 및 증상'에 치매로 표시되고, 장기요양 인정 조사표의 인지 기능 영역 및 행동 변화 영역 중 수발 부담이 큰 항목 중 하나 이상 표시된 경우를 뜻한다.[10] 치매 가족 휴가제로 사용한 급여 비용에 대해 수급자는 이용금액의 15%만 부담하면 된다. 다만, 치매 가족 휴가제로 연간 6일을 초과하여 이용한 경우에는 수급자가 전액 본인 부담을 해야 한다.

예 3등급 수급자가 치매 가족 휴가제로 단기보호를 6일 이용하는 경우

- 급여 비용: 36,380원×6일= 218,280원
- 본인 일부 부담금: 218,280원×15%= 327,420원

10) 장기요양 인정 조사표의 수발 부담이 큰 항목: 1) '다' 목 '인지 기능 영역' 중 ⑦ 의사소통장애, 2) '라' 목 '행동 변화 영역' 중 ① 망상, ④ 불규칙한 수면, ⑤ 도움에 저항, ⑦ 길 잃음, ⑧ 폭언 · 폭행, ⑨ 밖으로 나가려 함, ⑭ 불결행동

Chapter 9

노인 인권보호 및 노인 학대, 자살 예방

1 노인 인권보호

2 노인 학대 예방 사업

3 학대피해노인 보호사업

4 노인 자살의 개념과 실태

5 노인 자살 예방 사업의 개요

노인들은 건강 수준에 상관없이 존중받고 지켜져야 할 기본적인 권리를 가진다. 이러한 노인 인권보호가 이루어지지 않을 경우에는 학대라는 부정적 삶의 영향 요인을 발생시킨다. 따라서 본 장에서는 재가노인들의 기본적인 인권보호와 재가노인복지 서비스를 제공할 때에 지켜져야 하는 권리 보호 등에 관해 알아보기로 한다. 그 후에 노인학대를 미연에 방지할 수 있도록 하는 예방 서비스들은 무엇이 있으며, 학대가 일어났을 경우에는 어떻게 대처해야 하는지 등 대처 방안에 관해 살펴보기로 한다.

01 노인 인권보호

1) 노인 인권의 개념

인권(人權, human rights)의 사전적 의미는 사람이라면 누구나 태어나면서부터 당연히 가지는 기본적 권리로서 인간답게 존재하기 위해 보장되어야 하는 정치 · 경제 · 사회 · 문화적 권리와 지위 및 자격을 총칭하는 개념이다. 노인 인권이란 노인이 인간답게 살아갈 권리를 의미한다. 그러므로 국가는 이러한 노인 인권의 개념을 바탕으로 노인들이 인간다운 삶을 살아갈 수 있게끔 관련 법적 · 제도적 · 정책적 기준을 정비하고 이를 이행할 제도를 확충해야 한다.

현대 국가에서 노인들의 삶의 질을 보장하기 위한 가장 보편적인 수단 가운데 하나가 노인복지 정책이다. 노인복지란 노인이 인간다운 생활을 유지하면서 자기가 속한 가족과 사회에 적응하고 통합할 수 있도록 필요한 자원과 서비스를 제공하는 데 관련된 공적 및 사적 차원에서의 제반 활동을 의미한다. 따라서 이러한 노인복지정책이 완비되고 실현되기 위해서는 노인 인권에 대한 기본적인 이해와 보장이 전제되어야 한다.

2) 노인 인권보호의 중요성

노인복지의 대상이 되는 노인들은 주로 기본적으로 누려야 할 인권보호에 취약한 노인들이 대부분이며, 평균수명 연장 등으로 인해 지속적으로 증가하는 노인 인구수와 비례하여 인권에 취약한 장기요양 필요노인들이 늘어나고 있다. 이와 같은 추세뿐 아니라 가치관의 변화로 인해 노인에 대한 공경심이 급속히 붕괴되고 있고, 가족 중심의 부양 의식마저 퇴색하면서 그 어느 때보다도 노인 인권보호가 중요하게 되었다.

과거 우리나라의 노인복지제도는 최저 수준 이상의 생활을 보장하는 생존권적 기본권의 충족을 우선시 한 경향이 있었기 때문에 노인이 자신을 사회적 불이익이나 침해로부터 보호하는 자유권적 기본권을 지키는 데는 소극적이었다. 우리나라에서 노인 인권이라는 용어가 사용되기 시작한 것이 비교적 최근의 일이며, 노인 인권이라는 용어보다는 '노인 학대' 라는 용어가 '노인 인권 침해' 와 동일한 의미로 사용되어 왔다. 2004년에 개정된 「노인복지법」에 노인 학대의 신고 · 조사 · 보호 등에 관한 규정이 신설되었고, 2008년부터 노인보호전문기관을 설치 · 운영할 수 있게 됨에 따라 노인 인권에 관심이 점차 높아지고 있다.

아쉬운 점은 인권보호의 대상 중 가장 취약한 계층인 장기요양 필요노인들의 인권보호를 위한 제도적 장치가 미비하다는 것이다. 노인은 대체로 사회적 약자의 지위에 있고, 젊은 사람들에 비해 상대적으로 취약한 위치에 있기 때문에 자신들의 권리를 침해받을 수 있다. 특히 장기요양 필요노인의 경우에는 대부분이 의사결정 능력이 없거나 판단 능력이 부족한 경우가 많고, 이로 인해 기본적인 인권인 행복 추구권, 자유권, 생존권 중 어느 것도 향유할 수 없는 경우가 많다. 따라서 노인들이 노인복지 서비스를 제공받을 뿐 아니라 서비스 제공 과정에서도 인권보호가 제대로 이루어져야 하며, 그렇게 할 때 노인 개개인의 특성에 맞는 삶을 영위하도록 돕고자 하는 노인복지실천의 목표를 이루게 될 것이다.

3) 노인 인권보호를 위한 기본 지침

(1) 노인을 위한 유엔(UN) 원칙

노인의 인권보호를 위해 UN은 1991년 12월 '노인을 위한 유엔 원칙' 을 통해 독립, 참여, 보호, 자아실현, 존엄의 5개 영역 18개 원칙을 발표하였으며(보건복지부, 2000), 마드리드 '고령화 국제행동 계획' 은 건강과 영양, 주택과 환경, 소득보장과 고용, 교육 등에서 취해야 할 98개 권고 조항을 명시하였다(보건복지부, 2002). 우리나라도 이러한 국제조약을 토대로 급격한 인구 고령화에 대비하기 위해 2003년 10월 '인구 고령화 사회 대책팀' 을 발족하였으며, 2004년에는 '저출산 · 고령사회 대응을 위한 국가 실천전략'을 수립하였다. 그러나 이러한 위원회 운영 차원에서의 노인의 권리 보호에는 한계가 있었다.

이후 지속적인 노력을 기울인 결과로 노인의 기본권을 확보하기 위한 주거권 보호, 보호의 사각지대 해소, 신체적 · 정신적 의존 상태에 있는 노인의 건강 보호, 노인교육 프로그램 개발 및 고용 기회 제공 등을 통해 노인의 기본권을 보장하기 위하여, 「노인복지법」 제3조, 「장애인 · 노인 · 임산부 등의 편의증진 보장에 관한 법률」 제6조, 「건강가정 기본법」 제25조, 「교육기본법」 제3조에서는 노인의 권리 보호를 위한 국가 및 지방자치단체의 책임과 가족의 노력을 명시하고 있다. 2006년 1월에는 국가인권정책기본 계획 권고안을 마련하여 노인의 신체적 · 정신적 상황에 맞추어 노인의 생활 욕구에 대응할 수 있는 인적 서비스 체제를 갖추고 노인의 인간다운 삶을 보장하기 위한 근로기회 제공 및 노후 소득보장, 평생교육 체계를 구축할 것을 권고함으로써 보다 적극적인 인권보호 정책이 마련되었다.

우리나라 노인 인권보호의 토대가 된 '노인의 존엄성과 인권보장을 위한 유엔(UN) 원칙'은 다음과 같다(보건복지부, 2000).

① 독립(Independence)

노인들은 첫째, 소득, 가족과 지역사회의 지원 및 자조를 통하여 적절한 식량, 물, 주거, 의복 및 건강보호에 접근할 수 있어야 한다. 둘째, 일을 할 수 있는 기회를 제공 받거나, 다른 소득을 얻을 수 있는 기회에 접근할 수 있어야 한다. 셋째, 직장에서 언제, 어떻게 그만둘 것인지에 대한 결정에 참여할 수 있어야 한다. 넷째, 적절한 교육과 훈련 프로그램에 접근할 수 있어야 한다. 다섯째, 개인의 선호와 변화하는 능력에 맞추어 안전하고 적응할 수 있는 환경에서 살 수 있어야 한다. 여섯째, 가능한 오랫동안 가정에서 거주할 수 있어야 한다.

② 참여(Participation)

노인들은 첫째, 사회에 통합되어야 하며, 그들의 복지에 직접적인 영향을 미치는 정책의 형성과 이행에 적극적으로 참여하고, 그들의 지식과 기술을 젊은 세대와 함께 공유하여야 한다. 둘째, 지역사회 봉사를 위한 기회를 찾고 개방하여야 하며, 그들의 흥

미와 능력에 알맞은 자원봉사자로서 봉사할 수 있어야 한다. 셋째, 노인들을 위한 사회운동을 할 수 있어야 하고, 단체를 형성할 수 있어야 한다.

③ 보호(Care)

노인들은 첫째, 각 사회의 문화적 가치 체계에 따라 가족과 지역사회의 보살핌과 보호를 받아야 한다. 둘째, 신체적 · 정신적 · 정서적 안녕을 최적 수준으로 유지하거나 되찾도록 도움을 받아야 하고, 질병을 예방하거나 질병의 시작을 지연시키는 건강 보호제도에 접근할 수 있어야 한다. 셋째, 그들의 자율과 보호를 고양시키는 사회적 · 법률적인 서비스에 접근할 수 있어야 한다. 넷째, 인간적이고 안전한 환경에서 보호, 재활, 사회적 · 정신적 격려를 제공하는 적정 수준의 시설 보호를 이용할 수 있어야 한다. 다섯째, 그들이 보호시설이나 치료시설에 거주할 때에도 그들의 존엄, 신념, 욕구와 사생활을 존중 받으며, 자신들의 건강 보호와 삶의 질을 결정하는 권리도 존중 받는 것을 포함하는 인간의 기본적인 권리와 자유를 향유할 수 있어야 한다.

④ 자아실현(Self-fulfillment)

노인들은 첫째, 자신들의 잠재력을 완전히 계발하기 위한 기회를 추구하여야 한다. 둘째, 사회의 교육적 · 문화적 · 정신적 그리고 여가에 관한 자원에 접근할 수 있어야 한다.

⑤ 존엄(Dignity)

노인들은 첫째, 존엄과 안전 속에서 살 수 있어야 하며, 착취와 육체적 · 정신적 학대로부터 자유로워야 한다. 둘째, 나이, 성별, 인종이나 민족적인 배경, 장애나 여타 지위에 상관없이 공정하게 대우 받아야 하며, 그들의 경제적인 기여와 관계없이 평가되어야 한다.

(2) 재가노인복지시설에서 지켜야 할 행동강령

보건복지부는 시설에서 생활하는 노인의 인권보호를 위해 '노인복지시설 인권보호 및 안전관리지침' 에 노인복지시설 생활노인의 인권을 명확히 규정하고, 이를 보호하기 위한 시설 운영자, 종사자, 가족, 지역사회 등 관련자들이 취해야 할 구체적인 행동강령을 마련하였다. 재가노인복지시설의 경우에는 주 · 야간보호시설과 단기보호시설이 이에 해당되며, 이용노인의 인권보호를 위해 명시하고 있는 지침은 다음과 같다(보건복지부, 2015d).

- 시설장은 선량한 관리자로서 이용노인의 인권보호를 위하여 최선의 노력을 다하여야 하며, 소속 직원에 대한 정기적인 교육 실시로 이용자의 인권 침해 사례가 발생하지 않도록 적극 노력하여야 한다.
- 시설장은 「노인복지시설 인권보호 및 안전관리지침」에 제시된 방안을 준수하여야 한다.
- 「노인복지법」 제39조 6 제2항에 의거하여 노인복지시설의 장 및 그 종사자는 노인 학대 신고 의무자로서 노인 학대를 알게 된 때에는 즉시 노인보호전문기관 또는 수사기관에 신고하여야 하며, 시설장은 시설노인 학대 예방을 위하여 종사자가 관련 교육을 받을 수 있도록 적극 지원하여야 한다.

(3) 시설생활 노인 권리 보호를 위한 윤리강령

'노인복지시설 인권보호 및 안전관리지침' 에서 명시하고 있는 시설생활 노인 권리 보호를 위한 윤리강령은 존엄한 존재로 대우받을 권리, 질 높은 서비스를 받을 권리, 가정과 같은 환경에서 생활할 권리, 신체적 구속을 받지 않을 권리, 사생활 및 비밀 보장에 대한 권리, 통신의 자유에 관한 권리, 정치 · 문화 · 종교적 신념의 자유에 대한 권리, 소유 재산의 자율적 관리에 대한 권리, 불평의 표현과 해결을 요구할 권리, 시설 내 · 외부 활동 참여의 자유에 대한 권리 및 정보 접근과 자기결정권 행사의 권리를 보장하고 있다. 구체적인 내용들은 다음과 같다(보건복지부, 2015d).

① 존엄한 존재로 대우받을 권리

- 노인의 의사에 반하는 어떠한 노동행위도 시켜서는 안 된다.
- 노인이 시설의 모든 서비스에 자유롭게 접근 또는 이용할 수 있는 기회를 부여해야 한다.
- 생활노인이 시민으로서 또한 노인으로서 갖는 권리를 완전히 행사할 수 있도록, 어떠한 차별, 감금, 방해, 강압 또는 보복 행위를 해서는 안 된다.
- 어떠한 이유로도 신체적 학대, 정서적 학대, 성적 학대, 경제적 착취 또는 가혹행

위, 유기 및 방임 등의 학대 행위를 해서는 안 되며, 학대 행위가 발생했을 경우 관련 법률과 지침에 따라 학대피해노인에 대한 보호 조치를 신속하게 취해야 한다.

- 가족은 면회나 전화 접촉 등을 통하여 노인과의 유대관계를 지속적으로 유지하고, 존경하며, 시설의 서비스나 운영에 관하여 적극 협조하여야 한다.
- 시설은 종사자에게 노인의 권리에 대한 홍보와 교육을 분기별로 실시해야 한다.
- 종사자는 수발 및 서비스 과정에서 노인의 권익신장을 위한 상담과 조치를 적극적으로 취하여야 하며, 노인의 권리가 침해될 우려가 있거나, 침해 받은 경우 이의 회복과 구제를 위한 적극적 조치를 강구하여야 한다.

② 질 높은 서비스를 받을 권리

- 노인의 삶의 질을 증진시키고, 잔존능력을 유지하고, 자립능력을 고양시키기 위한 질 높은 전문적 수발과 서비스를 제공하여야 한다.
- 정기적인 상담을 통해 노인의 개별적 욕구와 선호, 기능 상태를 고려하여 개별화된 서비스와 수발 계획을 수립하고, 이를 적극적으로 이행해야 한다.
- 개인적 선호와 건강 및 기능 상태에 따라 다양한 영양급식을 제공해야 한다.
- 건강에 해롭다는 의학적 판정 없이 노인이 개인적으로 복용하는 약물을 금지시켜서는 안 된다.
- 시설은 종사자의 능력 개발을 위한 직무 훈련과 교육기회를 충분히 부여하여, 이들의 수발 및 서비스 능력을 제고하여야 한다.
- 월별 입소 비용 미납 등의 경제적 이유만으로 시설에서 제공하는 서비스 이용을 제한해서는 안 되며, 노인의 입소 비용 문제 해결을 위한 지지망을 개발하고, 노인의 전원 또는 퇴소 시까지 최선의 서비스를 제공해야 한다.
- 종사자는 직무수행상의 사고로 인하여 노인에게 위험을 초래하지 않기 위해서 직무 안전에 최선을 다해야 한다.

③ 가정과 같은 환경에서 생활할 권리

- 시설은 안전하고 깨끗하며 가정과 같은 환경을 제공하여야 한다.
- 공간이 허용하는 한 개별적인 수납공간을 제공하여야 한다.
- 목욕, 의복 및 침구의 세탁 등 노인의 위생 관리에 만전을 기해야 한다.

- 적절하고 편안한 조명과 음향을 제공하여야 한다.
- 편안하고 안전한 실내온도를 유지하여야 한다.

④ 신체적 구속을 받지 않을 권리

- 생활노인 또는 종사자 등의 생명이나 신체에 위험을 초래할 가능성이 현저히 높거나, 대체할만한 간호나 수발 방법이 없거나, 증상의 완화를 목적으로 불가피하게 일시적으로 신체적 제한을 하는 경우 등의 긴급하거나 어쩔 수 없는 경우를 제외하고는 노인의 의사에 반하는 신체적 제한이나 구속을 해서는 안 된다.
- 긴급하거나 어쩔 수 없는 경우로 인해 일시적으로 신체를 제한하거나 구속할 경우에도 노인의 심신의 상황, 신체 제한을 가한 시간, 신체적 구속을 할 수밖에 없었던 사유에 대하여 자세히 기록하고, 노인 본인이나 가족에게 그 사실을 통지하여야 한다.
- 시설 규정에 위반되거나 또는 의료적 목적을 달성하기 위한 경우를 제외하고는 신체적인 제한이나 심리적인 영향을 미치는 약물을 처방해서는 안 된다.

⑤ 사생활 및 비밀 보장에 대한 권리

- 노인의 사생활을 보장하고, 직무수행 과정에서 얻은 비밀을 철저히 지켜야 하며, 질병과 치료, 통신, 가족 등과 같은 노인의 사생활에 관한 정보나 기록을 사전 동의 없이 공개해서는 안 된다. 다만, 인지능력이 제한된 노인의 경우에는 가족 등 관계자의 동의를 받은 후 노인의 서비스 증진을 위한 전문적 목적에 한하여 정보를 공개할 수 있다.

⑥ 통신의 자유에 대한 권리

- 노인은 자유롭게 전화를 이용하고, 우편물을 발송할 수 있어야 하며, 노인의 우편물을 개봉하지 않는 등 개인적 통신의 권리를 최대한 보장하여야 한다.

⑦ 정치 · 문화 · 종교적 신념의 자유에 대한 권리

- 노인의 정치적 이념을 존중하고, 투표 등의 정치적 권리행사에 부당한 영향력을 행사해서는 안 된다.
- 노인의 종교적 신념을 인정하고, 특정 종교행사 참여의 강요 등 종교적 신념의 변

화를 목적으로 부적절한 영향력을 행사해서는 안 된다.

- 노인의 문화적 다양성을 인정하고, 이에 따른 생활양식의 차이를 최대한 존중하여야 한다.

⑧ 소유 재산의 자율적 관리에 대한 권리

- 노인 개인 소유의 재산과 소유물은 갖거나 이용할 권리를 최대한 보장하고, 이를 스스로 관리할 수 있는 권리를 보장하여야 한다.
- 다만, 노인이 스스로 재산을 관리할 수 있는 능력이 없어 노인이나 가족 또는 기타 후견인의 특별한 요청이 있을 경우에는 시설에서 사용 또는 처분할 수 있으며, 이 경우 분기별 또는 수시로 재정 사용에 대한 결과를 알려주어야 한다.

⑨ 불평의 표현과 해결을 요구할 권리

- 노인의 의견이나 불평을 수렴하기 위한 공식적 절차(예 건의함, 운영위원회 등)를 마련하여 시행하여야 한다.
- 노인이나 가족에 의해 제기된 불평을 즉각적으로 해결하기 위한 조치를 취해야 한다.
- 노인이나 가족이 불평을 제기했다는 이유로 노인에게 차별적 처우나 불이익을 주어서는 안 된다.

⑩ 시설 내·외부 활동 참여의 자유에 대한 권리

- 시설 내의 자발적 모임이나 다른 노인과 사귀고 의사소통할 수 있는 권리를 보장하여야 한다.
- 다른 생활노인의 권리를 침해하지 않는 범위 내에서 자신의 의사에 따라 시설 내부의 다양한 서비스, 여가, 문화 활동에 참여할 수 있는 기회를 부여해야 한다.
- 시설 외부의 건강, 사회, 법률, 또는 다른 서비스 기관의 이용을 적극적으로 조장하고, 필요시 지역사회 서비스를 연계하여야 한다.
- 노인이 원하지 않는 경우를 제외하고는 면회나 방문객을 거부해서는 안 된다.
- 노인의 자유로운 외출, 외박 기회를 최대한 보장하여야 한다.
- 지역사회 주민들은 시설 생활노인의 지역사회 활동 참여를 적극적으로 조장하고 지원하며, 지역사회와의 유대관계 증진을 위하여 노력하여야 한다.

⑪ 정보 접근과 자기결정권 행사의 권리

- 노인의 의사에 반하는 전원 또는 퇴소를 하여서는 안 되며, 불가피한 경우 전원 또는 퇴소 시 그 사유를 통보하고 의사결정 과정에 노인 또는 가족을 참여시켜야 한다.
- 노인이 요구할 경우 건강 상태와 치료, 수발, 제반 서비스에 관한 정보와 기록에 대한 접근을 허용하여야 한다.
- 노인이 의 · 식 · 주, 보건의료 서비스, 여가활용 등 개인의 삶에 영향을 미치는 모든 부분에서 자기결정권을 행사할 수 있도록 해야 한다.
- 노인의 권리 변화, 건강과 일상생활의 변화, 수발 및 의료적 처치의 변화 등과 관련하여서는 충분한 시간을 갖고 사전에 노인과 가족에게 통보하고, 의사결정 과정에 노인 또는 가족을 참여시키고 이들의 결정을 존중하여야 한다.
- 생활노인의 권리, 시설 입 · 퇴소 및 운영과 관련된 시설의 규칙과 규정을 구두 또는 문서로 생활노인과 가족에게 충분히 설명 또는 공지하여야 한다.

02 노인 학대 예방 사업

1) 노인 학대의 정의

앞서 살펴본 바와 같이 노인 인권보호라는 긍정적 측면에서의 노인복지정책은 많지 않은 반면 '노인 학대'라는 용어가 노인 인권 침해와 유사한 의미로 사용되어 왔다. 「노인복지법」(제1조의 2 제4호)에서는 노인 학대를 '노인에 대하여 신체적 · 정신적 · 정서적 · 성적 폭력 및 경제적 착취 또는 가혹행위를 하거나 유기 또는 방임을 하는 것'이라고 정의하고 있다.

따라서 노인 학대는 노인 인권의 극단적인 침해행위로서, 노인 인권 영역 중에서 '인간 존엄권' 영역의 권리를 심각하게 침해하거나 훼손하는 행위에 해당한다. 즉, 노인 학대는 인간으로서 존중받지 못하고, 차별받고, 구금당하고, 가진 것을 빼앗기고, 행복한 삶을 영위할 수 있는 기회를 박탈당하는 가장 심각한 수준의 인권 침해 행위에 해당한다(권중돈, 2012).

이러한 노인 학대에 관한 정의는 일련의 발달 과정을 거쳐서 다차원적으로 개념화되어 왔으며, 그 내용은 다음과 같다(정경희 외, 2007; 권중돈, 2012).

첫째, 노인 학대에 관한 개념 정의의 초기 연구는 주로 학대 행위자의 의도적 행위만을 학대로 규정하였으나 시간이 지남에 따라 행위의 의도성에 관계없이 적절하지 않은 행위로까지 노인 학대의 범위를 확대하고 있다.

둘째, 초기의 노인 학대에 대한 개념 정의가 노인에게 위해 또는 고통을 초래하는 행위에만 국한된 데 비해 최근의 정의에서는 위해가 되는 행동뿐만 아니라 노인의 생활, 복지 더 나아가 권리를 보장하는 데 부족하거나 적절하지 못한 행위까지 포함하고 있다.

셋째, 초기의 노인 학대의 개념 정의가 주로 가족 구성원이나 부양자에 의한 부적절한 행위만을 학대에 포함한 데 비해 최근에는 가족과 부양자는 물론 노인복지시설 종사자, 심지어는 노인 자신에 의한 부적절한 행동까지도 노인 학대에 포함하고 있다.

2) 노인 학대의 유형

(1) 노인 학대의 유형별 내용

노인 학대의 유형은 학대가 일어나는 장소와 학대 행위의 내용에 따라 구분할 수 있다. 학대가 일어나는 장소에 의해 구분하면 가정 내 학대, 시설 내 학대, 자기 방임의 세 가지로 구분할 수 있다. 학대 행위의 내용에 따라서는 보건복지부와 중앙노인보호전문기관에서 제시한 바와 같이 신체적 학대, 정서적 학대, 성적 학대, 경제적 학대, 방임, 자기 방임 및 유기로 구분할 수 있다.

(2) 노인 학대의 유형별 대표적 행위

노인보호전문기관 업무수행 지침에 제시된 노인 학대의 유형별 대표적 행위는 다음과 같다(보건복지부, 2015e).

① 신체적 학대(Physical Abuse)

물리적 힘이나 도구를 이용하여 노인에게 신체적 혹은 정신적 손상, 고통, 장애 등을 유발시키는 행위를 말한다. 대표적 행위는 | 표 9-1 | 과 같다.

표 9-1 신체적 학대

	판정 지표	대표적 행위
1	노인을 폭행한다.	• 노인을 밀치거나 넘어뜨린다. • 노인을 발로 찬다. • 노인을 주먹으로 폭행한다. • 노인의 몸을 벽에 박거나 바닥에 내리치는 행위 등을 가한다. • 노인의 머리나 목, 또는 몸을 강하게 잡거나 흔든다. • 노인의 목을 조른다. • 노인을 손 또는 몸으로 강하게 억압하며 짓누른다. • 노인의 몸을 발로 밟는다. • 노인을 질질 끌고 다닌다. • 노인의 머리채를 잡아당기거나 움켜잡아 뽑는다. • 노인을 할퀴거나 꼬집는다. • 노인을 입으로 물어뜯는다. • 몽둥이, 빗자루 등의 도구로 노인을 폭행한다. • 물건을 던져 노인에게 상해를 입힌다. • 칼이나 흉기를 사용하여 노인에게 상해를 입힌다. • 담뱃불 또는 도구를 이용하여 노인에게 화상을 입힌다.

판정 지표		대표적 행위
2	노인을 제한된 공간에 강제로 가두거나, 노인의 거주지 출입을 통제한다.	• 노인을 집 안의 제한된 공간에서 나가지 못하게 통제한다. • 노인을 집 밖으로 나가지 못하게 통제한다. • 노인을 제한된 공간에 장치(자물쇠 등)를 설치하여 출입을 통제한다. • 노인을 집 밖으로 끌어낸다. • 노인을 집 밖으로 쫓아낸다. • 노인을 집에 들어오지 못하게 한다. • 노인의 거주지 주변 출입을 통제한다.
3	노인의 신체를 강제로 억압한다.	• 노인을 침대 등에 묶어 움직이지 못하게 한다. • 노인의 신체 일부 또는 모두를 사용하지 못하게 장치(예 끈으로 묶어두기, 수갑 채우기, 손 · 발목 묶기 등)를 설치한다.
4	신체적 해를 가져올 위험성이 큰 행위로 노인을 협박하거나 위협한다.	• 칼이나 가위 등 흉기를 사용하여 노인을 협박하거나 위협한다. • 물건을 던지거나 기물 파손을 하는 등의 행위로 노인을 협박하거나 위협한다.
5	노인의 신체적 생존을 위협할 수 있는 행위를 한다.	• 노인을 기본 생존 유지에 필요한 장치(가스, 난방, 전기, 수도)로부터 단절시킨다. • 노인을 기본 생존 유지에 필요한 식사 또는 음료를 보관하는 물품(밥통, 냉장고)으로부터 단절시킨다. • 노인을 기본 생존 유지에 필요한 식사 또는 음료로부터 단절시킨다. • 노인을 치료 및 생존 유지에 필요한 약물(심장 관련, 당뇨, 혈압 등)로부터 단절시킨다.
6	약물을 사용하여 노인의 신체를 통제하거나 생명을 저해한다.	• 노인에게 의료적으로 불필요한 약물이나 주사를 강제로 복용 · 투입하게 한다.
7	노인이 원하지 않거나 수행하기 어려운 노동을 하게 한다.	• 노인이 원치 않는 의사를 보였음에도 불구하고 일(노동)을 하도록 강요한다. • 노인을 강제로 수감하거나 위협하여 일(노동)을 강요한다. • 노인이 일을 수행하기 어려운 정신 및 신체적 상황임에도 불구하고 일(노동)을 하도록 강요한다. • 노인에게 정신 및 신체적 악화를 가져올 수 있는 일 또는 조건에서 일(노동)을 하도록 강요한다.

| 출처 | 보건복지부(2015e). 2015년 노인보호전문기관 업무수행지침. pp. 6–7.

② 정서적 학대(Emotional Abuse)

비난, 모욕, 위협 등의 언어 및 비언어적 행위를 통하여 노인에게 정서적으로 고통을 유발시키는 행위를 말한다. 대표적 행위는 | 표 9-2 | 와 같다.

표 9-2 정서적 학대

판정 지표		대표적 행위
1	노인과의 접촉을 기피한다.	• 노인을 쳐다보지 않고 무시한다. • 노인에게 말을 걸지 않거나 대화를 하지 않는다. • 노인의 말과 행동을 지속적으로 무시하고 반응을 보이지 않는다. • 노인의 일상생활(식사, 일상물품 사용 등)을 타가구원과 별도로 하게 한다.
2	노인의 사회관계 유지를 방해한다.	• 노인이 친구나 친지들과 만나거나 연락하는 것을 방해한다. • 노인의 친구나 친지 등이 방문하는 것을 싫어한다. • 비방이나 폭력적 행동 등으로 타인이 노인과의 관계를 유지하는 것을 싫어하게 만든다. • 노인의 일상적인 사회 활동이나 종교 활동을 노골적으로 방해한다. • 비방이나 유언비어로 노인의 경제 활동을 저해한다. • 노인의 이성교제를 방해한다.
3	노인을 위협·협박하는 언어적 표현이나 감정을 상하게 하는 행동을 한다.	• "죽이겠다."고 협박한다. • "시설로 보낸다." 또는 "집에서 나가라!" 등의 위협·협박을 한다. • 노인의 요구를 무조건 무시한다. • 노인에게 고함을 지르거나 욕을 한다. • 노인에게 혐오스러운 말을 한다. • 노인이 수치심을 느끼게 하는 모욕적인 말을 한다. • 자존심을 상하게 하는 말을 한다. • 노인에게 창피를 준다. • 노인을 비웃거나 조소를 한다. • 노인을 재앙을 가져오는 사람으로 취급한다.
4	노인과 관련된 결정 사항에 대해서 의사결정 과정에서 소외시킨다.	• 노인의 거취 결정에서 노인을 배제시킨다. • 노인의 소지품 처분을 결정할 때 노인의 의사를 반영하지 않는다. • 노인을 집안 경조사에 참여시키지 않는다.

| 출처 | 보건복지부(2015e). 2015년 노인보호전문기관 업무수행지침. pp. 6–7.

③ 성적 학대(Sexual Abuse)

성적 수치심 유발행위 및 성폭력, 성희롱, 성추행, 강간 등 노인의 의사에 반하여 강제적으로 행하는 모든 성적 행위를 말한다. 대표적 행위는 | 표 9-3 | 과 같다.

표 9-3 성적 학대

	판정 지표	대표적 행위
1	노인에게 성폭력을 행한다.	• 노인이 원치 않음에도 불구하고 강제적으로 성관계를 갖는다. • 노인이 원치 않음에도 불구하고 강제적으로 성관계를 강요 또는 시도한다. • 노인이 원치 않음에도 불구하고 입맞춤, 애무 등을 요구한다. • 노인이 원치 않음에도 불구하고 가슴이나 엉덩이 등 신체 일부를 만진다. • 판단 능력이 없거나 의사표현을 할 수 없는 노인을 성폭행한다.
2	노인에게 성적 수치심을 주는 표현이나 행동을 한다.	• 노인의 신체를 빗대어 혐오감을 주는 언행을 한다. • 성적 언행 등으로 노인에게 굴욕감이나 혐오감을 느끼게 한다. • 사람들이 보고 있음에도 불구하고 노인의 성적 부위를 드러내고 옷 또는 기저귀를 교체한다. • 사람들이 보고 있음에도 불구하고 노인을 알몸으로 목욕시킨다. • 원하지 않거나, 판단 능력이 부족한 노인임에도 불구하고 성적 신체 부위를 몰래 촬영한다. • 노인이 원치 않음에도 불구하고 학대행위자의 성기 및 자위행위를 보게 한다. • 노인이 원치 않음에도 불구하고 포르노 잡지나 비디오를 보게 한다. • 원하지 않거나, 판단능력이 부족한 노인임에도 불구하고 노인의 성적 신체 부위 전체 또는 일부를 알몸으로 노출시켜 놓는다.

| 출처 | 보건복지부(2015e). 2015년 노인보호전문기관 업무수행지침. pp. 6-7.

④ 경제적 학대(Financial Abuse/Exploitation)

노인의 의사에 반(反)하여 노인으로부터 재산 또는 권리를 빼앗는 경제적 착취, 노인 재산에 관한 법률권리 위반 등 경제적 권리와 관련된 의사결정에서 통제하는 행위를 말한다. 대표적 행위는 | 표 9-4 | 와 같다.

표 9-4 경제적 학대

	판정 지표	대표적 행위
1	노인의 소득 및 재산, 임금을 가로채거나 임의로 사용한다.	• 노인의 허락 없이 임금, 연금, 임대료, 재산 등을 가로챈다. • 의사표현 능력이 없는 노인의 연금, 재산 등을 가로챈다. • 노인의 허락 없이 저축, 주식 등을 임의로 사용한다. • 공적부조(예 국민기초생활보장 수급자 생계비) 급여를 가로채거나 임의로 사용한다. • 노인의 허락 없이 노인명의의 은행계좌로부터 현금을 인출하여 사용한다. • 노인의 허락 없이 노인 소유의 귀중한 물건을 빼앗는다. • 노인 소유의 귀중한 물건을 파괴하는 등 재산적 피해를 준다. • 노인에게 빌린 돈을 갚지 않거나 귀중한 물건을 돌려주지 않는다. • 노인의 노동에 대한 대가를 정당하게 지급하지 않는다.
2	노인의 재산에 관한 법률적 권리를 침해하는 행위를 한다.	• 노인 소유의 부동산을 노인의 동의 없이 임의로 사용하거나 강제로 명의 변경한다. • 노인의 허락 없이 수표 및 기타 금융 · 법적 서류에 서명을 날조한다. • 노인의 허락 없이 노인의 신용을 이용하여 이익을 취한다(명의 도용). • 노인의 허락 없이 노인 명의로 은행 등에서 대출을 받는다. • 노인의 허락 없이 노인 명의의 은행계좌, 보험 등을 해약한다. • 사기나 강압, 부당한 위력으로 유언장, 계약서, 위임장 등에 서명을 허위로 작성하거나 변조한다. • 대리권을 노인이 원하지 않는 방법으로 악용한다. • 노인 부양을 전제로 재산 상속을 약속 또는 증여하였으나, 부양의무를 이행하지 않는다.
3	노인의 재산 사용 또는 관리에 대한 결정을 통제한다.	• 노인이 희망하는 재산 사용을 이유 없이 제한하거나 강요한다. • 노인 자신의 돈을 일상생활에서 마음대로 사용하지 못하게 한다. • 노인의 재산을 노인이 원하지 않는 방법으로 사용하도록 강요한다. • 노인의 재산 관리 관련 결정을 제한하거나 강요한다. • 노인 명의의 재산을 불법적으로 소유하려고 협박한다. • 수표 및 기타 금융 · 법적 서류에 서명을 강요한다.

| 출처 | 보건복지부(2015e). 2015년 노인보호전문기관 업무수행지침. pp. 6-7.

⑤ 방임(Neglect)

부양의무자로서의 책임이나 의무를 거부, 불이행 혹은 포기하여 노인의 의 · 식 · 주 및 의료를 적절하게 제공하지 않는 행위, 필요한 생활비, 병원비 및 치료, 의 · 식 · 주를 제공하지 않는 행위를 말한다. 대표적 행위는 | 표 9-5 | 와 같다.

표 9-5 방임

	판정 지표	대표적 행위
1	거동이 불편한 노인의 의·식·주 등 일상생활 관련 보호를 제공하지 않는다.	• 스스로 식사하기 힘든 노인을 방치한다. • 스스로 배변 처리가 어려운 노인을 방치한다. • 노인 스스로 청결 유지(예 목욕, 빨래 등) 또는 환경 관리(청소 등)가 불가능함에도 불구하고 이를 방치한다. • 심각한 질환(예 치매 등)이 있는 노인을 홀로 거주하게 한다. • 노인에게 안정된 주거공간을 제공하지 않고 떠돌게 한다. • 노인이 부적절한 주거공간(예 컨테이너 등)에 거주하는 것을 방치한다.
2	경제적 능력이 없는 노인의 생존을 위한 경제적인 보호를 제공하지 않는다.	• 경제적 능력이 없는 노인의 기본적 생존을 위한 생활비를 지원하지 않거나 중단한다. • 경제적 능력이 없는 노인의 생활 관련 업무(예 세금 및 각종 요금 납부)를 방치한다. • 경제적 능력이 없는 노인의 사회적 활동(예 용돈, 종교 활동비, 경조사비 등)을 위한 경제적 지원을 제공하지 않는다.
3	의료 관련 욕구가 있는 노인에게 의료적 보호를 제공하지 않는다.	• 노인에게 필요한 보장구(예 틀니, 보청기, 돋보기, 지팡이, 휠체어 등)를 제공하지 않는다. • 노인에게 필요한 의료적 처치를 제공하지 않거나 거부·방해하거나 혹은 소홀히 한다. • 질병으로 인해 거동이 불편한 노인의 간병을 소홀히 한다(예 악취, 욕창, 염증 등 발생).
4	자신을 돌보지 않거나, 돌봄을 거부함으로써 노인의 생명이 위협받는다(자기 방임).	• 노인 자신이 의료 처치 또는 약복용 등 의사의 지시에 따른 치료 행위를 거부한다. • 건강, 생활, 환경 등의 위험한 상황에서 노인이 도움을 요청하지 않거나 거부한다. • 노인 스스로 생존을 위해 필수적인 의·식·주 관련 행위를 거부함으로써 생명이 위협받는다. • 일상생활 수행을 위한 신체적·정신적 능력을 상실한 노인이 돌봄을 거부함으로써 생명이 위협받는다. • 건강에 치명적임에도 불구하고 노인이 약물이나 알코올 남용을 지속한다. • 노인이 자살을 시도한다.

| 출처 | 보건복지부(2015e). 2015년 노인보호전문기관 업무수행지침. pp. 11-12.

⑥ 유기(Abandonment)

보호자 또는 부양의무자가 노인을 버리는 행위를 말한다. 대표적 행위는 | 표 9-6 | 과 같다.

표 9-6 유기

판정 지표		대표적 행위
1	의존적인 노인을 유기한다.	• 노인과 연락을 두절하거나 왕래를 하지 않는다. • 노인을 시설, 병원에 입소시키고 연락과 왕래를 두절한다. • 인지 기능을 상실한 노인(예 치매, 약물중독, 알코올중독, 정신 질환 등)을 고의적으로 가출 또는 배회하게 한다. • 노인을 낯선 장소에 버린다. • 배회하는 상태에서 발견된 노인에 대하여 부양의무자가 부양의무 이행을 거부한다.

| 출처 | 보건복지부(2015e). 2015년 노인보호전문기관 업무수행지침. p. 12.

3) 노인 학대 관련 법규

다음은 법제처 국가법령정보센터(http://law.go.kr)에서 각각의 법률들을 참조하였다.

(1) 노인복지법

「노인복지법」에서는 제1조의 2항에 노인 학대의 정의를 명시하고 있으며, 제39조의 4에 노인 학대를 예방하고 수시로 신고를 받을 수 있도록 긴급전화를 설치하도록 하고 있다. 이 밖에도 노인 학대의 신고의무와 절차, 신고자의 신분보장 및 미신고시 처벌 사항 등을 명시하고 있다.

① 노인 학대의 신고 의무

일반인은 권고 사항으로 누구든지 노인 학대를 알게 된 때에는 노인보호전문기관 또는 수사기관에 신고할 수 있다. 신고인의 신분 보호 및 신원노출금지 의무를 위반한 자는 1년 이하의 징역 또는 300만 이하의 벌금에 처한다(제57조 제3호). 반면, 관련 업무 종사자는 의무 사항으로서 그 직무상 노인 학대를 알게 된 때에 즉시 노인보호전문기관 또는 수사기관에 신고하여야 한다(제39조의 6). 신고 의무자의 범위는 다음과 같다.

- 의료기관에서 의료업을 행하는 의료인
- 노인복지시설의 장과 그 종사자 및 노인복지 상담원
- 장애인복지시설에서 장애노인에 대한 상담 · 치료 · 훈련 또는 요양을 행하는 자
- 가정폭력 관련 상담소 및 가정폭력피해자 보호시설의 장과 그 종사자

- 사회복지전담공무원, 사회복지관, 부랑인 및 노숙인 보호를 위한 시설의 장과 그 종사자
- 장기요양기관 및 재가장기요양기관의 장과 그 종사자
- 119구급대의 구급대원
- 건강가정지원센터의 장과 그 종사자

② 노인 학대에 관한 처벌 규정

누구든지 노인의 신체에 폭행을 가하거나 상해를 입히는 행위, 노인에게 성적 수치심을 주는 성폭행 · 성희롱 등의 행위, 자신의 보호 감독을 받는 노인을 유기하거나 의 · 식 · 주를 포함한 기본적 보호 및 치료를 소홀히 하는 행위, 노인에게 구걸을 하게 하거나 노인을 이용하여 구걸하는 행위, 노인을 위하여 증여 또는 급여된 금품을 그 목적 외의 용도로 사용하는 행위 등을 하여서는 안 된다고 규정하고 있다. 또한 이러한 규정을 어길 경우에는 다음과 같은 처벌을 받는다(제39조의 9).

- 신체에 상해를 입히는 행위: 7년 이하의 징역 또는 2천만 원 이하의 벌금형(제55조의 2)
- 신체에 폭행을 가하는 행위, 성적 수치심을 주는 성폭행 · 성희롱 등의 행위, 유기하거나 의 · 식 · 주를 포함한 기본적 보호, 치료를 소홀히 하는 방임 행위, 구걸하게 하거나 노인을 이용하여 구걸하는 행위: 5년 이하의 징역 또는 1천 5백만 원 이하의 벌금(제55조의 3)
- 정당한 사유 없이 사고 또는 치매 등의 사유로 인하여 보호자로부터 이탈된 노인(실종 노인)을 신고하지 아니하고 보호한 자: 5년 이하의 징역 또는 1천만 원 이하의 벌금(제55조의 3)
- 노인을 위하여 증여, 급여된 금품을 목적 외의 요소에 사용하는 행위: 3년 이하의 징역 또는 1천만 원의 벌금(제55조의 4)
- 신고인 신분 보호 및 신원노출 금지의무 위반자: 1년 이하의 징역 또는 3백만 원 이하의 벌금(제57조의 3)
- 노인 학대를 신고하지 아니한 자: 300만 원 이하의 과태료(제61조의 2)
- 현장 조사를 방해하거나 업무방해자: 2백만 원 이하의 과태료

(2) 민법

민법 제4편(친족)에서는 제974조에서 직계혈족 및 그 배우자 간 및 친족 간에 서로 부양의 의무가 있음을 규정하고 있다.

(3) 형법

자기 또는 배우자의 직계존속에 대하여 상해한 자(제257조), 존속유기자(제271조), 존속감금자(제276조)는 10년 이하의 자격정지 또는 1천만 원 이하의 벌금에 처한다. 또한 존속폭행 시(제260조), 존속 학대 시(제273조), 존속협박 시(제283조)에는 5년 이하의 징역 또는 700만 원 이하의 벌금에 처한다고 명시하고 있다.

(4) 노인장기요양보험법

제37조 제1항의 제6호에는 신체에 폭행을 가하거나 상해를 입히는 행위, 노인에게 성적 수치심을 주는 성폭행 · 성희롱 등의 행위, 자신의 보호 감독을 받는 노인을 유기하거나 의 · 식 · 주를 포함한 기본적 보호 및 치료를 소홀히 하는 행위를 한 경우는 업무정지 3개월부터 지정 취소(폐쇄명령)까지 단계별 행정처분을 명하고 있다.

4) 노인 학대 예방 사업의 수행 체계

(1) 노인 학대 예방 사업 수행기관: 노인보호전문기관

노인 학대 예방과 개입을 위한 사회복지적 실천은 크게 노인 학대 예방 사업과 학대피해노인 보호사업으로 나눌 수 있다. 「노인복지법」에서는 국가와 지방자치단체가 노인 학대의 예방, 발견, 보호 등을 전담하는 노인보호전문기관을 설치 · 운영하도록 규정하고 있으며(제39조의 5), 학대피해노인의 보호 조치를 위해 학대피해노인 쉼터를 운영하도록 명시하고 있다(「노인복지법」 시행규칙 제29조의 14 제1호). 노인보호전문기관은 노인 학대 관련 업무를 전담하는 유일한 기관으로 2015년 12월 현재 1개의 중앙 노인보호전문기관과 29개의 지역 노인보호전문기관이 있다. 노인 학대 예방 사업의 수행 체계는 | 그림 9-1 | 과 같다.

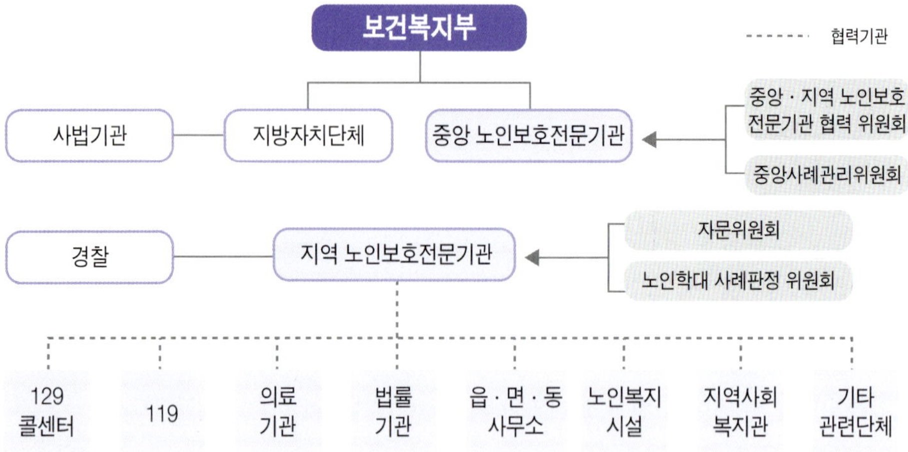

| 출처 | 보건복지부(2015a). 2015년 노인보건복지사업안내.

| 그림 9-1 | 노인 학대 예방 사업의 수행 체계

(2) 주요 업무

중앙 노인보호전문기관은 노인 학대 예방 및 노인인식 개선을 통하여 행복한 노후생활 영위 및 노인복지증진에 기여함을 목적으로 하고 있으며, 주요 업무는 ① 노인 인권보호를 위한 관련 정책 제안, ② 노인 인권보호를 위한 연구 및 프로그램의 개발, ③ 노인 학대 예방의 홍보, 교육 자료의 제작 및 보급, ④ 노인보호 전문 사업 관련 실적 취합, 관리 및 대외 자료 제공, ⑤ 지역 노인보호전문기관의 관리 및 업무 지원, ⑥ 지역 노인보호전문기관 상담원의 심화교육 실시, ⑦ 관련 기관 협력 체계의 구축 및 교류, ⑧ 학대받은 노인의 단기보호, ⑨ 노인보호 전산시스템 운영 및 관리 등이 있다.

지역 노인보호전문기관은 노인 학대 신고전화 운영과 노인 학대 의심 사례에 대한 현장 조사를 실시한다. 주요 사업으로는 상담 사업, 교육 사업, 홍보 사업 및 지역사회 연계 사업 등이 있다.

- 상담 사업: 피해노인 및 노인 학대자에 대한 상담, 피해노인 가족 관련자와 관련기관에 대한 상담과 상담 및 서비스 제공에 따른 기록과 보관 업무를 실시한다.
- 교육 사업: 일반인을 대상으로 한 노인 학대 예방교육, 노인 학대 행위자를 대상으로 한 재발방지 교육, 노인 학대 신고의무자 등에 대한 노인 학대 예방교육 등을

실시한다.

- 홍보 사업: 다양한 홍보매체를 활용하여 노인 학대의 심각성 및 실태를 홍보함으로써 노인 학대에 대한 사회적 인식 확산 및 노인차별 해소를 도모하고, 지역사회 내 노인보호전문기관에 접근성을 높여 노인 학대 예방과 노인의 권익 보호에 목적을 둔다.
- 지역사회 연계 사업: 관련 기관과 협약 및 연계망 구축을 통해 지역사회 내 노인보호전문기관의 입지를 강화하고 유기적 서비스망을 활용하여 학대피해노인의 삶의 질 향상을 도모한다. 지역사회의 보건복지 서비스가 피해노인 등에게 제공될 수 있도록 관련 기관과의 협력 체계를 구축하고, 피해노인의 치료를 의료기관에 의뢰하거나 노인복지시설에 입소를 의뢰한다. 이 밖에도 피해노인을 일시적으로 보호하기 위한 시설의 운영과 자문위원회 및 노인 학대 사례 판정위원회 운영 등의 사업이 있다.

03 학대피해노인 보호사업

1) 노인 학대 현황

다음은 보건복지부 · 중앙노인보호전문기관(2015)의 2014년 「노인 학대 현황보고서」를 참조하였다.

(1) 노인 학대 신고접수 건수

2014년 한 해 동안 전국 노인보호전문기관에 신고접수 및 상담이 진행된 사례를 중심으로 노인 학대 현황을 분석한 자료에 의하면 노인 학대 신고접수 건은 10,569건이었으며, 이 중에서 현장 조사와 상담 진행을 통하여 확인된 학대 사례는 3,532건이었다. 이는 전년도 대비 전체신고 건수는 4%, 학대 사례의 경우는 0.3% 증가한 수치이다.

표 9-7 노인 학대 신고접수 건수 (단위: 건, %)

일반 사례	학대 사례	계
7,037	3,532	10,569
66.6	33.4	100.0

| 출처 | 보건복지부 · 중앙노인보호전문기관(2015). 2014년 노인 학대 현황보고서.

(2) 학대 발생 장소

전체 학대 사례 3,532건 중 노인 학대 발생 장소는 가정 내 학대가 2,983건(84.5%), 생활시설 246건(7.0%), 병원 100건(2.8%) 순으로 나타나 가정 내 학대가 가장 높게 나타났다. 매년 가정 내 학대 신고 건수가 가장 큰 비중을 차지하고 있어 가정 내 학대 발생 예방과 더불어 사례 발굴 강화를 위한 노력이 필요함을 알 수 있다.

표 9-8 학대 발생 장소 (단위: 건, %)

가정 내	생활시설	이용시설	병원	공공장소	기타	계
2,983	246	44	100	74	85	3,532
84.5	7.0	1.2	2.8	2.1	2.4	100.0

| 출처 | 보건복지부 · 중앙노인보호전문기관(2015). 2014년 노인 학대 현황보고서.

(3) 학대 유형별 현황

여러 유형의 노인 학대가 동시에 발생하는 것으로 나타났으며, 다중 응답으로 집계한 결과에 의하면 학대 유형 건수는 총 5,772건으로 나타났다. 정서적 학대가 2,169건(37.6%)로 가장 높았으며, 신체적 학대 1,426건(24.7%), 방임 984건(17%), 경제적 학대 521건(9.0%), 자기 방임 463건(8.0%) 등의 순이었다.

표 9-9 학대 유형 현황(중복 포함) (단위: 건, %)

신체적 학대	정서적 학대	성적 학대	경제적 학대	방임	자기 방임	유기	계
1,426	2,169	131	521	984	463	78	5,772
24.7	37.6	2.3	9.0	17.0	8.0	1.4	100.0

| 출처 | 보건복지부 · 중앙노인보호전문기관(2015). 2014년 노인 학대 현황보고서.

특히 자기 방임 유형의 경우는 2012년 대비 소폭 감소하였지만 2005년 이후 꾸준히 증가 추세에 있으며, 이는 학대피해노인 중 노인 단독 가구의 증가와 함께 학대 행위자 중 학대피해노인 본인인 경우가 증가한 것에 그 원인을 찾을 수 있다. 따라서 독거노인들의 건강 상태와 영양 상태를 점검하고, 외롭지 않도록 돌보는 재가노인복지 서비스의 필요성이 더욱 절실한 상황을 보여준다고 할 수 있다.

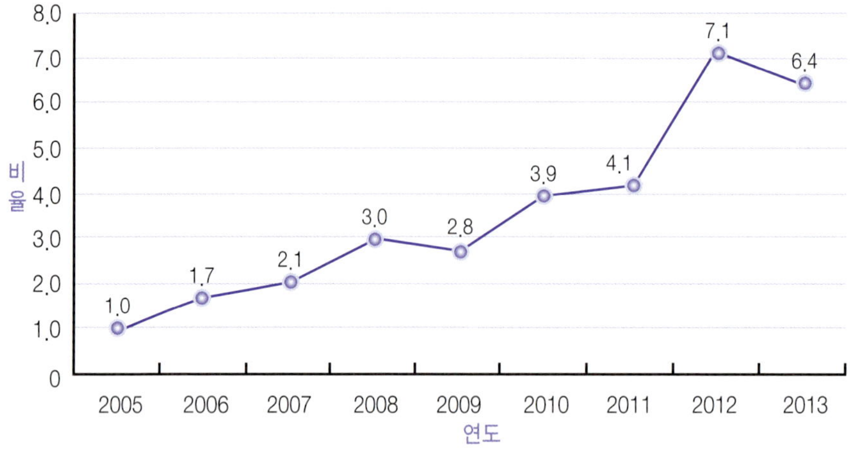

| 출처 | 보건복지부 · 중앙노인보호전문기관(2015). 2014년 노인 학대 현황보고서. 재구성.

| 그림 9-2 | 연도별 자기 방임 증가 비율

(4) 학대 행위자 유형

전체 학대 행위자 3,876건에 대한 학대피해노인과의 관계를 살펴보면 아들이 1,504명(38.8%)으로 가장 높게 나타났고, 배우자가 588명(15.2%), 딸이 476명(12.3%) 순으로 나타났다. 전체 학대 행위자 중 노인의 아들, 배우자, 딸, 며느리, 손자녀, 사위 등 친족의 경우가 2,882건(74.3%)으로 나타났으며, 학대 행위자가 본인인 자기 방임의 경우는 463건(11.9%)에 해당되었다. 이는 2005년 23건에서 2014년 463건으로 20배 이상 증가한 수치로 재가노인들을 대상으로 하는 학대 예방 사업이 강화되어야 함을 보여준다.

표 9-10 학대 행위자 유형 (단위: 건, %)

피해자 본인	친족							타인	기관	계
	배우자	아들	며느리	딸	사위	손자녀	친척			
463	588	1,504	184	476	18	56	56	246	285	3,876
11.9	15.2	38.8	4.7	12.3	0.5	1.4	1.4	6.3	7.4	100.0

| 출처 | 보건복지부 · 중앙노인보호전문기관(2015). 2014년 노인 학대 현황보고서.

(5) 학대피해노인 가구 형태

학대피해노인의 가구 형태를 살펴보면 노인 단독 가구가 1,172명(33.2%)으로 가장 높았고, 자녀 동거가 932명(26.4%), 노인부부가 701명(19.8%) 등의 순으로 나타났다. 2011년까지는 자녀 동거 가구가 가장 비율이 높았으나, 2012년부터 노인 단독 가구가 가장 높은 비율을 보이고 있다. 노인 단독 가구의 경우 2011년 970건, 2012년 1,140건, 2013년 1,141건, 2014년 1,172건으로 증가하였다.

표 9-11 학대피해노인 가구 형태 (단위: 건, %)

노인 단독	노인부부	자녀 동거	손자녀 동거	자녀 · 손자 동거	기타	계
1,172	701	932	123	244	360	3,532
33.2	19.8	26.4	3.5	6.9	10.2	100.0

| 출처 | 보건복지부 · 중앙노인보호전문기관(2015). 2014년 노인 학대 현황보고서.

2) 학대 발생 시 대처 방법

(1) 노인 학대 사례 스크리닝

노인 학대가 의심되는 경우에는 | 표 9-12 | 의 노인 학대 사례 스크리닝 점검표에 의거하여 노인 학대 여부를 점검해야 한다.

표 9-12 노인 학대 사례 스크리닝 점검표

신고접수번호			
담당자/작성자명		작성 일자	20 년 월 일
피해노인 성별	□ 남 □ 여	피해노인 연령	세

영역	지표	없음	있음	파악 불가	비고
학대 피해 노인 특성	• 즉각적인 의료 조치 또는 분리 보호가 필요하다.	0	3		가산점 + 2
	• 학대로 판정할 가능성이 크다.	0	1		
	• 학대로부터 피신 중이다.	0	1		
	• 노인이 신체적으로 취약하다.	0	1		
	• 노인이 정신적으로 취약하다.	0	1		
	• 노인이 학대 상황을 벗어나려는 의지가 없다.	0	1		
	• 노인의 모습이나 생활환경이 불결하다.	0	1		
학대 행위자 특성	• 행위자를 두려워 한다.	0	1		
	• 행위자가 정신적으로 취약하다.	0	1		
	• 행위자가 폭력 성향을 가지고 있다.	0	2		가산점 + 1
가족 특성	• 가족 갈등이 지속되어 왔다.	0	1		
	• 가족과 단절되어 있다.	0	1		
노인 학대 실태	• 노인에게 정서적 고통을 준다.	0	1		
	• 노인에게 위협을 한다.	0	1		
	• 노인에게 폭력을 가한다.	0	2		가산점 + 1
	• 노인에게 성적 수치심을 갖게 하거나 성폭력을 행사한다.	0	1		
	• 노인에게 경제적 손해를 입힌다.	0	1		
	• 노인이 버려져 있다.	0	2		가산점 + 1
	• 노인이 방치되어 있다.	0	2		가산점 + 1
합계					점

사정 결과	□ 응급(17점 이상) □ 비응급(8~16점) □ 잠재적(4~7점) □ 일반(3점 이하)				
학대 심각성	매우 심각하다	대체로 심각한 편이다	보통이다	별로 심각하지 않은 편이다	전혀 심각하지 않다
	□ 5	□ 4	□ 3	□ 2	□ 1
특이 사항					
접수 판정	□ 응급 학대 □ 비응급 학대 □ 잠재적 학대 □ 일반 사례				
상담원 소견	※ 사정 결과와 조치 결과의 불일치 사유를 작성함				

| 출처 | 보건복지부(2015a). 2015년 노인보건복지사업안내. 일부 수정.

(2) 노인 학대 신고

노인 학대가 발생했을 경우에는 상황에 따라 절차가 다르다. 응급 상황일 경우에는 먼저 주위 사람들에게 도움을 요청하고 피신을 한 후에 신고를 한다. 이때 증거를 확보해 둘 필요가 있다. 또한 피신할 때는 현금, 신분증, 인감, 카드, 약 등을 챙겨야 한다. 응급하지 않는 상황일 경우에는 차분히 절차에 따라 신고하고 증거를 확보한다. 학대 신고 시 도움 과정은 다음과 같다.

- 신고: 1577-1389 또는 국번 없이 129
- 접수: 학대 관련 피해 노인 이름, 주소, 연락처, 학대 상황 파악
- 현장 방문 조사: 학대피해노인을 만나 구체적인 상황과 정보 수집
- 학대 사례 판정: 노인 학대 여부 판정 및 서비스 계획
- 서비스 제공: 상담 법률, 의료, 쉼터 입소 등
- 평가 및 종결: 학대피해노인 안전 확인 후 종결
- 사후 관리: 종결 이후 지속적 관심으로 노인 학대 재발 방지

노인보호전문기관 이외에도 노인 학대에 관한 상담이나 신고에 도움을 받을 수 있는 기관은 다음과 같다.

- 국가인권위원회
  - 인권 상담: 국번 없이 1331
  - 상담 시간: 평일 09:00~18:00
  - 방문 상담: 국가인권위원회 인권상담센터 7층 평일 09:00~17:00
- 한국생명의전화연맹
  - 상담전화: 전국 어디서나 1588-9191
  - 24시간 운영
  - 전국에 19개의 센터
  - 대표전화 ☎ (02) 763-9195
- (사)한국노인의 전화
  - 전국에 12개 지부 운영
  - 대표전화 ☎ (02) 303-0070

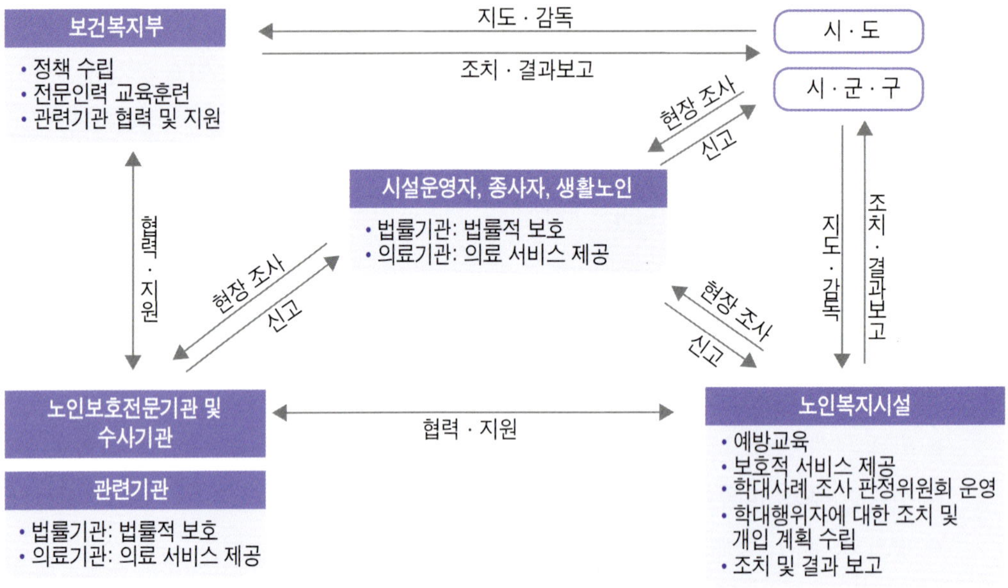

| 출처 | 보건복지부(2015a). 2015년 노인보건복지사업안내.

| 그림 9-3 | 노인 학대 사례 처리 절차

(3) 학대피해노인을 위한 서비스

학대피해노인을 위한 서비스로는 상담 서비스, 복지 서비스 및 법률 서비스가 있다. 상담 서비스로는 피해자 개별 상담, 피해자 집단 상담, 가족 상담, 관련자 상담 및 심리 및 기타 검사가 있다. 복지 서비스로는 국민기초생활보장수급권 연결, 긴급복지 지원 연결, 가족 지원 서비스 연결, 재가 서비스 연결, 노인돌봄 기본 서비스 연계, 사회복지 서비스 연결, 기타 자원 연결, 후원 연결, 직접 후원 등이 있다. 법률 서비스로는 법률 상담 연결, 법률소송 지원, 학대행위자 고소 · 고발 등을 지원한다.

표 9-13 서울시 '인권 침해 무료법률 상담 서비스'

구분	주요 내용
일시	• 매주 화요일 오전 10~11시
장소	• 서울시청 서소문별관 1동 1층 다산플라자
상담 내용 및 대상	• 성별, 종교, 장애, 나이 등을 이유로 차별을 받거나, 욕설이나 폭력 등 피해를 입고도 대책을 마련하지 못하고 있는 사회적 약자 등 시민
복지시설 인권 침해	• 서울시 및 소속 행정 기관, 자치구, 시의 사무위탁 기관, 시의 지원을 받는 각종 복지 시설 등에서 받은 인권 침해에 대해서는 필요한 경우 조사를 실시해 시정 조치
예약 방법	• 전화(02-2133-6378~9) • 서울시 법무행정 서비스 홈페이지(http://legal.seoul.go.kr)

| 출처 | 서울특별시 홈페이지(http://www.seoul.go.kr).

3) 학대피해노인 전용쉼터

(1) 보호 노인 현황

자살 예방 노인 전용쉼터는 학대피해노인에 대한 일정기간 보호 조치 및 심신 치유 프로그램 제공을 통한 학대피해노인보호 강화와 학대 행위자 및 그 가족들에 대해 전문 상담 서비스를 제공함으로써 학대 재발 예방 및 원가정 회복을 지원하는 것을 목적으로 한다. 주요 서비스로는 숙식 제공, 심신 치유 및 학대 상황 개선을 위한 지원, 학대 재발 방지를 위한 지원, 쉼터에 입소하지 않은 보호 노인을 위한 프로그램 지원 등이 있다.

보호 노인이란 학대 노인 전용쉼터 입소자와 이용자를 모두 일컫는 것으로 '입소자'는 쉼터에서 숙식과 함께 치유 프로그램 및 상담 서비스 등을 제공받고 있는 대상을 말하며, '이용자'는 쉼터에서 제공하는 단기 치유 프로그램 및 상담 서비스 등을 이용하는 대상을 말한다. 2014년 보호 노인은 총 1,774명이며, 입소자가 505명, 이용자가 1,269명으로 기관 당 연평균 110.9명, 월평균 9.2명이 입소 및 이용하였다. 그러나 2014년 노인 학대 실태 조사 결과를 보면 쉼터 퇴소 후 복지시설 등으로 연계 체계가 미흡하며, 학대피해자의 지역사회 복귀 시 체계적 지원이 부족한 현실이다. 학대피해자의 약 3%는 행위자로부터 독립 이후 '독거노인'이 되어 '재학대(방임)'의 우려가 있는 것으로 나타났다. 또한 노인 부부의 경우는 방임이 28.2%(2013년 기준)로 나타나 '노인 부부'에 대한 관심이 필요한 것으로 나타났다(보건복지부 · 중앙노인보호전문기관, 2015).

(2) 학대피해노인 전용쉼터 이용 절차

학대피해노인 전용쉼터 이용 절차는 | 그림 9-4 | 와 같다.

노인 학대 사례 발생 및 쉼터 입소 의뢰	• 노인보호전문기관 현장 조사, 쉼터 입소 의뢰 • 쉼터 입소 의뢰서(노인보호전문기관 작성)
입소 대상자 결정	• 해당 지역 노인보호전문기관 관장 협의 또는 사례회의, 회의록 작성
인테이크 및 입소 안내	• 학대피해노인 및 보호자 대상 설명, 입소 결정, 이송 서비스
건강 진단	• 협약 병원 등 의료기관을 통해 건강진단서 발부
입소	• 쉼터 입소 동의서(입소노인 작성), 노인보호동의서(학대행위자 이외 가족 작성, 쉼터 입소 동의서를 갈음), 노인 학대사례판정서(입소 1주일 이내 제출), 주민등록증 등 증명서, 수급권자 증명서(해당자), 쉼터입소 확인서(쉼터 작성), 성인 우울증 자가 검진, 자아존중감 척도 검사 실시, 개인정보 수집 및 이용동의서
사정 및 개입 계획	• 입소자 관리카드 등 필요 서식 작성
서비스(프로그램 등) 제공	• 심신 안정, 전문 상담 및 심리치료, 사회성 향상 훈련, 여가생활지도, 입소자 상담 및 관찰일지, 입소자 면회일지 등 작성
퇴소 상담	• 학대피해노인 및 보호자 상담, 해당 지역노인보호전문기관 관장 협의 또는 사례회의, 회의록 작성
퇴소	• 쉼터 퇴소 동의서(입소노인 작성), 신병인수/인계증(보호자 및 인계시설 작성), 이송 서비스, 성인 우울증 자가 검진, 자아존중감 척도 검사 실시 등

| 출처 | 보건복지부(2015a). 2015년 노인보건복지사업안내.

| 그림 9-4 | 학대피해노인 전용쉼터 이용 절차

4) 노인 학대 예방과 피해 노인보호를 위한 사업단

노인 학대 예방과 피해 노인보호를 위한 사업은 프로젝트 형태의 '사업단'을 구성하여 추진되고 있다(보건복지부, 2013b). 두 개의 주요 사업단을 들 수 있다.

(1) 실버스마일 사업단

'실버스마일'은 보건복지부에서 추진하는 노인 학대 예방 브랜드이다. 노인 학대의 특성상 은폐 성향이 강해 사례 발굴이 용이하지 않으며, 재학대 방지를 위해 사후 관리가 필요하므로 교육형 노인일자리 사업[1)]을 통해 지역사회 특성에 맞춰 노인 학대 예방 사업을 추진하고 있다. 주요 활동 내용은 다음과 같다.

- 사후 관리: 학대피해노인의 가정 방문을 통하여 말벗 · 정서적 지지 서비스 제공과 심신안정을 도모하고 지속적인 모니터링을 통한 재학대 발생 예방
- 홍보: 노인복지시설, 재래시장, 관공서, 공원, 지역축제 등에서 노인 학대 예방 캠페인 진행
- 교육: 경로당, 노인복지관 등에서 노인을 대상으로 기본적인 노인 학대 개념과 노인 학대 발생 시 대처 방법 교육
- 인형극: 유치원, 도서관 등에서 아동을 위한 인형극 진행
- 아웃리치: 노인을 대상으로 말벗 활동 및 노인 학대 사례 발굴

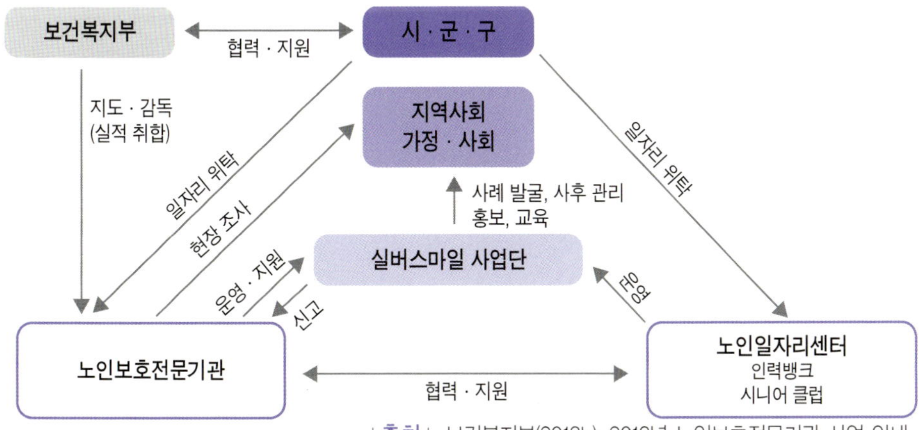

| 출처 | 보건복지부(2013b). 2013년 노인보호전문기관 사업 안내.

| 그림 9-5 | 실버스마일 사업단 업무 체계도

1) 선발 기준은 기본적인 인격과 소양을 갖추고 있으며, 전직 교사 또는 공무원 등 업무 수행에 필요한 자질을 구비한 자로 상담이나 자원봉사 활동의 경험이 있는 자로 한다.

(2) 노인보호전문기관 지킴이단

지킴이단은 노인보호전문기관에 소속된 유 · 무급의 자원봉사자 중 지속적인 참여자들로 구성된다. 유급 자원봉사자는 교육형 · 복지형의 형태로 연 단위(7~9개월간) 참여하는 기관 내 소속 일자리 사업 참여자들로서 노인 학대 예방 사업, 지역사회 홍보 활동 등을 수행한다. 무급 자원봉사자는 대학생 등으로 구성되며 피해 노인 상담 및 모니터링, 홍보 활동 등을 수행한다.

현재 울산시(은빛지킴이단), 충남시(인권지킴이단) 등에서 노인보호전문기관 지킴이단 사업을 운영하고 있으며, 충남시의 경우에는 공주대학교 인문사회과학대학에서 비영리 민간단체인 '21C 청년자원봉사네트워크 volo 21' 소속 대학생과 노인지킴이단 발대식을 개최하여 대학생을 중심으로 한 노인 학대 예방 사업을 수행하고 있다.[2)]

2) 금강일보(2015. 4. 23.). 충청남도노인보호전문기관, 21C청년자원봉사네트워크 volo21 노인지킴이단 발대식 개최. 참고.

04 노인 자살의 개념과 실태

노인의 자살 문제는 인구 고령화와 더불어 심각한 사회문제가 된 지 오래이다. 우리나라의 자살에 의한 사망률은 OECD 국가 중 제일 높은 수준이다. 통계로 살펴보면, 2004년 우리나라의 인구 10만 명당 자살자 수는 23.7명에서 2014년 27.3명으로 10년 전 대비 3.6명 증가한 수치이다. 연령대별 자살률 추이로 볼 때, 70대(57.6명)와 80대 이상(78.6명) 노인들의 경우는 약 2~3배 정도의 증가된 수치를 보이고 있다(통계청, 2015). 이러한 결과는 노인들이 가정에서 혼자 생활하면서 돌봄의 사각지대에 놓이게 되면 자살확률이 높아질 수 있음을 나타내고 있다.

한 개인의 자살은 본인의 '생명 존중권' 차원뿐만 아니라 가족, 친지, 친구들에게 정신적인 충격을 주고, 타인들에게 자살을 유발하며, 국가 사회적으로 큰 경제적 손실을 초래한다. 자살자의 가족은 다양한 신체적 · 정신적 고통을 겪고, 나아가 가족의 붕괴가 유발될 수 있으며, 가족의 붕괴는 결국 사회의 불안정성을 조장할 수 있다.

따라서 본 장에서는 노인 자살의 개념과 발생 원인 등 노인 자살 실태를 살펴보고, 노인 자살 예방을 위한 정부의 대책은 무엇이 있는지, 그리고 노인 자살 예방 모형은 어떤 것이 있는지 등을 살펴보기로 한다.

1) 노인 자살의 개념

자살이란 스스로 목숨을 끊는 것으로서 고의적 자해에 의한 사망이라고 할 수 있다. 자살의 개념을 정의함에 있어 자살 생각(suicide ideation), 자살 시도(attempted suicide), 자살 행동(completed suicide)의 연속선상에서 살펴볼 필요가 있다. 자살 생각(suicidal ideation)은 생명을 끊으려는 계획, 직접 또는 간접적으로 언어를 통해서나 무언의 행동으로 명확히 나타나게 되는 것을 말한다. 자살 시도(attempted suicide)는 자기 의사에 따라 실제로 생명이 위험을 초래할 수 있는 행위를 하였지만 그것이 죽음이라는 결과를 초래하지 못한 모든 행위와 실제로 죽을 의사가 있건 없건 행동이 제스처에 그쳐 죽음과 연결되지 않은 모든 행위를 의미한다. 자살 행위(suicide behavior)는 자기 스스로의 의사에 의한 행위에 의해 야기된 모든 생명이 정지, 즉 죽음을 말한다(김동배, 2009).

이처럼 자살에 대한 연속적 개념의 이해는 자살을 단순한 사건이 아닌 복잡한 역동적 과정으로 이해하게 한다. 오코넬 등(O'Connell et al., 2004)은 경험적 연구를 통해서 자살 생각은 생각만으로 끝나는 것이 아니라 실제 자살 시도나 자살 행위로 이어진다는 것을 증명하였다. 경험적인 연구를 통해 보더라도 자살 행위는 자살 시도를 경험한 사람에게서 많이 발생하고, 자살 시도는 자살 생각을 많이 경험한 사람들에게서 발생한다(Lester, 1989).

노인 자살이란 65세 이상이 된 노인층에서 나타나는 자살 생각, 자살 시도, 그리고 자살 행위에 이르는 연속적인 과정이라 정의할 수 있다(김형수, 2000). 노인 자살은 우발적인 사건이기보다 오랫동안 복합적인 요인들에 의해 발생하는 현상이며, 치명적이고 확고하게 이뤄지기 때문에 자살 시도 대비 자살로 인한 사망의 위험이 높다. 노인의 자살 시도 대비 자살로 인한 죽음의 비율은 대략 4:1인 반면 전체 집단에서는 8:1에서 20:1 정도라는 사실(신숙경 외, 2009)이 이를 뒷받침해 준다.

노인 자살의 독특한 특성으로는 첫째, 노인들은 대개 충동적으로 자살하지 않는다는 점, 둘째, 노인들의 자살 시도는 종종 가장되어서 자살로 보고되지 않는다는 점, 셋째, 적지 않은 노인들이 조용히 스스로 삶을 포기하거나 그들 자신의 보호를 중단함으로써 죽음을 택한다는 점, 넷째, 노인층 자살 위험의 단서로는 자살과 삶의 무용성에 관한 잦은 발언이 발견된다는 점, 마지막으로 알코올 남용과 우울증의 전력이 있다는 것이다(김창진 · 황진수, 2008; 모선희 외, 2007).

노인의 자살은 우울이나 신체 질병과 더불어 일어나기 때문에 노인의 많은 죽음은 자살로 인지되지 않을 수도 있다. 따라서 실제 노인의 자살률은 통계 수치보다 더 높을 것으로 예상할 수 있다. 또한 노인들은 신중하게 자살을 계획하기 때문에 청년이 7명당 1명이 자살을 시도해서 목숨을 잃는 데 비해, 노인의 경우는 2명당 1명이 자살을 시도해서 성공하는 것으로 나타나, 노인의 자살을 예방하기 위한 조치가 다른 연령층에 비해 더욱 시급한 것으로 보인다(정옥분 외, 2007).

2) 노인 자살의 원인

노인 자살의 원인을 직접적으로 측정하기는 쉽지 않다. 따라서 | 표 9-14 | 자살에 대한 충동 여부 및 이유를 측정한 사회 조사 결과를 토대로 노인 자살의 원인을 추론하면 다음과 같다.

표 9-14 자살에 대한 충동 여부 및 이유(60세 이상 노인) (단위: %)

연도	경제적 어려움	이성문제 (실연 등)	질환, 장애	직장 문제	외로움, 고독	가정 불화	성적, 진학문제	친구불화 따돌림	기타
2008	33.9	0.9	38.1	0.6	13.2	10.6	-	-	3.7
2010	35.3	2.4	36.2	1.2	11.4	8.66	-	-	4.6
2012	37.4	4.2	36.2	1.7	11.7	6.9	-	-	1.8
2014	34.2	2.0	32.0	0.5	14.8	13.0	-	0.1	3.5

| 출처 | 통계청(2008, 2010, 2012a, 2014a). 각 연도별 사회 조사.

(1) 경제적 빈곤 문제로 인한 자살

노인의 경제적 빈곤 상태는 34.2%로 노인 자살에 큰 영향을 미치고 있는 심각한 문제인 것으로 나타났다. 특히 현 노인 세대들은 자식을 위해 투자하고, 노후 자금을 모을 수 있는 여유가 없었던 세대이기에 빈곤 상태에 빠진 노인들의 고통은 헤아릴 수 없을 만큼 크다. 보건복지부가 조사한 「2011년도 노인 실태 조사」에 따르면 주관적인 생활 수준이 높다고 응답한 비율이 6.0%에 불과하고, 46.6%는 생활 수준이 낮다고 평가하고 있어 경제적 빈곤을 벗어나지 못하고 있는 노인들이 많음을 알 수 있다(보건복지부, 2012a).

[경제적 빈곤 자살 동기]

"며느리는 잘못 없다, 오래 산 내가 잘못이지. 빨리 죽고 싶다."

서울 영등포구 아파트에서 100세를 바라보는 시어머니가 뱉은 말이다. 이 집 세 식구는 96세 시어머니, 78세 외아들, 77세 며느리다. 시어머니는 3년 전까지 수도권 단칸방에 혼자 살았다. 병치레가 잦아지자 보다 못한 아들이 모시고 왔다. 며느리는 표나게 싫은 기색을 했다. 시어머니는 며느리가 무서워 속옷도 세탁기에 못 넣고, 화장실에서 목욕할 때 조물조물 주물러 빤다.

친척들은 며느리를 욕했지만 며느리 입에서도 "죽고 싶다." 소리가 나오긴 마찬가지다. 한 달 전 며느리는 교회 봉사 팀과 상담하다 펑펑 울었다. "나도 손자, 며느리까지 보고 온몸이 아픈 늙은이인데 왜 시어머니까지 모시고 살아야 되나요? 자식들이 근근이 살아 공공 근로를 뛰어요."

| 출처 | 조선일보(2013. 11. 13.). 나이 많아질수록 극단적 선택, 70대 이상 자살률 10년 전의 2배.

(2) 신체적 건강 문제로 인한 자살

노인의 신체적 건강 상태나 질환 여부가 32.0%로 노인 자살에 직접 또는 간접적인 영향을 미치는 것으로 나타났다. 노인의 건강 악화 및 만성 질환 발생은 일차적으로 사회활동참여 및 일상생활을 제약하기 때문에 사회적 격리를 가속화시키며, 특히 질환 치료에 따른 치료비 부담은 경제적 어려움을 가중시키고, 그것은 심리적 우울증이나 심각한 스트레스로 작용하여 심각한 경우에는 극단적인 선택으로 자살을 택하기 쉽다. 노인의 경우에 고혈압, 당뇨, 심근경색 등 만성적인 질환은 참을 수 없는 통증, 치료가 불가능하다는 생각, 질환의 경과에 대한 불안, 가족에게 의존하거나 짐이 되는 것에 대한 두려움으로 이어져 자살 위험성을 높이는 주요 요인이 된다(신숙경 외, 2009).

또한 노인이 자신의 건강에 대해 긍정적으로 인식하는 것은 질병의 완화뿐만 아니라 신체적 · 정신적 건강을 유지시키고 사회적 지원 체계에 대한 접근성을 높이는 반면, 건강에 대한 부정적인 평가는 질병을 발생시키고 만성 질환의 증상 및 양상을 변화시킬 수 있는 것으로 나타나고 있다(Connelly et al., 1989).

(3) 정서적 문제로 인한 자살

외로움이나 고독 등 정서적 문제가 14.8%로 상당히 크게 영향을 주는 것을 알 수 있다. 노년기에는 사랑하는 사람들, 건강, 수입 등을 상실하는 시기이다. 이러한 상실은 우울증을 유발하고 우울증은 자살의 주요 위험 요인이 된다. 우울감은 청소년에서 노인에 이르기까지 다양한 연령층에서 보이는 자살 생각 및 자살 시도와 가장 일반적으로 연관된 심리장애로 간주되어 왔다(배진희 · 엄기욱, 2009).

누구나 절망이나 슬픔, 무기력감을 느낄 때 일시적으로 죽고 싶다는 생각을 한 번 쯤 하게 되지만, 우울증으로 진단받은 환자의 약 30%가 자살했다는 연구 결과로 볼 때, 우울증이 단일요인으로도 자살을 부추기는 매우 중요한 위험 요인임을 알 수 있다(박봉길 · 전석균, 2006).

자살을 시도하여 응급실에 의뢰된 노인들을 대상으로 한 연구들(박재황 외, 2001)에서는 자살 시도 노인의 50~87%가 자살 시도 당시 우울증 상태였던 것으로 조사되었는데, 이러한 특성은 고연령층 노인의 경우는 우울이 자살에 더 큰 영향을 미치는 것으로 나타났다. 자살 시도자의 사후 조사 결과, 거의 모든 노인 시도자가 정신건강 상의 문제를 가지고 있었으며, 우울증이 가장 많은 것으로 드러났다(김형수, 2002).

노인의 우울증은 무기력감과 절망감을 그 특징으로 하고 있다. 무기력이란 개인들이 중요한 생활 사건들을 도저히 통제할 수 없다고 느낄 때 경험하는 감정이다. 노인들은 타 연령층보다 무기력감을 느끼기 쉬운 집단이라고 할 수 있다. 직업, 수입, 신체적 건강, 사회적 역할 등의 상실은 노인에게 무기력감을 초래하게 하는 요인이 된다.

[정서적 자살 동기]

'아무것도 아닌' 시간이 너무 길다!

이정근(가명 · 76) 할아버지는 동년배 대다수가 밭 갈 때, 명문 사립대에 다녔다. 이후 공기업 간부로 승승장구했다. 평생 엘리트로 산 그는 은퇴 후 '아무것도 아닌 존재가 됐다'는 느낌을 참지 못했다. 몰래 수면제 200알을 모으고, 언제라도 입안에 털어 넣을 준비를 했다. 다니던 병원 사회복지사가 눈치 채고 간신히 제때 막았다.

| 출처 | 조선일보(2013. 11. 13.). 준비 없이 길어진 삶, 망가진 가족관계, 못 살았을 때보다 더 불행해진 우리 老年.

(4) 가족 문제로 인한 자살

가정불화로 인한 자살 충동이 13.0%로 나타났다. 가족의 노인 부양 능력이 급속히 약화되고 있는 현실 속에서 부양을 받아야 하는 대상자인 노인은 독립적인 생활을 감당하지 못하는 기능 상실에 대한 걱정과 더불어 자신이 가정불화의 원인을 제공하고 있다는 죄책감 등으로 인해 이중적 고통에 시달리게 된다. 자살의 사회적 원인을 규명한 뒤르켐(Durkheim)의 사회통합 이론에 의하면, 노인이 속한 가족과 지역사회로의 통합의 약화는 노인들을 점차 고립감에 빠지거나 우울증에 걸리며 나아가서 극히 일부는 자살에 이를 수 있다고 하였다(김형수, 2000).

충분한 사회적인 지지 기반과 환경적인 안정이 없거나, 부모 · 친척 간의 관계가 원만하지 않을 때, 가까운 친구나 자기를 이해해 줄 만한 사람이 없을 때에는 문제가 생겨도 도움을 청할 사람이 없어서 자신의 문제에 대하여 무기력하고, 희망이 없는 것으로 판단하여 충동적 혹은 절망적으로 자살행동을 하게 된다. 사회적 지지가 낮을수록 노인 자살의 위험요인으로 작용한다는 선행 연구들(김형수, 2000; 서화정, 2005; 이민숙, 2005)이 이를 뒷받침해 주고 있다.

3) 노인 자살 현황

2015년 사망원인 통계에 의하면 2014년도 고의적 자해, 즉 자살에 의한 노인의 사망률이 인구 10만 명당 55.5명으로 나타났다. 성별로 보면, 남성 노인의 자살에 의한 사망률이 인구 10만 명당 87.9명으로, 여성 노인의 자살에 의한 사망률 32.4명보다 2.7배가 높았다. 특히 남성 노인들의 경우에는 은퇴로 인한 경제적 · 사회적 지위의 하락 등 노년기에 접어들어 발생하는 상실의 정도가 더 크기 때문에 여성 노인들보다 자살률이 높게 나타나는 것으로 해석된다. 연령별로는 65~69세(38.5명), 70~74세(51.1명), 75~79세(66.5명), 80세 이상(78.6명) 순으로 연령이 높아질수록 자살에 의한 사망률도 높게 나타나 후기 노인들을 대상으로 자살 예방을 위한 보다 적극적인 프로그램 개입이 필요한 것을 보여준다.

표 9-15 고의적 자해(자살)에 의한 사망률 (단위: 인구 10만 명당)

구분	1990	1995	2000	2005	2010	2011	2012	2013	2014
65세 이상	14.3	23.6	35.5	80.3	81.9	79.7	69.8	64.2	55.5
남자	22.9	37.6	55.6	128.6	128.5	128.6	107.7	102.3	87.9
여자	9.2	15.5	23.6	49.3	50.1	46.1	43.5	37.3	32.4
65~69세	14.4	19.2	25.9	62.5	60.0	54.0	45.8	42.2	38.5
70~74세	13.2	24.6	34.4	74.5	76.1	76.5	67.4	59.5	51.1
75~79세	12.7	27.3	45.5	88.8	94.7	96.1	81.5	77.7	66.5
80세 이상	18.2	28.5	51.0	126.7	123.3	116.9	104.5	94.7	78.6

| 출처 | 통계청. 각 연도 사망원인통계.

05 노인 자살 예방 사업의 개요

1) 자살 예방과 관련된 개념적 모델

자살은 하나의 단편적 원인에 의해서 발생하는 것이 아니라 복합적인 원인에 기인하며, 이로 인해 예방을 위한 대책도 복합적으로 대응해야 한다. 자살의 원인에는 빈곤이나 파산 등과 같은 경제적 이유로 자살하는 경우도 있고, 따돌림이나 부적응 등으로 인한 사회적 이유 때문인 경우도 있으며, 가정불화나 폭력 등으로 인한 가족적 이유나 질병이나 우울 등으로 인한 의학적 이유로 자살하기도 한다. 그러나 자살은 돌이킬 수 없는 개인적 불행일 뿐만 아니라 공동체로서도 큰 문제이자 손실이기 때문에 자살을 개인적 책임으로만 방치해서는 안 되고, 국가와 사회가 적극적으로 이에 개입하여 책임지지 않고서는 해결되기 어렵다.

세계보건기구(WHO)가 발행한 정신적 · 신경학적인 그리고 사회심리학적인 질환의 일차 예방에 대한 가이드라인(Guideline for the Primary Prevention of Mental, Neutrological and Psychosocial disorders)[3)]에는 자살의 복합적 현상을 설명하기 위해서 도출된 몇 가지 개념적 모델이 수록되었다. 이를 중심으로 자살 예방 모델을 살펴보면 다음과 같다(보건복지부 · 한국자살예방협회, 2011).

(1) 의학적 모델

자살에 대한 가장 보편적인 의학적 모델에 따르면, 자살은 어떤 정신 질환에 대한 징표 또는 결과이다. 즉, 정신 질환이 발병함으로써 그 결과로 자살이 도출된 것이다. 이렇게 본다면 정신 질환에 대한 성공적인 치료가 결과적으로 자살을 감소하고 예방하게 될 것이다. 그러나 경험적 결과는 이 모델로 만족스럽게 설명되지 않는 한계가 있다.

(2) 사회학적 모델

사회학적 모델은 1897년 뒤르켐의 고전적 연구인 자살론에 기반하고 있다. 그는 자살의 원형을 아노미적 자살로 보고 있었으며, 이는 사회규범과 규제가 미약하거나 부

3) 1986년 WHO는 '정신적인, 신경학적인 그리고 사회심리학적인 질환의 예방'에 대한 결의안을 채택하였다. 세계자살 예방협회(The International Association for Suicide Prevention)에 의해 승인되었다.

재해서 생긴 결과이다. 사회적 유형 요인에 대한 분석은 성별, 나이, 민족, 혼인 상태, 고용, 이민 상태 등 자살과 관련된 다양한 상태를 도출해 내었다. 자살에 대한 고위험 집단은 남성, 노령층(최근의 경우 어떤 지역에서는 청년층), 단일민족, 미혼, 실업자, 이민자 등이었다. 상기 언급한 요인 중에 직업 여부만 본인이 직접적으로 관여할 수 있고, 그 외의 것들은 태생적이고 회피할 수 없는 요소들(성별, 나이, 민족 등) 또는 결혼 상태나 이민과 같이 변경하기 어려운 다양성을 가지고 있다.

그러므로 예방적 활동은 이러한 각각의 다양성에서 도출되는 구체적인 자살요소나 연관된 요소를 인식해내어야 한다. 공중보건의 관점에서 심리사회학적 자살 예방 접근의 어려움은 근거 수준(level of evidence)이 부족하다는 것이다. 왜냐하면 자살 행태 예방에 대한 프로그램의 제안과 처방을 할 수는 있으나 그 어떤 프로그램도 효과성을 제대로 평가할 수 있을 만큼 충분한 기간 동안 운영할 수 없기 때문이다.

(3) 생태학적 모델

사회복지실천에 있어서 생태 체계(Eco-system)적 관점은 한 개인을 이해하고, 또한 환경 속의 인간을 이해하는 데 있어서 매우 중요하고 이러한 관점이 유지되어야 한다. 이러한 측면에서 노인 자살도 노인 개인과 더불어 노인의 심리사회적인 환경에 대한 이해 속에서 연구되어야 한다(김동배, 2009).

생태학적 접근은 | 그림 9-6 |과 같다. 이것은 자살 행동의 일차 예방으로 자살 수단에 대한 접근 제한 또는 그 감소가 중요하며, 이를 위해서는 자살에 대한 생각을 바꾸거나 감소시키는 것에 집중한다. 이러한 접근에서는 자살 행동과 여기에 영향을 미치는 개인적 · 사회적 · 환경적 배경을 강조한다.

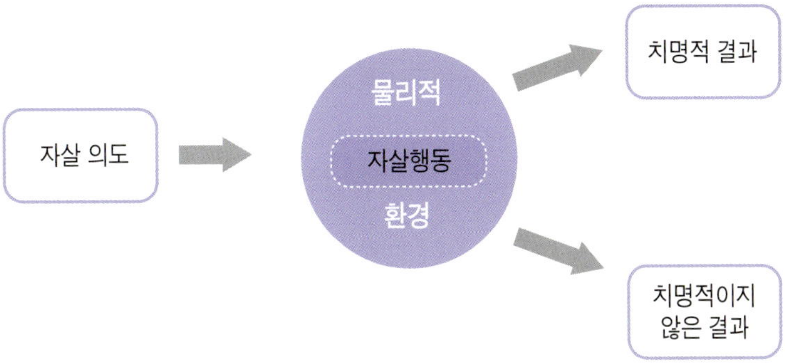

| 출처 | 보건복지부 · 한국자살예방협회(2011). 자살 예방기본 계획.

| 그림 9-6 | 자살 예방의 생태학적 모델

2) 자살 예방 사업의 법적 근거

자살문제의 심각성을 인식한 정부는 2004년 국가자살 예방 5개년 기본 계획(2006~2010년)을 시행했으며, 2008년에는 제2차 자살 예방종합대책(2009~2013년)을 수립하였다. 이에 따라 보건복지부를 중심으로 지역사회 '정신보건센터'와 민간단체인 '한국자살예방협회' 및 '생명의 전화'가 주축이 되어 다양한 사업을 펼치게 되었다. 이후에 자살률이 OECD 국가 중 최고를 기록하고 지속적으로 그 비율이 증가하고 있는 심각성을 고려하여 2011년 3월 「자살 예방 및 생명존중문화 조성을 위한 법률(약칭: 자살 예방법)」을 제정하였다. 「자살 예방법」은 자살에 대한 국가적 차원의 책무와 예방정책에 관하여 필요한 사항을 규정함으로써 국민의 소중한 생명을 보호하고 생명존중문화를 조성함을 목적으로 하고 있으며, 2012년 3월부터 시행되고 있다.

주요 내용을 살펴보면 ① 자살 예방정책은 자살 위험에 노출된 개인이 처한 특수한 환경을 고려하여 성별 · 연령별 · 계층별 · 동기별 등 다각적이고 범정부적인 차원에서 사전 예방대책에 중점을 두고 수립되어야 한다. ② 자살 예방정책은 생명윤리 의식 및 생명존중 문화의 확산, 건강한 정신과 가치관의 함양 등 사회문화적 인식 개선에 중점을 두고 수립되어야 한다. ③ 「국민건강증진법」 제5조에 따른 국민건강증진정책심의위원회 내 자살 예방 전문위원회의 심의를 거쳐 자살 예방 기본 계획을 5년마다 수립하여야 한다고 명시하고 있다(법제처 홈페이지).

3) 제2차 자살 예방 기본 계획

현행 자살 예방 사업은 제2차 자살 예방 종합대책(2009~2013)에 제시된 '자살 위험 없는 안전한 공동체 구현' 이라는 비전 아래 2013년까지 자살 사망률을 20명(10만 명당) 미만으로 감소시킬 것을 목표로 하여 10대 과제를 중심으로 추진되고 있다. 보건복지부, 여성가족부, 교육부 등 총 14개 부처가 5개년 동안 세부 과제를 수행하고 있다. 자살 시도자나 자살 위험군 등에 대한 지원은 보건복지부, 여성가족부, 교육부 등이 별도로 운영하는 민간 위탁 기관인 정신건강증진센터, 청소년상담복지센터, 건강가정지원센터, Wee(We+education/We+emotion) 센터 등에서 수행되고 있다(이채정 · 김상우, 2013). 10대 과제를 살펴보면 다음과 같다.

(1) 자살에 대한 국민의 인식을 개선한다

- 국민정신건강 네트(net) 개발 및 활용
- 생명존중 사회 마케팅 전략 체계 강화
- 생명사랑 문화 프로그램 확산

(2) 자살위험에 대한 개인 · 사회적 대응 역량을 강화한다

- 이혼 가정 상담 서비스 지원 강화
- 위기청소년 사회안전망 구축
- 아동청소년 정신건강 관리 체계 강화
- 대학교 자살 예방 및 정신건강 사업 체계 구축
- 직장인 정신건강 증진 지원 체계 구축
- 노인 학대 예방 및 독거노인 지원 강화

(3) 자살에 치명적인 방법과 수단에 대한 접근성을 감소시킨다

- 유독성 물질 불법 유통 관리 감독 강화
- 농약 관리 체계 강화
- 인터넷 자살유해사이트 관리 체계 강화
- 지하철, 교량 등에 대한 안전시설 강화

(4) 자살에 대한 대중매체의 책임을 강화한다

- 미디어 관리 체계 구축

(5) 자살 고위험군에 대한 정신보건 서비스를 강화한다

- 지역사회 고위험군 자살 예방 프로그램 개발 보급
- 특수 영역(군, 교정 기관) 자살 예방 활동 강화
- 정신질환자 사례 관리 시스템 강화
- 알코올 중독자 관리 체계 구축 및 강화
- 우울증 조기 검진 및 치료 관리 체계 구축
- 자살 시도자 · 유가족 지원 방안 마련

(6) 지역사회 기반의 다양한 자살 예방 인력 교육 체계를 강화한다

- 정신보건 전문요원 자살 예방 교육 체계 구축
- 경찰 및 긴급구조요원 자살 예방 교육 강화

(7) 자살 예방을 위한 법과 제도적 기반을 조성한다

- 자살 예방법 제정

(8) 자살 예방 서비스 제공을 위한 인프라 구축을 적정화한다

- 지역사회 상담 지원 및 정신건강 서비스 체계 확대
- 제3자 통화 및 응급출동 체계 구축
- 자살 예방 민간단체 지원 및 육성

(9) 자살 예방을 위한 연구 · 감시 체계를 구축한다

- 자살 예방 사업 모니터링 체계 구축
- 자살 관련 통계 · 연구 체계 개선

(10) 근거에 기반을 둔 자살 예방정책을 개발한다

- 지역사회 기반의 통합적 자살 예방 시범 사업

4) 자살 예방 사업 추진 체계

(1) 과제별 소관부처

자살 예방 10대 과제 수행의 주무부처는 보건복지부이며, 보건복지부를 포함한 총 14개 부처가 자살 예방 대책추진위원회를 구성하고 있다. 자살 시도자나 자살 위험군 등에 대한 직접적인 지원은 보건복지부, 여성가족부, 교육부, 고용노동부 등이 별도로 운영하는 각종 전달 체계를 통하여 추진되고 있다. 한편, 자살에 대한 자살 수단 억제, 자살 관련 언론 보도 자제 등과 관련된 업무는 기존에 각 부처별로 수행하던 사업에 대한 부처 간 업무 협조를 강화하는 방식으로 추진되고 있다. 주요 과제별 주무 부서를 정리하면 | 표 9-16 | 과 같다.

표 9-16 2009~2013년 자살 예방 10대 과제 및 소관부처*

10대 과제	소관부처
자살에 대한 국민인식 개선	• 보건복지부, 안전행정부 등
개인 사회적 대응역량 강화	• 보건복지부, 여성가족부, 교육부, 고용노동부 등
자살에 치명적인 방법과 수단에 대한 접근성 감소	• 환경부, 농림축산식품부, 보건복지부, 여성가족부, 경찰청, 방송통신위원회, 국토교통부 등
자살에 대한 대중매체의 책임 강화	• 보건복지부 등
자살 고위험군에 대한 정신보건 서비스를 강화	• 보건복지부, 국방부, 법무부 등
지역사회 기반의 다양한 자살 예방인력에 대한 교육 체계 강화	• 보건복지부, 경찰청, 소방방재청 등
자살 예방을 위한 법과 제도적 기반 조성	• 보건복지부
자살 예방 서비스 제공을 위한 인프라 구축	• 보건복지부, 경찰청, 소방방재청 등
자살 예방을 위한 연구 감시 체계 구축	• 보건복지부, 통계청, 경찰청 등
근거에 기반을 둔 자살 예방정책 개발	• 보건복지부 등

* 소관부처는 2013년 정부조직 개편에 따라 변경된 명칭임.

| 출처 | 이채정 · 김상우(2013). 자살 예방 사업의 문제점과 개선과제.

(2) 추진 체계별 주요 역할

정부는 정신보건 관련 사업을 수행하는 보건복지부가 중심이 되어 각 부처와 지방자치단체, 정부가 수행하는 자살 예방 및 정신보건, 사회복지 서비스 등을 제공하는 다양한 민간 위탁 기관이 유기적으로 자살 예방 관련 업무를 수행하도록 하는 |그림 9-7|과 같은 자살 예방 사업 추진 체계를 구성하였다. 보건복지부는 자살 예방대책에 대한 기획 · 조정 · 평가의 업무를 담당하며, 이를 위하여 중앙 자살예방센터, 시 · 도 및 시 · 군 · 구 지방자치단체, 민간위탁 기관인 정신건강증진센터 및 자살예방센터를 활용한다. 뿐만 아니라 경찰청 및 소방방재청, 교육부, 여성가족부 등의 관계부처와 기초지방자치단체 단위로 설치되는 민간위탁 기관인 Wee(We+education/We+emotion)센터, 청소년상담복지센터, 건강가정지원센터 등과 같은 관계부처의 상담 서비스 전달 체계를 통하여 자살 시도자 구조, 자살 사이트 단속, 자살 충동을 느끼는 사람에 대한 상담 서비스 제공 및 지역사회의 각종 사회복지 서비스를 연계하는 업무가 수행되고 있다.

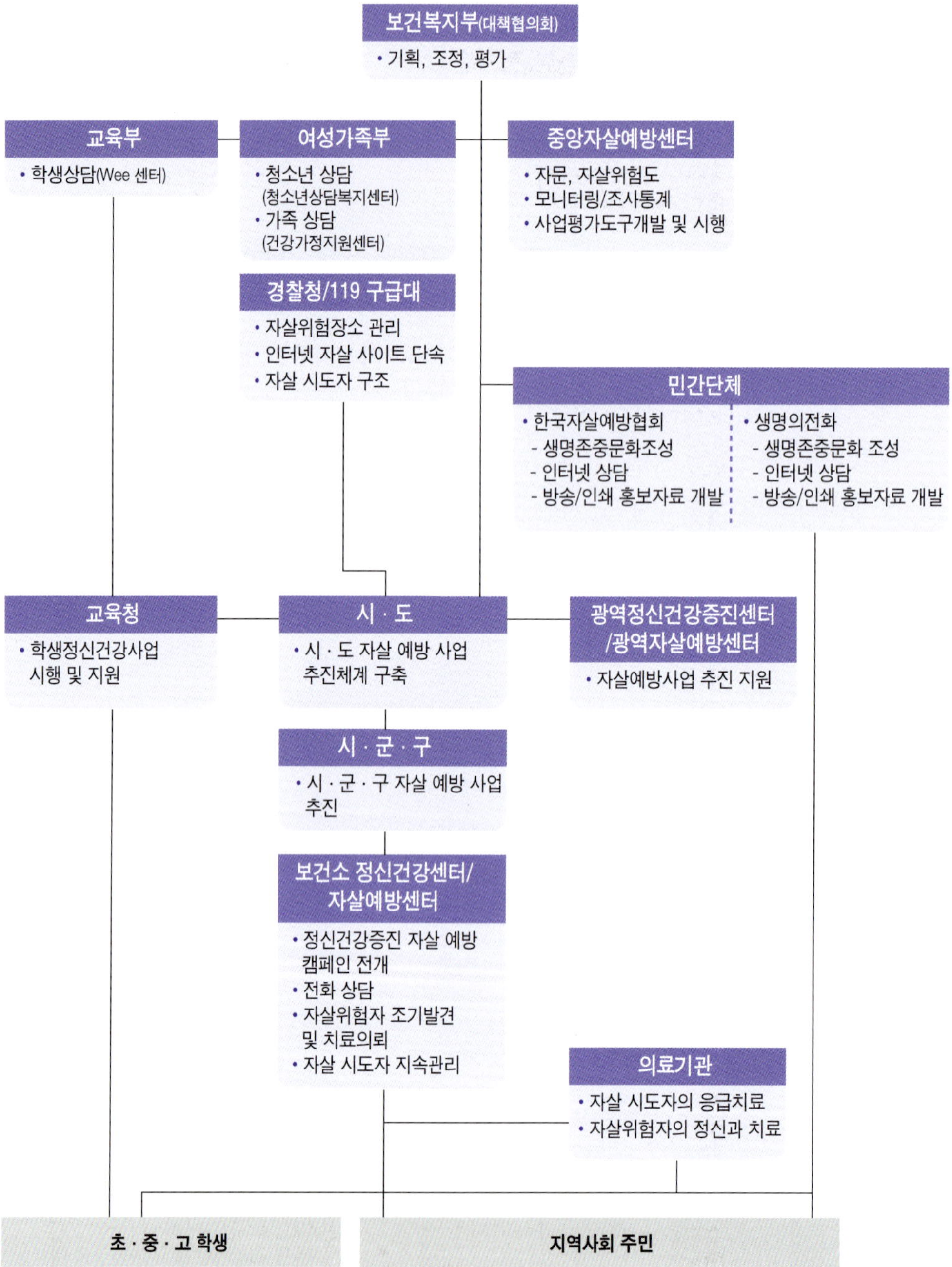

| 출처 | 이채정 · 김상우(2013). 자살 예방사업의 문제점과 개선과제.

| 그림 9-7 | 자살 예방 사업 추진 체계별 주요 역할

Chapter 10

노인 사례 관리

재가노인복지의 대상이 되는 노인들의 특성은 일반적으로 일상생활 능력이 어느 정도 제한적이고 심리 정서적 측면에서도 외로움이나 우울 등 주변의 도움이 필요한 경우가 많다. 또한 이러한 특성들이 장기간에 걸쳐 나타나 자립생활에 지장을 줄 뿐만 아니라 지역사회 자원에의 접근을 어렵게 하는 요인이 되기도 한다. 이런 특성들을 감안할 때, 재가노인들에게 제공되는 서비스는 단편적인 것이 아니라 복합적인 욕구를 충족시켜줄 수 있도록 지역사회와의 연계 측면을 고려해야 한다.

따라서 본 장에서는 재가노인들의 복합적인 욕구를 충족시킬 수 있는 효과적인 사회복지실천 기법으로서의 사례 관리에 관해 알아보기로 한다. 먼저 사례 관리의 개념과 노인 사례 관리의 필요성을 살펴보고, 보다 구체적인 노인 사례 관리의 과정을 살펴본 후, 종합사회복지관에서 수행되었던 재가노인 통합 사례 관리의 실제를 제시하여 노인 사례 관리 전반에 걸친 이해를 돕고자 한다.

01 노인 사례 관리의 이해

1) 노인 사례 관리의 개념

사례 관리(case management)라는 용어는 임상적 개입의 의미가 강한 사례(case)와 행정적 의미가 강한 관리(management)가 합쳐진 용어로서 통합적 사회복지실천의 성격이 강하다(권중돈, 2012). 사례는 한 개체를 의미하지만 사회복지 분야에서는 특정한 문제나 욕구를 가진 서비스 이용자 또는 서비스 이용자 체계를 의미한다(이준우 · 최희철, 2014).

따라서 사례 관리는 다양한 문제와 함께 사회적 기능 수행의 어려움을 겪는 서비스 이용자(클라이언트 혹은 서비스 대상자)에게 포괄적이고 체계적이며 지속적인 지역사회보호 서비스를 전달하는 데 목적을 둔 일련의 문제해결 과정이라고 할 수 있다. 또한 재가노인을 위한 사례 관리는 지역사회 보호 중심의 서비스 개념이 강조되면서 노인에게 효과적인 서비스를 제공하기 위한 활동들의 조정이라 할 수 있다(정순둘, 2005).

2) 노인 사례 관리의 필요성

사례 관리가 사회복지실천 영역에 도입된 배경은 지역사회 내에서 장기간에 걸쳐 보호를 받아야 하는 인구가 점차 증가함에 따라 다양한 욕구를 가진 장기보호 대상의 서비스 이용자들에게 지역사회 내의 다양한 서비스를 그들의 욕구에 적합하도록 제공해 주기 위해서였다. 장기간의 보호를 필요로 하는 인구는 다중의 문제를 가진 가족이나 퇴원환자 혹은 정신장애인 등을 포함하여 주로 노인과 장애인인데 인구 고령화와 더불어 해당 대상자 중에서 특히 노인이 폭발적으로 급증하고 있는 추세이다(이준우, 2013).

사례 관리는 사회복지실천의 주요 관점인 '환경 속의 개인(PIE)'의 전형이며, 광범위한 서비스 개발 및 수행을 위한 기초를 제공하고, 노인이 가지고 있는 복합적이고 다양한 문제를 해결하기 위해 좋은 실천 모델이다. 따라서 사례 관리를 통해 노인들이 갖고 있는 비공식적인 자원들을 공식적인 서비스 체계와 연결함으로써 노인들로 하여금 전체적인 서비스 연결망에서 소외되지 않고 보호를 받게 할 수 있다. 특히 노인들은 점차 노화에 따른 의존적인 욕구의 증가로 인해 더 많은 서비스를 필요로 할 것이므로 지속적인 사례 관리를 받음으로써 변화하는 욕구에 맞는 서비스를 제공받을 수 있게 된다(이준우 · 최희철, 2014).

최근 들어 노인 사례 관리의 필요성이 더욱 증대되고 있는 이유는 첫째, 의학의 발달과 평균수명의 연장으로 장기간 보호해야 할 노인의 수가 증가하였다는 점, 둘째, 노인은 육체적으로나 정신적으로 원활한 기능을 수행할 수 없기 때문에 일상생활을 영위하는 데 있어 상당한 장애를 지니고 있다는 점, 셋째, 노인들이 가지고 있는 각종 질병과 장애는 만성적인 것이어서 오랜 기간 동안 체계적이고 일관성 있는 관리(management)가 필요하다는 점, 넷째, 노인의 다양한 욕구와 문제는 신체적 · 심리적 · 사회적 특성상 대부분 복합적이고 동시다발적으로 발생하기 때문에 이러한 복합적인 욕구와 문제에 유연하고 신속하게 대처하기 위해 사례 관리적 접근이 필요하다는 점 등을 들 수 있다.

따라서 신체적 · 정신적으로 손상되어 있는 노인들이 자신에게 필요한 서비스를 이용하는 데 한계를 가지고 있으므로, 노인들을 위해 지역사회 자원과 서비스를 연계 · 조정할 수 있는 사례 관리가 요망된다. 더욱이 한국의 노인들은 아직 가정에 머무르고 있는 경향이고, 또 독거노인이 늘어나는 추세에서 재가노인복지를 위한 사례 관리가 더욱 절실하게 필요하다고 할 수 있다(김미혜, 2008). 이와 같은 노인들의 장기보호 욕구를 충족시키며 가족 보호의 기능을 강화하기 위해서는 다양한 사회적 지지 체계를 활용하는 사례 관리의 접근이 필요하다.

02 노인 사례 관리의 과정

노인을 위한 사례 관리의 과정은 기관이나 사례 관리자에 따라 다르다. 여기에서는 |그림 10-1|과 같이 이준우(2013)가 정리하여 제시한 '사례 발견과 접수 → 사정 → 계획 → 개입과 조정 → 점검과 옹호 → 평가와 종결'의 단계로 노인 사례 관리의 과정을 설명하고자 한다.

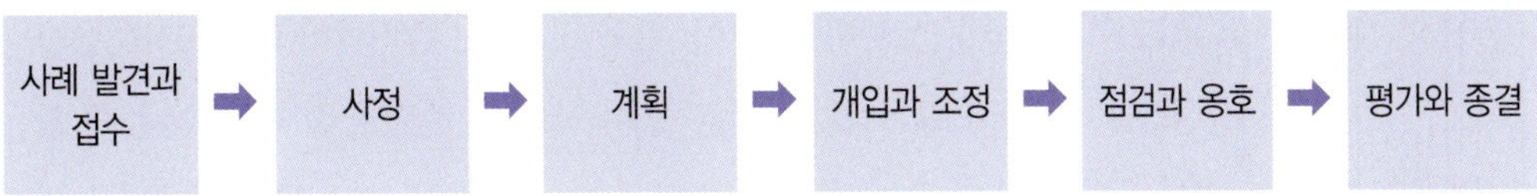

|출처| 이준우(2013). 고령화 사회에서의 노인복지 이해와 실천.

|그림 10-1| 노인을 위한 사례 관리 과정

1) 사례 발견 및 접수(초기면접)

초기면접은 서비스 이용자가 기관에 직접 찾아오거나 대외원조(outreach)나 의뢰를 통해 사례를 발견하고 적격심사와 계약을 통해 서비스 이용자가 되는 과정이다(이근홍, 2014). 이 단계에서는 서비스 이용자를 확인하고 서비스 이용자와의 신뢰감을 형성하며, 서비스에 대한 합의를 이루는 과정으로서, 서비스 이용자와 관련된 정보를 수집하는데, 여기에는 서비스 이용자의 신상 정보, 가족 사항, 현재의 기능 상태나 심리사회적 이력 등이 포함되며, 서비스 이용자의 욕구 등에 관한 결정도 포함된다.

노인을 위한 사례 관리에서는 사회복지사가 서비스 이용자인 노인의 내방을 기다리는 전통적 방식보다는 아웃리치(out-reach)를 통해서 서비스 이용자를 발견하게 된다. 그래서 잠재적 서비스 이용자 발견을 위한 네트워크 구축과 아울러 출장 지원 방법이 활용될 수 있다. 출장 지원은 원조를 요청하지 않는 서비스 이용자에 대해 서비스의 제공과 급여를 권유하고 활용할 수 있도록 하는 원조 방법이지만 이때 서비스 이용자의 자기결정권 존중을 위해서 반드시 본인의 동의를 얻어야 한다(이준우 · 최희철, 2014).

2) 사정

사정은 초기면접 과정에서 수집된 자료를 분석하고 의미를 부여하는 단계이며, 서비스 이용자의 욕구와 문제, 기능과 잠재력, 비공식적 지원 체계와 공식적 지원 체계의 원조능력 등에 대한 관한 자료를 수집하고 분석하고 종합하는 단계이다. 사정의 내용에는 서비스 이용자의 욕구와 기능에 관한 사정, 서비스 이용자를 원조하기 위한 자원에 관한 사항(공식적 지역사회 자원 체계, 비공식적 사회적 관계망 및 사회적 지지)으로 구성된다(Moxley, 1989).

이 단계에서는 서비스 이용자의 상황에 대한 정확한 사정이 이루어져야 하는데, 사례 관리의 대상이 되는 노인에 관한 정확한 사정이 이루어지게 되면 서비스 이용자 자신이 지니고 있는 잔존능력은 물론 그가 갖고 있는 모든 잠재된 자원들을 확인할 수가 있게 된다. 이것은 결과적으로 노인에게 필요한 서비스의 전반적인 패키지를 구성하는데 매우 중요한 부분이 되어 노인은 장기적으로 원활한 서비스를 받을 수 있게 된다(이준우 · 최희철, 2014).

3) 계획

이 단계는 서비스 이용자에 대한 장 · 단기의 목표를 설정하고, 비공식 지원 체계와 공식적 지원 체계의 통합을 통하여 서비스를 제공하기 위한 보호 계획을 수립하는 단계이다. 무엇보다도 중요한 것은 서비스 이용자인 노인을 위해 서비스 이용자인 노인과 함께 모든 계획을 수립해야 한다는 인식이다(Kanter, 1989). 계획 과정에서의 주요 과업을 구체적으로 설명하면 다음과 같다(이준우 · 최희철, 2014).

(1) 목표 설정

사례 관리의 목표 설정에서 중요한 관여자는 사례 관리팀과 서비스 이용자인 노인 자신이다. 합리적인 사례 관리 계획을 위해서는 일차적 사례 관리 계획자가 세운 목표가 사례 관리팀에서 검토되는 것이 필요하며, 기관의 여건이 가능하다면 다른 전문직들에 의해 사례회의에서 다루어지는 것이 서비스 이용자에게 필요한 다양한 서비스를 계획하는 중요한 방법이 된다.

(2) 자원 계획 수립

자원 계획에서 중요한 사례 관리자의 활동은 자원 확인과 자원 목록화이다. 자원 확인과 목록화는 서비스 이용자인 노인과 관련된 서비스 자원에 관한 정보를 획득하고 접근이 용이하도록 자료를 조직화하는 기능을 수행한다. 자원목록을 작성하기 위해 중요하게 다루어져야 할 내용으로는 기관의 기능, 서비스 자격요건, 서비스 비용, 서비스 접근성, 서비스 평가, 주요 접촉인물, 서비스 장애요인 등이다.

(3) 서비스 계획 수립

서비스 계획은 사정을 통해 설정된 목표를 달성하기 위한 구체적인 전략으로서 서비스 계획의 작성은 목표와 함께 제시되는 것이 사례 관리 실천을 일목요연하고 체계적으로 정리하는 데에 도움을 준다.

4) 개입과 조정

서비스 이용자와 필요한 서비스를 계약, 연결하고 서비스에 대한 개입을 통하여 적절하게 서비스를 배열하고 정리하는 단계이다. 서비스 계약은 보통 서면이나 구두에 의한 계약으로 이루어지며, 계약 내용에는 개입 계획의 목적, 서비스 제공 계획 및 내용, 사회복지사의 역할, 종결 조건 등을 명시한다.

5) 점검과 옹호

점검은 계획된 서비스와 자원이 잘 이루어지고 있는지를 확인하는 단계로, 서비스 제공자를 포함한 클라이언트 지원 체계들의 서비스 전달과 실행을 점검하고, 재사정을 실시하는 단계이다. 반면, 옹호는 서비스 이용자가 공평하게 서비스에 접근하지 못하거나 부당하게 적절한 서비스를 받지 못하는 경우에는 서비스 이용자의 이익을 주장하고, 바람직한 제도의 변화를 위해 노력하는 과정이다.

6) 평가와 종결

서비스 이용자에게 제공된 서비스의 효과성, 서비스 계획, 서비스 활동, 서비스 체계 등을 종합적으로 평가하며, 필요한 경우에 사례 관리 과정을 종결하는 단계이다. 평가는 두 가지 수준에서 진행될 수 있는데 하나는 서비스를 받은 서비스 이용자의 긍정적인 변화를 평가하는 것이며, 다른 하나는 사례 관리의 전반적인 체계를 평가하는 것이다(서울복지재단, 2005).

이상의 6단계는 순차적으로 일직선상에서 진행되는 것이 아니라 사례의 특성과 상황 변화에 적극적으로 대응하도록 6단계가 순환적으로 진행되는 과정이 된다. 이를 도표로 나타내면 | 그림 10-2 | 와 같다.

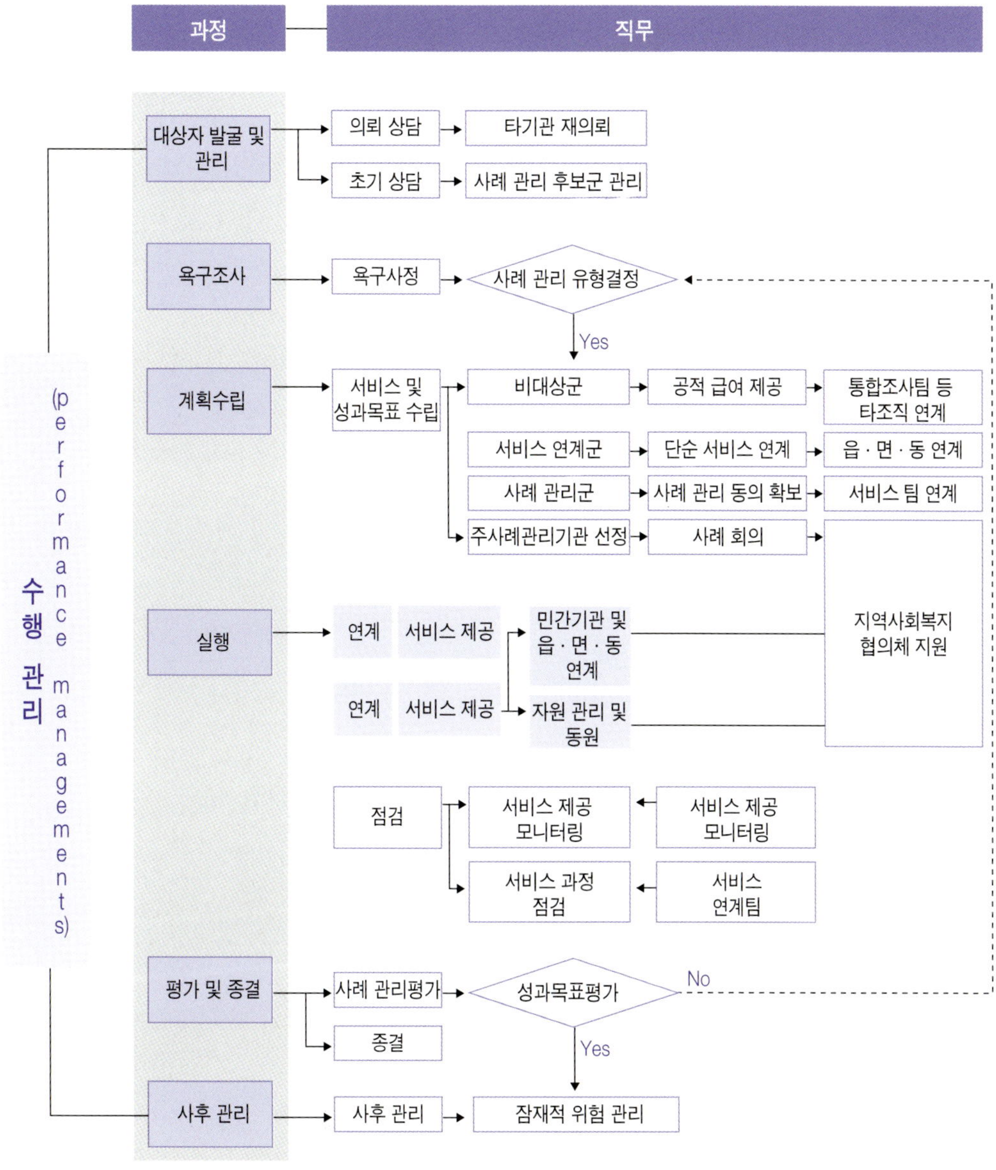

| 출처 | 보건복지부(2010). 위기 대상 사례 관리.

| 그림 10-2 | 사례 관리 과정 및 과정별 특성

03 노인 사례 관리 주요 양식의 예

노인 사례 관리에 활용되는 주요 서식의 양식은 다음과 같다.

표 10-1 사례 관리 인테이크 양식

사례 관리			담당자	OOO	시설장
일시		장소		진행자	
성명		입소 일자		주요 질환	
선정 동기	□ 문제행동 □ 치매 관리 지원 □ 신체 기능 유지 및 증진 □ 인지, 정신 기능 훈련 □ 그 외:				
욕구사정	대상자 문제 및 욕구				기록 사항
신체적	인지 상태	MMSE	점	19 ≤ 는 확실한 치매, ≥ 24 정상	
		인지증		□ 자립 □ 생활자립 □ 준와상 □ 완전와상	
	신체 상태	욕창위험도 평가 도구 Braden Scale	점	〈 12 심각한 위험 15~16 경미한 위험	
		낙상위험 평가 도구 Morse Fall Scale	점	0~24 위험성이 없음 ≥ 51 낙상위험 높음	
		보행 평가 Gait Evaluation	점	〈 19 낙상 고위험 ≥ 25 위험 없음	
		변비 Constipation	점	0 변비 없음 16점 심각한 변비	
		운동장애		□ 상지 □ 하지	
		관절장애			
	기본적 일상생활	ADL 수행점수	점		
	욕구 및 문제	일상생활자립도	와상도	□ 자립 □ 불완전 자립 □ 부분 의존 □ 완전 의존	
정서적	우울 검사	GDS	점	14~18 우울증 〉 22 심한 우울	
	욕구 및 문제				
사회적	욕구 및 문제				
기타 사항					

| 출처 | 국민건강보험공단(2014c). 장기요양기관 서식 모음집. p. 133.

표 10-2 사례 관리 케어플랜 양식

케어플랜(Care Plan)

성명		나이		주요 질환	
장기 목표			단기 목표		
부서	서비스 목적	서비스 목표	서비스 내용 및 시행 방법		
복지					
간호					
물리치료					
영양					
기타					

| **출처** | 국민건강보험공단(2014c). 장기요양기관 서식 모음집. p. 134.

표 10-3 사례 관리 회의록 양식

사례 관리 회의

<table>
<tr><td>서비스명</td><td colspan="3"></td><td>담당자</td><td></td></tr>
<tr><td>회의 제목</td><td></td><td>회의 일자</td><td></td><td>회의 시간</td><td>OO:OO~OO:OO
(　시간　분)</td></tr>
<tr><td>수급자명</td><td colspan="2"></td><td>성별</td><td colspan="2"></td></tr>
<tr><td>생년월일</td><td colspan="2"></td><td>등급</td><td colspan="2"></td></tr>
<tr><td>장소</td><td colspan="5"></td></tr>
<tr><td>선정 이유
(문제점)</td><td colspan="5"></td></tr>
<tr><td>회의 내용</td><td colspan="5"></td></tr>
<tr><td>회의 결과</td><td colspan="5"></td></tr>
</table>

<table>
<tr><td colspan="5">참여자</td></tr>
<tr><td>구분</td><td>성명</td><td>연락처</td><td>비고</td><td>서명</td></tr>
<tr><td></td><td></td><td></td><td></td><td></td></tr>
<tr><td></td><td></td><td></td><td></td><td></td></tr>
<tr><td></td><td></td><td></td><td></td><td></td></tr>
<tr><td></td><td></td><td></td><td></td><td></td></tr>
<tr><td></td><td></td><td></td><td></td><td></td></tr>
<tr><td>사진</td><td colspan="3"></td><td></td></tr>
</table>

| 출처 | 국민건강보험공단(2014c). 장기요양기관 서식 모음집. p. 135.

표 10-4 사례 관리 회의 결과보고 양식

<table>
<tr><td colspan="6">사례 관리 회의(결과보고)</td><td>구분</td><td>계속 / 종결</td></tr>
<tr><td>일시</td><td colspan="5"></td><td>장소</td><td></td></tr>
<tr><td>참석자</td><td colspan="7">• 직종: 사회복지사 성명: ㉞
• 직종: 간 호 사 성명: ㉞
• 직종: 물리치료사 성명: ㉞
• 직종: 요양보호사 성명: ㉞</td></tr>
<tr><td>수급자</td><td></td><td>성별</td><td></td><td>생년월일</td><td></td><td>등급</td><td></td></tr>
<tr><td>회의 결과
(20 . . .)</td><td colspan="7"></td></tr>
<tr><td>개입 결과</td><td colspan="7"></td></tr>
<tr><td>회의 사진</td><td colspan="4"></td><td colspan="3"></td></tr>
</table>

| 출처 | 국민건강보험공단(2014c). 장기요양기관 서식 모음집. p. 136.

04 노인 사례 관리 적용의 실제: 사회적 역할 부여를 통한 저소득 독거 어르신 통합 사례 관리

다음은 사회적 역할 부여를 통한 저소득 독거 어르신 통합 사례 관리의 예[1]이다.

1) 대상자 기본 사항

<table>
<tr><th>성명(성별)</th><td>이○○(남)</td><th>연령</th><td>71세</td></tr>
<tr><th>학력</th><td>고졸</td><th>직업</th><td>無</td></tr>
<tr><th>보장 구분</th><td>수급자</td><th>의료 구분</th><td>의료 급여 1종</td></tr>
<tr><th>월 소득 및 지출</th><td>소득 42만 원
지출 42만 원</td><th>부채 현황</th><td>無</td></tr>
<tr><th>가족 구분</th><td>독거</td><th>종교</th><td>無</td></tr>
<tr><th>건강 상태</th><td>대상포진, 뇌경색, 고지혈증</td><th>장애 유무</th><td>無</td></tr>
<tr><th rowspan="6">가계도
및
생태도</th><td colspan="3">〈집중 case 선정 전. 2007년 3월 기준〉
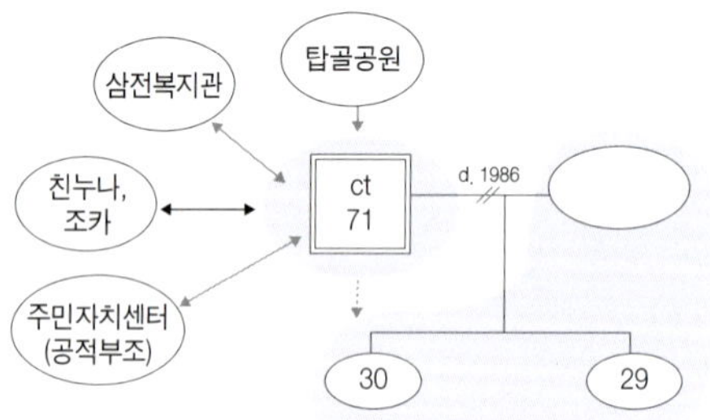</td></tr>
<tr><th>구분</th><th colspan="2">ct</th></tr>
<tr><td>○○복지관</td><td colspan="2">• 2007년 1월부터 본 기관 서비스 이용 및 사례 관리 진행</td></tr>
<tr><td>○○공원</td><td colspan="2">• 종종 ○○공원에서 낮 시간을 보낸다고 함</td></tr>
<tr><td>ct 조카</td><td colspan="2">• ct 누나의 딸. 7살 차이가 난다고 함. 간헐적으로 연락을 하고 있음</td></tr>
<tr><td>ct 딸</td><td colspan="2">• 자녀들에게 간헐적으로 연락을 하고 있으나 딸들의 반응이 냉소적이라고 함</td></tr>
</table>

1) 한혜영 · 김방진(2011). 사례관리연구보고서. 발췌. 삼전종합사회복지관 홈페이지(http://www.samjeon.or.kr).

가족력 (개인 및 가족사)	• ct: 1939년 평양에서 태어나 자라왔으며 6.25 전쟁 때 ct 母, 누나와 남한으로 이주하였음(父는 일제 강점기 때 행방불명). 이후 남한에서 고등학교를 졸업하고 개인 회사를 다녔다고 함. 1980년 하숙집 딸의 친구와 결혼을 하여 2명의 딸을 낳았음. 부인과 종교적인 문제로 인해 1986년 이혼을 하였음. 자녀 양육은 부인이 담당하여 이혼 후 회사원 생활 및 노점 장사, 건설 현장 등지에서 일을 하며 혼자 생활을 하였다고 함. 2006년 건설현장에서 다리 골절상을 입고 경제생활을 하지 못하게 되었고, 부양 의무자인 딸이 실직함에 따라 2007년 8월부터 수급자로 선정되어 월 42만 원을 지원 받아 고시원에서 생활을 하고 있다고 함 • ct 母: 남한에서 ct와 함께 생활하였으며, 1979년 백혈병으로 사망했음 • 부인과 자녀: 현재 ○○구 ○○동의 영구임대 아파트에서 거주하고 있으며, 큰딸은 학업을 위해 미국으로 유학을 가서 생활하고 있다고 함
가족 기능 사정	• ct 자녀들: 연락처를 알고 있어 간헐적으로 딸들에게 전화를 하거나 근처를 배회하면 딸들이 냉정하게 대한다고 함. 자녀들과 실질적인 교류는 없다고 함 • ct 누나 및 여조카: ct 누나 및 7살 차이인 여조카와 가끔 연락을 하고 지낸다고 함
경제 상황	• 2006년까지 건설현장 일용직으로 근무하였으나 다리골절, 대상포진, 뇌경색 등의 질병이 연이어 발병함에 따라 근로의욕을 상실했다고 함 • 현재는 정부 지원금 42만 원(노령연금 포함)으로 생활하고 있다고 함
사회 지원망	• 주변에 교류하는 이웃은 없는 상태라고 함 • ○○동 주민자치센터: 수급권 선정 및 월 생활비를 지원받고 있다고 함 • 누나 및 조카: 유일한 친척으로 간헐적 연락을 하고 있다고 함
심리적 상황	• 종교가 없으며 주변에 친구나 이웃이 없다고 함 • 고시원에 혼자 있으면 답답해서 종종 전철을 타고 ○○공원에서 시간을 보내고 있으며, 인근에 있는 ○○호수를 걷기도 함 • ct는 자녀와 안부 전화연락 정도만 하고 있는 상황인데 딸들의 반응이 냉정하여 소외감을 느끼고 있다고 함

2) 욕구 및 강점 사정

(1) 2008~2009년 주요 개입 내용(문제 해결 중심의 사례 관리)

문제 및 욕구	• 경제적 어려움과 부양자 부재로 인한 급식 지원 • 기획행사를 비롯한 재가복지 서비스 이용 희망 • 뇌경색으로 쓰러진 이후 건강 관리에 대한 관심 높아짐 • 복지관 근처에 방을 얻고 싶다는 욕구를 표현
주요 사례 개입 내용	• 주 6회 무료급식을 통한 균형 잡힌 식사 지원 및 경제적 부담감 감소 • 월 1회 이상 후원품, 연 1회 이상 나들이, 연 3회 이상 정기 행사 등 본 기관 재가복지 서비스 이용으로 낮 시간 무료감 해소 및 일상생활 지원 • 주 1회 건강체조 및 연 1회 이상 건강검진 등을 통해 ct 건강 상태에 대한 점검 • 2009년 주 1회 어르신 집단 프로그램 참여를 통해 동년배들 간의 관계 형성
ct의 주요 변화	• 2008년은 무료급식 외에 별도의 욕구 표출을 하지 않았으나, 2009년 뇌경색으로 쓰러진 뒤 건강 관리에 대한 관심 및 복지관 인근에 방을 얻어서 생활하고 싶다는 욕구를 표출함 • 복지관 이용 초기에는 복지 서비스 이용에 수동적이었으나, 2009년 집단 활동 프로그램 참여 후 ct에게 필요한 정보들을 찾아서 이용하는 모습을 보이고 있음

(2) 2010년 주요 개입 내용(문제 해결 중심의 사례 관리)

문제 및 욕구	• ct 조카가 제시한 요양원 입소 거부 후 조카와 연락이 되지 않으며 2009년 누나의 사망으로 정서적 지지 체계가 존재하지 않음. 이로 인한 심적 외로움을 표현 • 우울증 검사 시 30점 만점에서 30점으로 높은 우울감을 나타냄 • 고시원 생활이 불편하며, 언제 퇴실하라고 할지 모르는 불안감 때문에 복지관 인근 월세 20만 원 정도의 집을 원하고 있음
주요 사례 개입 내용	• 주 2회 이상 우울증 예방 프로그램 참여를 통한 우울감 개입 • 주 6회 이상 무료급식, 월 1회 이상 후원품 등 재가복지 서비스 이용을 통한 일상생활 유지 • 주택 마련을 위한 관내 부동산 정보 제공 • 주거 보증금 마련을 위한 온라인 모금 홍보 실시 • 서울시사회복지사협회 위기 사례 개입 신청을 통한 300만 원의 지원금으로 연체된 고시원 이용료 납부 및 살림살이 구입 • 구청 사례 관리 대상자로 의뢰하여 민-관 공동 사례 관리 진행. LH공사 주택 지원 신청하였으나 2010년 9월 탈락. 2010년 12월 재신청하여 2011년 예비 대상자로 선정
ct의 주요 변화	• 우울증 검사 사전 30점에서 사후 14점으로 낮아졌으며, 구성원들과 친밀관계를 형성하는 모습을 보임 • 게이트볼 대회 준비 시 리더의 역할을 했으며, 이후 사회적 역할에 대한 욕구를 표출 • 2011년 1~3월 사이에 임대주택에 입주할 예정임 • 연 1회 의료기관 이용을 통해 뇌졸중 점검, 신체 활동 및 보건의료 서비스를 이용하여 건강을 유지하고 있음

(3) 2011년 욕구 및 강점(강점 및 욕구에 근거한 사례 관리)

유형	우선 순위	제시된 욕구	강점 및 자원	내/외적 장애물
개인 수준의 욕구	2	제가 할 수 있는 일이 있을까요?	• 한글을 읽고 쓰기 가능 • 전화 응대 가능	• 고령으로 봉사 활동 수요처를 찾는데 제한적임
	3	게이트볼도 재미있고, 작년처럼 계속 해피스쿨을 하고 싶어요.	• 해피스쿨 사후 모임 참여에 대한 호의적인 반응을 보임	-
	4	제가 죽으면 자기가 책임져야 하니까 조카가 일부러 연락을 안 받는 것 같아요.	• 조카 및 조카 큰딸의 연락처를 알고 있음	• 조카와 자녀들이 연락을 고의적으로 받지 않음에 따라 심리적으로 상처를 받음
	1	고시원이 너무 지저분하고, 언제 나가라고 할지도 모르는데 빨리 집이 됐으면 좋겠어요.	• 2011년 LH 긴급주거 지원 대상자로 선정됨	• 임대주택 입주일이 불명확함
척도를 이용한 사정	척도 종류		사정 결과	
	정서 및 사회적 고립감 사후 척도 검사*		• 사전 검사: 사회적 고립감 26점, 정서적 고립감 26점, 사회적 소외감 23점, 정서적 소외감 22점	

*30점 만점으로 점수가 높을수록 고립감이 높은 것으로 파악된다.

(4) 욕구 사정을 위한 상담 과정

회기	일시	내용
1	2011년 1월	〈담당 사회복지사 변경 안내 및 안부 상담〉 • 2011년부터 담당 사회복지사가 변경되었다는 점에 대해 안내 후 ct의 일상생활 및 임대주택 관련 변경된 사항들이 있는지 확인함 • 봉사 활동을 희망함에 따라 도서관 봉사 활동 연계함
2	2011년 2월	〈우울증 사후 모임 참여 관련 욕구 파악〉 • 지속적인 해피스쿨 참여를 희망했으나 우울지수가 낮아 연속 참여가 어렵다는 점을 전달. 어르신 해피스쿨 사후 모임 여부 물어보자 좋다고 함 • ct는 집만 빨리 해결되면 좋을 것 같다고 함
3	2011년 3월	〈주택 및 욕구 파악〉 • 임대주택 관련하여 빨리 이사하고 싶다고 함. 이 외의 것은 괜찮다고 이야기함 • 조카와 연락이 단절되었는데, 다시 연락을 하고 싶은지 물어보자 ct는 하고 싶다고 함
4	2011년 4월	〈욕구 사정〉 • ct가 직·간접적으로 표현한 욕구들을 담당 사회복지사가 정리하여 ct와 논의함. ct가 동의하였으며, 욕구를 실천하기 위한 세부 계획들을 각자 세워보기로 함
5	2011년 4월	〈사례 관리 계획〉 • ct가 임대주택 계약의 기회가 왔을 때 안정적으로 계약을 할 수 있는 방법, 봉사 활동과 사후 모임 참여를 하기 위한 방법, 조카와 연락할 수 있는 방안을 찾기 위해 상담함 • ct가 생각한 방법과 담당 사회복지사가 생각한 방법을 가지고 함께 논의하여 조정함 • 전반적으로 ct가 추상적으로 표현할 경우 담당 사회복지사가 구체화하는 방법으로 진행됨

3) 2011년 개입 및 점검 평가

(1) 임대주택 입주를 위한 준비하기

<table>
<tr><th rowspan="2">우선
순위</th><th rowspan="2" colspan="2">제시된 욕구</th><th rowspan="2">합의된 목표</th><th rowspan="2">실천 계획</th><th rowspan="2">빈도</th><th colspan="2">담당</th></tr>
<tr><th>내부</th><th>외부</th></tr>
<tr><td rowspan="3">1</td><td colspan="2">고시원이 너무 지저분하고, 언제 나가라고 할지도 모르는데 빨리 집이 됐으면 좋겠어요.</td><td rowspan="3">임대주택 입주를 위한 준비하기</td><td>마련된 보증금을 생활비로 사용하지 않기</td><td>상시</td><td>김OO 사례관리자</td><td>이OO 대상자</td></tr>
<tr><td rowspan="2">욕구 수준</td><td rowspan="2">개입 전 (10)
개입 후 (1)</td><td>임대주택계약 관련 정보 제공</td><td>상시</td><td>김OO 사례관리자</td><td>구청 사례관리자</td></tr>
<tr><td>이사 시 생필품 지원</td><td>1회</td><td>김OO 사례관리자</td><td></td></tr>
</table>

① 주요 개입 내용

- 2010년 11월 매입임대 입주 세대 예비입주 대상자로 선정되었으며, 2010년 거주지 이전을 위한 보증금 약 200만 원을 마련한 상황이었다. 이에 2011년 1~3월 입주예정으로 결정됨에 따라 입주 일정 안내 및 보증금을 써버리지 않고 관리할 수 있도록 하였다.
- 2011년 6월 임대주택 계약 관련하여 담당 사회복지사와 함께 임대주택 방문을 통해 집 점검 및 계약 관련 서류를 ct가 직접 준비하였다. 2010년 임대주택에 입주한 신 ㅇㅇ 어르신 연계를 통해 계약 당일 주의 사항을 전달하였다.
- 2011년 7월 14일 이사를 위해 구청 연계를 통한 차량을 확보하여 ct의 이사를 지원하였다. 또한 냉장고, TV, 가스레인지 등 생활용품을 지원하였다.

② ct 주요 변화

- 이사 전날 비가 왔으나 ct 혼자 버스로 4번 왔다 갔다 하며 이삿짐을 옮기는 등 이사하는 것에 매우 신나고 들떠하는 모습을 보였다.
- 이사 후 부족한 살림을 지역을 돌아다니며 스스로 마련하는 모습을 보였다.

- ct는 고시원 총무가 바뀐 뒤 청소가 잘 되지 않아서 악취가 나고 밥도 해먹을 수 있는 상황이 아니었는데 이렇게 좋은 집으로 와서 너무 좋다고 하였다. ct는 "평생 살 수 있는 집도 있고 이젠 딱 하나만 더 있으면 돼요. 같이 살 할머니!"라고 농담을 하는 모습을 보였다.
- 담당 사회복지사를 포함한 복지관 직원, 복지관 이용 어르신들을 집으로 초대하고 싶다고 하였다.

③ 개입 실천 Tip

- 공공 서비스는 공공 기관과 연계하여 진행하기
  - 공공 서비스에 대한 정보는 공공 기관 담당자가 더 많이 알고 있다. 이에 임대주택 신청과 같은 공적 서비스 신청은 구청과 연계하는 것이 필요하다.
- 지역 상점 및 복지관 이용 어르신을 통한 정보 파악하기
  - 지역에 있는 부동산과 관계를 형성하여 관할 지역 부동산 정보를 파악하는 것이 필요하다. 이때 복지관 이용 어르신들이 담당 사회복지사보다 비공식적 자원을 더 많이 알고 있는 경우가 있다. 특히 누구네 집이 얼마고, 누구네 집 주인이 괜찮아서 말만 잘하면 싸게 해준다는 등의 고급정보들을 가지고 있기 때문에, 복지관 이용 어르신들에게 정보를 파악하는 것도 필요하다.

(2) 봉사 활동하기

우선순위	제시된 욕구		합의된 목표	실천 계획	빈도	담당	
						내부	외부
2	제가 할 수 있는 일이 있을까요?		봉사 활동하기	도서관 봉사 활동하기	주 6회	임○○ 사회복지사	이○○ 대상자
	욕구 수준	개입 전(9) 개입 후(3)		해피스쿨 사후 모임 참여를 통한 봉사 활동하기	월 1회	김○○ 사례관리자	이○○ 대상자

① 주요 개입 내용

- 본 기관 내 어린이 도서관에서 주 6회 봉사 활동을 진행하였다.
- 2010년 해피스쿨 참여 어르신 중 우울지수가 낮은 어르신으로 사후 모임 구성하여 라벨 붙이기, 천연비누 만들기, 장애인 주간보호센터 아동 종이접기 지도 봉사 활동을 진행하였다.

② ct 주요 변화

- 누군가에게 도움이 되고, 필요로 하는 사람이 되었다는 것이 좋다는 표현을 하였다.
- 질적 평가 인터뷰 시 봉사 활동을 통해 가치감을 찾는다고 말하셨다.
- 2011년 하반기부터 장애인 주간보호센터 아동 종이접기 지도 봉사 활동도 하고 있다.

③ 개입 실천 Tip

- 단순 봉사 활동을 시작으로 봉사 활동을 쉽고 재미있는 활동으로 인식하기
  - 어르신 상담 시 봉사 활동에 대한 부담감과 '나는 할 줄 아는 것이 없어서 아무것도 못한다' 라고 말하는 경우가 많다. 이에 단순 봉사 활동으로 성취감을 느껴 봉사 활동이 어렵지 않고 재미있는 활동이라는 것을 느낄 수 있도록 하는 것이 필요하다.
- 고정적으로 할 수 있는 봉사 활동 찾기
  - 어르신의 인지능력을 파악하고, 관내에서 할 수 있는 봉사 활동을 찾아서 정기적으로 할 수 있도록 연계하는 것이 필요하다. 더불어 천연비누 만들기와 같이 어르신들이 배워서 완성품을 만들어내는 활동들은 성취감을 제공하여 만족도가 더 높게 나타나기도 한다. 만약 라벨 작업과 같은 단순한 봉사 활동을 정기적으로 진행하고자 한다면 일정을 고정해서 진행해야 하며, 활동에 대한 의미 부여를 하여 어르신들이 복지관의 허드렛일을 한다는 느낌이 들지 않도록 진행해야 한다.
- 봉사 활동 소문내기
  - 어르신들의 봉사 활동에 대해 복지관 직원, 봉사자들에게 소문을 내야 한다. 소문을 내고 복지관에서 어르신들을 만날 때마다 활동에 대한 긍정적 지지를 해준다면 활동에 대한 동기 부여가 이루어질 수 있다.

(3) 해피스쿨 사후 모임 참여를 통한 동년배들과 지지 체계 형성하기

우선순위	제시된 욕구		합의된 목표	실천 계획	빈도	담당	
						내부	외부
3	게이트볼도 재미있고, 작년처럼 계속 해피스쿨을 하고 싶어요.		해피스쿨 사후 모임 참여를 통한 동년배들과 지지 체계 형성하기	사후 모임 참여	월 1회	김OO 사례관리자	이OO 대상자
	욕구 수준	개입 전(3) 개입 후(1)		게이트볼 참여	주 1회	김OO 사례관리자	주민 모임
				나들이 참여	년 2회	김OO 사례관리자	주민 모임

① 주요 개입 내용

- 2010년 해피스쿨 종결 후 사후 모임 참여를 권유하였으며, ct가 동의하였다. 사후 모임 진행 시 다른 구성원들의 추천에 의해 반장을 담당하였다.
- 월 2회 이상 사후 모임 참여를 통한 정기회의 및 봉사 활동을 진행하였으며, 주 1회 게이트볼, 연 2회 나들이에 참여하였다.

② ct 주요 변화

- 사후 모임 구성원들과의 친분관계가 형성됨에 따라 게이트볼이 진행되지 않는 날에도 구성원들과 자발적으로 게이트볼 연습을 진행하였다.
- 게이트볼 연습장에 걸어서 이동을 할 때 오래 걷는 것을 힘들어 하는 어르신은 보행보조기로 이동을 도와주는 등 구성원들과 도움을 주고 받는 모습을 보였다.
- 사회 및 정서적 고립감 척도 시 사후 모임 구성원들이 친구이며, 이들과의 관계 속에서 지지받고 있다고 하였다.

③ 개입 실천 Tip

- 모임 초기는 봉사 활동보다는 관계형성이 먼저
- 모임 초기는 봉사 활동보다는 구성원들 간의 관계형성에 초점을 두고 개입해야 한

다. 실제 상반기 사후 모임은 봉사 활동보다는 서로에 대해 알아가고 어떤 활동을 함께 할지 매개체를 찾는 시간을 가졌다. 함께 할 활동을 찾는 과정에서 활동에 대한 흥미를 느끼게 되었고, 월 1회 하던 기존 활동도 횟수를 늘려 주 1회 했으면 좋겠다고 요청하였다.

■ 긍정적 질문을 통해 욕구를 찾기

• 어떤 활동을 하고 싶은지 물어볼 때 직접적으로 욕구를 표현하는 ct도 있지만 욕구 표현을 하지 않는 경우가 많다. 이럴 경우는 어릴 적 좋아했던 것, 하고 싶었던 것 등과 같은 긍정적 질문을 통해 ct의 생각이나 의견들을 파악하고 그 속에서 ct가 하고 싶은 것들을 찾아내야 한다.

(4) 조카와의 관계회복을 위해 노력하기

<table>
<tr><th rowspan="2">우선 순위</th><th rowspan="2" colspan="2">제시된 욕구</th><th rowspan="2">합의된 목표</th><th rowspan="2">실천 계획</th><th rowspan="2">빈도</th><th colspan="2">담당</th></tr>
<tr><th>내부</th><th>외부</th></tr>
<tr><td rowspan="2">4</td><td colspan="2">제가 죽으면 자기가 책임져야 하니까 조카가 일부러 연락을 안 받는 것 같아요.</td><td rowspan="2">조카와 관계회복을 위한 노력하기</td><td rowspan="2">조카에게 편지쓰기</td><td rowspan="2">연 1회</td><td rowspan="2">김○○ 사례 관리자</td><td rowspan="2">이○○ 대상자</td></tr>
<tr><td>욕구 수준</td><td>개입 전(8)
개입 후(7)</td></tr>
</table>

① 주요 개입 내용

■ 2009년 ct가 요양원 입소 거부 이후 연락이 단절된 조카에게 편지를 보내기 위해 ct 조카와 조카의 큰딸에게 전화 및 문자를 보냈으나 연락이 되지 않았다.

■ 주소 파악 후에는 2009년과 비교하여 ct의 거주지 및 건강이 안정되었다는 점을 편지로 알려줌으로써 ct와 연락을 할 수 있도록 하고자 하였다.

② ct 주요 변화

■ 조카와 연락을 하기 위해 노력을 해야겠다고 생각했으나 실천을 못했다고 하였다. 관계회복을 위해 주소 파악을 하는 등 스스로 노력하고 있다.

③ 개입 실천 Tip

■ 가족 개입 후 나타날 수 있는 부정적 결과에 대해 정확하게 전달하기

- ct 가족 개입의 한계가 있었다. 관계회복을 위한 시도를 했으나 결과가 부정적일 경우에 ct가 느끼는 심리적 부담감이 염려되었다. 개입 전 ct에게 연락이 올 수도 있지만 오지 않을 가능성이 있다는 점을 알려준 뒤 ct가 선택할 수 있도록 하는 것이 필요하였다.

4) 총평

본 사례는 우울증 위험이 있는 저소득 독거어르신에 대한 사례로서 다른 사람들에게 피해를 끼치는 것을 싫어하는 어르신의 성격상 복지관 초기 이용 시 특별한 욕구 표출을 하지 않았다. 그러나 2009년 뇌경색으로 쓰러지고 친누나의 사망, 조카와 연락이 단절됨에 따라 정서적 우울감이 두드러지게 나타났으며, 건강과 거주지 등에 대한 다양한 욕구들을 표출하기 시작하였다.

이에 2010년 우울증 프로그램 참여를 통한 정서적 개입과 구청 연계를 통한 공동 사례 관리를 진행하여 주거에 대한 개입을 실시하였다. 이러한 개입을 통해 ct에게 긴급하게 나타난 욕구들이 해소되었으며, 우울증이 완화되면서 사회적 활동에 대한 욕구를 표출하였다.

2011년은 ct 강점과 욕구를 바탕으로 봉사 활동을 매개체로 하여 통합 사례 관리를 진행하였다. 이러한 결과로 정서 및 사회적 고립감 사전 척도 시 사회적 고립감 26점, 정서적 고립감 26점, 사회적 소외감 23점, 정서적 소외감 22점이였으나 사후 척도는 사회적 고립감 16점, 정서적 고립감 19점, 사회적 소외감 16점, 정서적 소외감 19점으로 감소하였다. 더불어 ct는 사후 모임 참여자를 친구라고 표현했고, 이들과 관계를 맺음으로써 관심과 챙김을 받고 있다고 이야기하였다. 이에 봉사 활동은 ct에게 사회적 역할 부여와 함께 참여하는 동년배들과의 정서적 관계를 맺을 수 있었다는 점에서 긍정적으로 평가한다. 앞으로도 봉사 활동을 매개체로 ct가 가지고 있는 강점들을 활용하여 즐겁게 생활할 수 있도록 다음과 같이 사례 관리를 진행하고자 한다.

<table>
<tr><th rowspan="2">우선순위</th><th rowspan="2">제시된 욕구</th><th rowspan="2">합의된 목표</th><th rowspan="2">실천 계획</th><th rowspan="2">빈도</th><th colspan="2">담당</th></tr>
<tr><th>내부</th><th>외부</th></tr>
<tr><td>1</td><td>지속적으로 사랑 모임 참여하고 싶어요.</td><td>사후 모임 참여하기</td><td>주 1회 사후 모임 참여하기</td><td>주 1회</td><td>김OO 사례관리자</td><td>이OO 대상자</td></tr>
<tr><td>3</td><td>제가 죽으면 자기가 책임져야 하니까 조카가 일부러 연락을 안 받는 것 같아요.</td><td>조카에게 편지로 변화된 ct 모습 알려주기</td><td>조카 주소 확인 후 편지 보내기</td><td>수시</td><td>김OO 사례관리자</td><td>이OO 대상자</td></tr>
<tr><td rowspan="8">2</td><td rowspan="8">현재 생활에 만족해요. 지금처럼 지냈으면 좋겠어요.</td><td rowspan="2">계획적인 소비를 통해 병원치료비 및 2년 뒤 인상될 임대 보증금 마련하기</td><td>통장 2개 개설하여 임대보증금 및 병원 치료를 위한 비용 저축하기</td><td>월 1회</td><td rowspan="2">김OO 사례관리자</td><td rowspan="2">이OO 대상자</td></tr>
<tr><td>가계부 작성하기</td><td>수시</td></tr>
<tr><td rowspan="3">지속적인 봉사 활동하기</td><td>도서관 봉사하기</td><td>주 6회</td><td>임OO 사회복지사</td><td>이OO 대상자</td></tr>
<tr><td>사후 모임 참여를 통한 비누 만들기 및 종이접기 봉사 활동</td><td>주 1회</td><td rowspan="2">김OO 사례관리자</td><td>이OO 대상자</td></tr>
<tr><td>외부 기관 종이접기 봉사</td><td>주 1회</td><td>OO 정신병원</td></tr>
<tr><td rowspan="3">건강 관리하기</td><td>정기적으로 병원 검진 받기</td><td rowspan="2">연 1회</td><td rowspan="3">김OO 사례관리자</td><td>OO 의료원</td></tr>
<tr><td>경찰병원으로 병원 옮기기</td><td>OO 병원</td></tr>
<tr><td>피로회복제 복용량 줄이기</td><td>수시</td><td>이OO 대상자</td></tr>
</table>

5) 사례 관련 첨부 자료

(1) ct가 작성한 사례 계획서

(1) 금전관리

수입: 약 400,000

지출: 1) 임대료 약 100,000
2) 가스 〃 15,000
3) 전기
4) 수도 } 아직 청구 없음 (가구별 분할)
5) 전화 〃 15,000
6) 청소 〃 5,000
7) 버스 약 10,000
8) 외식 약 180,000 { 오늘부터 밥을 해먹고 외식비 절약
9) 기타 30,000 → 바카스 및 피로회복제도 줄이겠음 → 하루 1병
계 328,000

(2) 건강관리: 내주중 병원 진료 약속함 → 다음주 목요일 오후

(3) 조카와의 관계개선: 편지는 주소불명으로 못 보냈음 전화로 알아보겠음.

– 이상 끝 –

이○○

(2) 프로그램 만족도 ct 인터뷰(외부 전문가 인터뷰 실시)

Q: 천안에서 왔어요. 젊으시네요. 앞에 저랑 말씀하신 어르신들은 프로그램 하시면서 행복하고 좋으시다라고 하시더라구요. 프로그램에 2년 정도 참여하셨잖아요. 레크레이션 하셨죠? 이제 워낙에 긍정적이시고. 지금은 사랑 모임 하시는 거죠? 어떠세요? 프로그램 참여 전과 후를 점수로 평가하신다면, 100점 만점으로 본다면….

A: 100점 만점이라면 해피스쿨 60점, 사랑 모임은 90점 정도….

Q: 처음 해피스쿨 오시기 전에는 60점 미만이네요. 해피스쿨 오시기 전에는 어떠셨어요? 그땐 사람들 잘 안 만나고 그러셨나요?

A: 제가 내성적이라 사람 사귀기를 안했어요. 거기다가 오랜 동안 혼자 생활하고 있어서

습관이 되어 대화를 잘 못했거든요. ○○복지관 오면서 다정하게 먼저 인사를 해야 되니까. 그런 말이 있잖아요, 웃을 일이 없어도 웃으면 웃을 일이 생긴다고 그런 식이에요. 제가 먼저 여기서 친절하게 인사하니까. 첨에는 할머니들이 인사 잘하는 사람이라고.

Q: 억지로 한 건데. 사실 그것도 하기 너무 힘든 건데. 사람들이 칭찬을 해주니까….

A: 그런 식으로 하다보니까 성격이 좀 밝아진 것 같아요.

Q: 웃는 얼굴이세요. 해피스쿨 다들 행복하고 편안해 보이세요. 해피스쿨 오시기 전에는 60점 겨우 낙제 점수였는데 뭐가 그렇게 만족하세요.

A: 조금 수정할게요. 70점, 100점이요. 제가 100점이라고 하면 곧이 안 들으실까봐….

Q: 심정적으로 100% 만족하시는군요. 저도 기분이 좋네요. 뭐가 제일 행복하게 해주는 것 같아요?

A: 사랑 모임을 기준으로 말씀드리면 제가 성격이 남에게 폐 끼치는 것을 싫어했는데….

Q: 네, 내성적이시니까 피해를 끼치지도 않고 누구를 적극적으로 돕지 않고….

A: 네, 그랬는데, 사랑 모임에서 여러 가지 프로그램 하면서 봉사를 하게 되니까 다소나마 복지관에서 입는 은혜에 조금이라도 보답하는 것 같아서 뭐든지 하려고 가치감을 느끼고 그러니까 만족하는 거죠.

Q: 성격이 깔끔하셔서 누구한테 피해주고, 신세지고 하는 거 싫어하시는데 기여를 하니까 나도 존재감도 있어지고 가치도 있고 내가 도움을 주는 사람이 되니까 마음이 더 편하시니까 행복하시군요. 그러실 수 있어요. 여기 처음에 식사하러 왔다 갔다 하셨을 때, 프로그램 참여하시라고 권유했을 때 망설이시다가….

A: 망설이지 않았어요.

Q: 망설이지 않으셨어요?

A: 사랑 모임 시작 전에 뭔가 내 힘으로 할 수 있으면, 복지관에 기여를 하고 싶어서 도서관에서 봉사 활동을 하고 있었어요. 할 수 있는 것 없나….

Q: 이미 봉사의 삶을 살려고 노력을 하고 계셨군요. 이거를 하면서 더 느끼셨군요. 이 프로그램을 통해 복지관에 기여를 한다는 것이 가장 좋으시군요. 이거 하면서 어르신에게 생긴 변화는 무엇일까요?

A: 성격이 밝아졌어요. 오죽하면 병원에서 우울증 진단을 받았어요. 뇌경색 치료를 받고 있는데 지금은 우울증이 없어진 것 같아요.

Q: 걷거나 보행하는 것에 어려움은 없어요?

A: 예전보다는 어려움이 있어요. 뇌경색으로 쓰러져서 구급차에 실려 갔는데, 그때보다 지금은 조금 나았는데, 지금은 약을 중단했어요. ○○의료원이 이사를 해서….

Q: 성격이 밝아지니까 식사도 더 잘하시게 되고, 혼자 계시니까, 식사도 영양균형 맞게 더불어서 함께하는 것이 더 좋은 거죠. 5명이 사랑 모임을 함께 하고 계시는데, 작은 모임이에요. 이런 작은 모임이 주는 장점은 무엇일까요?

A: 좀 더 친밀감을 느끼게 되고 가족적인 분위기가 들어요.

Q: 속이야기도 하고, 집에 계실 때 속상하실 때 이야기할 사람이 없을텐데…. 요 사람들이랑 속내를 터놓을 정도는 되셨나요?

A: 네.

Q: 그건 큰 것이네요. 누구랑 가장 친하세요?

A: 똑같아요.

Q: 옛날 친구들도 있을 텐데 그 친구들은 못 만나요?

A: 옛날 친구들은 거의 다 사별해서. 복지관에서 만난 사람들이 친구들이죠.

Q: 봉사 활동하시면서 느낀 점은?

A: 장애 아이들이 프로그램을 통해서 느끼는 즐거움이 곧 제 즐거움이 되었어요. 즐거워하는 모습을 보면 저도 따라서 즐거워져요. 제 자랑하는 차원에서 듣지 마시구요. 제가 병원이 아니고 우울증 때문에, 지적장애인들을 치료하는 단체에 소개받아서 갔는데 거기에 상담 받으러 몇 번 갔는데, 제가 종이접기 취미가 있었어요. 그걸 알아가지고 거기서 강의를 해달라고 해요. 그래서 종이접기를 하는데 성인 장애인들이에요. 그 성인들이 종이접기를 통해 어린아이들처럼 동심을 찾아 가는 것을 볼 때 적지만 그분들께 기쁨을 줬다는 생각에 기뻐요.

Q: 이○○ 선생님이 재주, 소질을 개발하게 된 것이네요. 옛날에 더 잘하셨을 텐데 종이접기 혼자 계셨으면 하실 생각을 안했을 텐데. 그리고 가지고 있는 재능을 알아주니까 더 좋죠.

A: 여기 아이들은 장애아동들인데 김○○ 선생님이 어떻게 알아가지고 기여해 달라고 하니까 애들도 좋아하는 모습 보이고, 어떤 애들은 뒤에서 껴안고 매달리고….

Q: 얼마나 예뻐요.

A: 네, 제가 평생에 남을 도와주는 일을 못했어요. 아까도 말씀드렸지만 제가 내성적이라 누구한테 피해도 주지 않고 도움도 안 받았어요. 늘그막에 그런 생각들이 들어요.

사소한 것들이라도 남을 도와주고 싶다는 비록 종이접기지만….

Q: 그게 뭐든지 간에 만족도가 너무너무 좋으신데, 뭐만 하는 것이 아니라 돈을 버는 것도 아니고 도움을 주는 것 때문에 만족도가 높으신 것 같아요. 앞으로 기대하시거나 달라지면 좋을 것 같은 것은 무엇인지요?

A: 사랑 모임이 지금은 비누 만들기, 샴푸, 여름엔 모기향 이런 것들을 만들었는데 품목을 좀 더 다양하게 해서 발전했으면….

Q: 더 번성하게, 더 다양하게 만들고 싶으시군요. 여기 나와서 마음이 건강해지니까 몸은 따라서 나이가 들면서 신체적으로 낡아지는 것은 어쩔 수 없거든요. 모든 것은 머리에 달려 있는 것이에요. 몸뚱어리는 뇌의 신경조직이 아니면 여기는 잘라져도 고통을 모르는 것이에요. 여기서 아픈 거지요. 그런데 우울증이라는 것은 이런 데가 아무렇지 않아도 여기가 아프면, 내가 화가 나거나 분노가 나는 것이 뇌에서 하는 것이라 뇌가 즐거우면 마음이 즐거우면서 몸에 전파되는 거잖아요. 그런데 이런 활동을 통해서 100점이라고 말을 할 정도로 만족도가 높군요. 그리고 앞으로 더 1기, 2기, 3기 이런 것들이 더 지속되면 좋겠고, 더 즐겁게 하시면 될 것 같아요. 반장이시라고 들었는데 열심히 하시구요, 다음에 또 뵐게요.

Part IV

재가노인복지 서비스 제공기관의 운영 및 평가

제I부에서부터 제III부에 걸쳐 재가노인을 위한 사회복지 서비스 전반에 대한 이해와 건강 의존도에 따른 서비스의 유형들을 살펴보고, 치매, 노인 학대, 노인 자살 등 재가노인복지와 관련된 주요 이슈와 실천 방법에 대해 알아보았다. 제IV부에서는 재가노인복지 서비스를 제공하기 위한 시설을 설치 · 운영하는 데 필요한 제반 요건에 대해 살펴보고, 서비스 제공기관을 효과적이고 적법하게 운영하는지에 관한 평가는 어떠한지에 관해 알아보고자 한다.

Chapter 11

재가노인복지 서비스 제공기관의 설치 · 운영

1 재가노인복지 서비스 제공기관 설립 요건 및 절차

2 재가노인복지 서비스 제공기관의 시설 및 인력 기준

3 노인돌봄종합 서비스 제공기관

본 서에서 다루는 재가노인복지 서비스는 앞서 제1장에서 기술한 바와 같이 노인장기요양보험제도의 방문요양, 방문목욕, 방문간호, 주 · 야간보호 및 단기보호 서비스를 제공하는 장기요양기관으로서의 재가노인복지센터와 이 외의 서비스를 제공하여 재가노인복지시설에 해당되는 재가노인 지원 서비스센터 및 재가노인 지원센터를 포함하고 있다. 따라서 본 장에서는 재가장기요양기관, 재가노인 지원 서비스센터, 재가노인 지원센터로 구분하여 설치 및 운영에 관한 사항들을 살펴보기로 한다. 또한 노인돌봄서비스의 경우는 사회서비스 전자바우처 기관으로 등록되어야 하므로 별도로 취급하여 설명하기로 한다.

01 재가노인복지 서비스 제공기관[1] 설립 요건 및 절차

「노인복지법」 제39조(재가노인복지시설의 시설)와 「노인장기요양보험법」 제32조(재가장기요양기관의 설치)를 근거로 한 재가노인복지 서비스 제공기관의 운영은 먼저 시설을 운영하고자 하는 자가 법적 요건을 갖추어 설치 신고서를 제출하면 해당 관청에서는 「노인복지법」 시행규칙을 비롯한 제반 운영 기준의 준수 여부를 확인하는 절차를 갖는다. 그런 다음에는 재가노인복지 사업별 계획이 「노인복지법」 시행규칙 제29조(재가노인복지시설의 설치기준 등)의 규정에 적합한지를 점검하고, 그런 후에 사업 기준 충족 시 시행규칙 별지 제15호 서식에 의한 재가노인복지시설 설치 신고필증을 교부하는 과정으로 이루어진다.

1) 설치 신고서 제출

「노인복지법」 시행규칙 제28조에 근거한 재가노인복지시설의 설치 신고는 특별자치도지사 · 시장 · 군수 · 구청장에게 제출하여야 한다. 기존에는 서비스 유형별로 각각 별도의 설치 신고 또는 하나의 기관으로 설치 신고하였으나, 현재는 여러 가지 서비스

*본 장은 '노인보건복지사업안내(보건복지부, 2015)'를 참조하였다.

1) 「노인복지법」 제38조에 의한 재가노인복지시설은 방문간호를 제외한 방문요양, 방문목욕, 주 · 야간보호, 단기보호, 복지용구사업 등의 재가장기요양 서비스를 제공하는 시설을 의미한다. 따라서 시설요건을 기술함에 있어 「노인복지법」과 「노인장기요양보험법」에 명시된 조항들을 통합하여 제시하였다.

를 제공하는 하나의 시설로 설치 신고하면 된다. 예를 들어, 방문요양과 주 · 야간보호를 병설하는 경우에 시설 유형은 재가노인복지시설로 하고 제공하는 서비스 유형에 해당 사항을 복수 체크하면 된다. 재가노인복지 서비스 제공기관은 대부분의 재가장기요양 서비스를 포함하므로 여기에서는 재가장기요양기관의 설립요건을 중심으로 설명하고자 한다.

설치 신고 시에 필요한 서류는 | 표 11-1 | 과 같다. 신고서류 작성 시 유의할 사항은 첫째, 재가장기요양기관을 설치하는 기관은 반드시 요양보호사 자격 보유자를 배치하여야 하며, 둘째, 신규로 재가장기요양기관을 설치할 때에는 기관의 근로자가 기관의 장과 직접 근로계약을 체결하여야 하며, 셋째, 개인의 경우 신고자는 사업자(사업주)가 되어야 하고 고용된 관리 책임자는 인력 현황에 기재하여야 한다.

표 11-1 재가장기요양기관 설치 신고 시 필요 서류

서비스	필요 서류
공통	1. 재가장기요양기관설치 신고서(별지 제21호 서식) 1부 1-1 일반 현황 1부 1-2 인력 현황 각 1부(서비스 유형별 1부) 1-3 시설 현황 각 1부(서비스 유형별 1부) 2. 면허 또는 자격증 사본 • 사회복지사, 간호(조무)사, 물리(작업)치료사, (촉탁)의사, 요양보호사, 영양사 3. 사업 계획서, 운영 규정 1부 4. 정관 1부, 법인등기부등본(법인의 경우) 5. 사용자와 고용인 간의 직접 근로계약을 증빙할 수 있는 근로계약서 사본 또는 건강보험 사업장가입자명부 6. (법인의 경우) 법인 대표자가 아닌 대리인 신청 시 위임장
주 · 야간, 단기보호	7. 위치도, 평면도, 설비구조내역서 각 1부 8. 시설을 설치할 토지 및 건물의 소유권 또는 사용권 증명서류 1부
복지용구	9. 의료기기판매(임대)업 신고증명서 사본 1부

| 출처 | 보건복지부(2015a). 2015년 노인보건복지사업안내.

2) 신고 관청 현지 확인

설치 신고서를 접수한 관청에서는 다음과 같은 사항을 확인하여야 한다.

- 「노인복지법」 시행규칙 제29조의 규정에 의한 재가노인복지시설의 시설 · 인력 기준과 운영 기준 준수 여부
- 재가노인복지시설의 각 서비스별 서비스 및 프로그램의 공급 기준을 표기하고 공표하여 운영하는지 여부
- 기존 사회복지시설에 병설 운영하고자 하는 경우는 주 · 야간보호 서비스와 단기보호 서비스는 동 시설의 평균 이용률 등 수용능력을 확인한 후 규모 결정
- 주 · 야간보호 서비스와 단기보호 서비스 시설은 「장애인 · 노인 · 임산부 등의 편의증진보장에 관한 법률」에 의한 시설 기준에 적합한지 확인한 후 신고 수리
- 재가노인복지시설을 설치할 수 있는 건축물의 용도는 노유자시설, 단독주택 또는 공동주택임(「노인복지법」 제55조).
- 방문 서비스(방문요양, 방문목욕, 재가노인 지원 서비스)의 경우에는 건축허가권자의 판단에 따라 제1종 근린생활시설(「국토의 계획 및 이용에 관한 법률」 등 관계 법률에서 정하는 용도 제한에 적합한 경우), 제2종 근린생활시설 및 업무시설에도 설치 가능

3) 신고 수리

특별자치도지사 · 시장 · 군수 · 구청장은 재가노인복지시설 또는 재가장기요양기관의 설치 신고를 수리한 때에는 정해진 서식에 따라 재가노인복지시설 설치 신고필증 또는 재가장기요양기관 설치 신고증명서를 신고인에게 발급하여야 한다.

4) 시설 명칭 표기

시설의 명칭은 설치자의 재량 사항이나 재가 급여를 제공하는 기관임을 일반인이 알 수 있도록 '재가'라는 용어를 사용하고, 하단에 제공하는 서비스의 종류를 병기하여야 한다.

예 ㅇㅇ재가노인복지센터

- 방문요양, 방문목욕, 주 · 야간보호

5) 장기요양기관으로의 지정 및 준수 사항

장기요양기관으로 지정받은 시설은 다음 사항을 준수하여야 한다.

- 종사자가 서비스를 제공하는 과정에서 발생할 수 있는 각종 사고에 대비하여 배상책임 보험에 가입하여야 한다.
- 사회복지법인 및 사회복지시설 재무회계 규칙의 시설회계 규정에 따라 회계 처리하여야 한다.
- 장기요양기관은 지정을 받은 날로부터 14일 이내에 국민건강보험공단에서 운영하는 장기요양포털에 기관의 정보를 게시하여야 한다.
- 기타 동 지침에 명시되지 않은 세부 사항은 국민건강보험공단에서 발간되는 장기요양기관 안내(정보게재, 급여의 청구 및 지급, 사후 관리 등)에 따른다.

02 재가노인복지 서비스 제공기관의 시설 및 인력 기준

1) 가정방문(방문요양, 방문목욕, 방문간호) 서비스

(1) 시설 규모

방문요양, 방문목욕, 방문간호 서비스를 제공하기 위해서는 연면적 기준으로 시설 전용면적 16.5㎡ 이상의 공간을 갖추면 가능하다.

(2) 시설 및 설비 기준

공통 사항으로는 사무실과 통신설비, 집기 등 사업에 필요한 설비 및 비품을 갖추어야 한다. 방문목욕시설의 경우에는 이동용 욕조나 이동목욕차량을 갖추어야 하며, 방문간호 서비스 시설은 혈압계, 온도계 등 간호에 필요한 비품을 갖추어야 한다. 가정방문 서비스 제공기관의 시설 및 설비 기준은 | 표 11-2 | 와 같다.

표 11-2 가정방문 서비스 제공기관의 시설 및 설비 기준

구분	사무실	통신설비, 집기 등 사업에 필요한 설비 및 비품	이동용 욕조 또는 이동목욕차량	혈압계, 온도계 등 간호에 필요한 비품
방문요양	○	○	-	-
방문목욕	○	○	○	-
방문간호	○	○	-	○

| 출처 | 보건복지부(2015a). 2015년 노인보건복지사업안내. 참고, 재구성.

① 방문요양 서비스

방문요양 서비스를 제공하는 시설은 사무실 내에 또는 사무실과 별도로 탈의공간을 갖추어야 한다. 하나 이상의 다른 재가노인복지 서비스(재가노인 지원 서비스 제외)를 함께 제공하는 경우와 사업에 지장이 없는 범위에서 생활실, 침실 외의 사무실은 병용할 수 있다. 방문요양 서비스를 제공하는 시설을 사회복지시설에 병설하여 운영하는 경우 아파트 등 다른 용도로 사용하고 있는 공간에 방문요양기관을 설치하고자 하는 경우에는 벽면(커튼, 홀딩도어 등 이동식 · 접이식 칸막이 종류는 불가)을 설치하거나 독립된 공간에 설치하여 방문요양기관으로만 사용하여야 한다.

② 방문목욕 서비스

이동목욕차량은 본인 명의 또는 타인 차량에 대해 유 · 무상 사용계약(임대계약)을 체결하여 사용권이 본인에게 있을 경우에 무방하다. 이동목욕차량이란 욕조, 급탕기, 물탱크, 펌프, 호스릴 등을 갖춘 차량으로 자동차 등록증의 차량 용도(차명)에 '이동용목욕' 으로 표기되어 있는 차량이거나 자가용 또는 사업용으로 등록된 일반 차량을 이동목욕용으로 구조 변경하여 자동차등록증의 구조 · 변경 사항에 해당 내용이 표기된 차량을 의미한다. 이동목욕차량 없이 이동용 욕조만을 구비하여도 방문목욕 서비스가 가능하다. 단, 비용계산시 차량미이용 수가를 지급한다. 이동용 욕조란 통상 실내에서 목욕이 가능하도록 만든 욕조(예를 들면 공기주입식 욕조)를 의미한다.

③ 방문간호 서비스

의료기관에서 방문간호를 개설하는 경우에는 당해 의료기관의 시설 및 설비 병용 가능, 방문간호를 병설하면서 방문간호와 더불어 방문요양, 방문목욕 등의 서비스를 복합적으로 제공하는 시설의 설치가 가능하다.

(3) 인력 기준

공통 사항으로 관리책임자인 시설의 장을 두어야 하며 시설의 장은 상근(1일 8시간, 월 20일 이상 근무)하는 자이어야 한다. 관리책임자는 사회복지사, 의료인 또는 5년 이상의 실무경력을 갖춘 요양보호사 1급의 자격을 갖춘 자가 가능하다. 방문요양의 경우는 15명 이상의 요양보호사가 있어야 하며, 요양보호사 중 20% 이상은 1일 8시간, 월 20일 이상 근무하는 상근직이어야 한다. 예를 들어 요양보호사가 15명일 경우에 3명은 상근이어야 한다. 농 · 어촌 지역은 5명 이상이면 가능하다. 방문목욕은 2명 이상의 요양보호사가 있으면 가능하며, 방문간호는 간호사 또는 간호조무사가 1명 이상이면 가능하고, 구강위생을 제공하는 경우는 1명 이상의 치과위생사가 있어야 한다. 구체적인 내용은 | 표 11-3 | 과 같다.

표 11-3 가정방문 서비스 제공기관의 인력 기준

구분	관리책임자	사회복지사	간호사 또는 간호조무사	요양보호사	사무원	보조원 (운전사)
방문요양	1명	필요수	–	15명 이상 (농 · 어촌 지역의 경우에는 5명 이상)	필요수	필요수
방문목욕	1명	–	–	2명 이상	필요수	필요수
방문간호	1명	–	1명 이상	–	–	–

| 출처 | 보건복지부(2015a). 2015년 노인보건복지사업안내. 참고, 재구성.

① 방문요양 서비스

방문요양 서비스를 제공하는 시설의 장이 하나 이상의 재가노인복지시설(재가노인 지원 서비스 포함)을 동시에 관리하는 경우와 방문요양 서비스를 제공하는 시설을 사회복지시설에 병설하여 운영하는 경우는 사업에 지장이 없는 범위에서 그 사업의 시설의 장을 겸직하여 운영할 수 있다. 방문요양 서비스 중 장기요양 급여 수급자에 대한 신체활동 지원 서비스는 요양보호사 1급만 제공할 수 있다. 모든 종사자의 근로계약서에는 근무 시간, 시간급 임금, 초과근무 등을 명시하여야 한다. 요양보호사의 임금은 방문요양 서비스 제공 시간뿐만 아니라 서비스 준비, 이동, 관리 교육 등 포함하는 총 근무 시간을 기준으로 계산하는 것이 바람직하다. 주 · 야간보호 또는 단기보호 제공기관에서 방문요양 사업 병설시 방문요양 사업의 요양보호사는 10명 이상(농 · 어촌: 5명 이상)으로 운영이 가능하다.

② 방문간호 서비스

의료기관이 방문간호를 하는 경우에 관리책임자는 의사, 한의사나 치과의사 중에서 상근하는 자로 한다. 의료기관이 아닌 재가장기요양기관이 방문간호를 하는 경우에 관리책임자는 간호업무 경력이 2년 이상인 간호사로서 상근하는 자로 한다. 보건소, 보건지소, 보건의료원에서 방문간호를 병설하는 경우에는 관리책임자가 의사, 한의사나 치과의사여야 하나, 보건진료소에서 방문간호를 병설하는 경우에는 간호업무경력이 2년 이상인 간호사가 관리책임자가 될 수 있다. 직접 서비스 제공인력은 간호업무경력이 2년 이상인 간호사나 간호 보조 업무경력이 3년 이상인 간호조무사로서 방문간호 간호

조무사 교육(700시간)을 이수한 자를 1명 이상을 배치하여야 한다. 방문간호와 방문요양이나 방문목욕을 병설 운영하는 경우는 방문간호의 직접 서비스 인력인 간호사가 요양보호사 자격을 가지고 있는 경우에 방문요양 요양보호사 겸직이 가능하다.

2) 시설 이용(주 · 야간보호, 단기보호) 서비스

(1) 시설 규모

이용 정원이 최소 5명 이상으로 시설연면적 90㎡ 이상을 확보하되, 이용 정원이 6명 이상인 경우에는 1명당 6.6㎡ 이상의 생활실 공간을 추가로 확보하여야 한다. 주 · 야간보호 서비스를 제공하는 시설이 하나 이상의 다른 재가노인복지 서비스(재가노인 지원 서비스 제외)를 함께 제공하는 경우는 사업에 지장이 없는 범위에서 생활실, 침실 외의 시설은 병용할 수 있다. 주 · 야간보호 서비스를 제공하는 시설을 사회복지시설에 병설하여 운영하는 경우에 생활실, 침실 외의 시설은 사업에 지장이 없는 범위에서 병용할 수 있다. 다만, 이 경우에 시설의 연면적은 공동으로 사용하는 시설의 면적을 포함하여 90㎡ 이상이 되어야 한다.

(2) 시설 및 설비 기준

주 · 야간보호 서비스를 제공하는 시설의 경우에 수급자가 자유롭게 활동할 수 있는 공간과 안전설비를 갖춘 생활실을 두어야 하며, 주 · 야간보호 기관에서 다른 종류의 서비스를 동시에 제공하는 경우에 생활실은 주 · 야간보호 수급자만 이용하도록 별도로 구획되어 있어야 한다. 단기보호 서비스를 제공하는 시설의 경우에는 침실을 두어야 한다. 침실 등 입소자가 이용하는 시설이 2층 이상인 경우는 「장애인 · 노인 · 임산부 등의 편의 증진보장에 관한 법률」의 세부 기준에 따른 경사로 또는 「승강기시설 안전관리법」 시행 규칙에 따른 승객용 엘리베이터를 설치하여야 한다. 사무실과 의료 및 간호사실은 이용자가 10명 이상인 경우에 공간을 함께 사용 가능하나 각각의 시설에 대한 기능은 모두 갖추고 있어야 한다. 기타 시설 및 설비 기준은 | 표 11-4 | 와 같다.

표 11-4 시설 이용(주 · 야간보호, 단기보호) 서비스 시설 및 설비 기준

<table>
<tr><th>구분</th><th>생활실/
침실</th><th>사무실</th><th>의료/
간호사실</th><th>프로
그램실</th><th>물리
(작업)
치료실</th><th>식당/
조리실</th><th>화장실</th><th>세면장/
목욕실</th><th>세탁장/
건조장</th></tr>
<tr><td>이용자
10명 이상</td><td>○</td><td colspan="2">○</td><td colspan="2">○</td><td>○</td><td>○</td><td colspan="2">○</td></tr>
<tr><td>이용자
10명 미만</td><td>○</td><td colspan="2">○</td><td colspan="2">○</td><td>○</td><td colspan="3">○</td></tr>
</table>

| 출처 | 보건복지부(2015a). 2015년 노인보건복지사업안내. 참고, 재구성.

(3) 인력 기준

공통 사항으로 관리 책임자인 시설의 장을 두어야 하며 시설의 장은 상근(1일 8시간, 월 20일 이상 근무)하는 자이어야 한다. 관리책임자는 사회복지사, 의료인 또는 5년 이상의 실무경력을 갖춘 요양보호사 1급의 자격을 갖춘 자가 가능하다. 시설장은 상근(1일 8시간, 월 20일 이상 근무)하는 자로 두어야 하며, 주 · 야간보호 서비스를 제공하는 시설의 장이 하나 이상의 재가노인복지시설을 함께 제공하는 경우와 주 · 야간보호 서비스를 제공하는 시설을 사회복지시설에 병설하여 운영하는 경우 사업에 지장이 없는 범위에서 그 사업의 시설의 장을 겸직하여 운영할 수 있다. 구체적인 인력 기준은 | 표 11-5 | 와 같다.

표 11-5 시설 이용(주 · 야간보호, 단기보호) 서비스 인력 기준

<table>
<tr><th>구분</th><th>시설장/
관리
책임자</th><th>사회
복지사</th><th>간호
(조무)사*</th><th>물리
(작업)
치료사**</th><th>요양
보호사</th><th>사무원</th><th>조리원</th><th>보조원
운전사</th></tr>
<tr><td>이용자
10명 이상</td><td>1명</td><td>1명 이상</td><td colspan="2">1명 이상</td><td rowspan="2">이용자 7
명당 1명
이상(단기
보호는 4
명당 1명)</td><td>필요수</td><td>필요수</td><td>필요수</td></tr>
<tr><td>이용자
10명 미만</td><td>1명</td><td>–</td><td colspan="2">1명 이상</td><td>–</td><td>필요수</td><td>필요수</td></tr>
</table>

* 단기보호 서비스: 이용자 25명당 1명
** 단기보호 서비스: 이용자 30명 이상인 경우 1명

| 출처 | 보건복지부(2015a) 2015년 노인보건복지사업안내. 참고, 재구성.

요양보호사는 1급으로 주 · 야간보호 서비스는 수급자 7명당 1명 이상, 단기보호 서비스는 4명당 1명 이상을 배치하여야 한다. 주 · 야간보호 서비스 중 장기요양 급여수급자에 대한 신체 활동 지원 서비스는 요양보호사 1급만이 제공할 수 있다. 명당 1명으로 규정된 인원수의 경우는 기본 1명을 배치하여야 하며, 규정된 인원수를 넘어서는 경우에 '이용자 ÷ ○(○명당 1명 배치 기준)'으로 계산한 값을 반올림한 인원수를 배치해야 한다. 주 · 야간보호 서비스를 제공하는 시설의 사회복지사, 간호(조무)사, 물리(작업)치료사, 요양보호사 1급은 다른 업무와 겸직할 수 없다. 단, 단독주택 및 공동주택에서 이용자 10명 미만의 주 · 야간보호 서비스를 제공하는 경우에는 시설장이 간호(조무)사, 물리(작업)치료사 또는 요양보호사 1급 자격이 있으면 주 · 야간보호에 근무하는 간호(조무)사, 물리(작업)치료사 또는 요양보호사 1급과 각각 겸직할 수 있으며, 이 경우는 상시적으로 근무하는 종사자는 시설장을 포함하여 2인 이상이어야 한다. 주 · 야간보호 서비스와 단기보호 서비스를 함께 제공하는 경우에는 사회복지사, 간호(조무)사, 물리(작업)치료사는 상호 겸직하여 운영할 수 있다. 다만, 이 경우에 사회복지사는 이용자 50명당 1명, 간호(조무)사는 이용자 25명당 1명, 물리(작업)치료사는 이용자 30명 이상일 경우 1명을 배치하여야 한다.

3) 재가노인 지원 서비스

(1) 시설 규모

재가노인 지원 서비스를 제공하는 시설은 전용면적 연면적 기준 33㎡ 이상의 공간을 확보하여야 한다.

(2) 시설 및 설비 기준

사무실에 통신설비, 집기 등 사업에 필요한 장비를 갖추어야 하며, 방문요양, 방문목욕, 주 · 야간보호, 단기보호 등 다른 재가노인복지 서비스와 시설 공용이 불가하다. 다른 재가노인복지 서비스 및 장기요양 서비스를 동시에 제공하는 재가노인복지시설의 경우에는 재가노인 지원 서비스의 사무실 면적(33㎡)을 추가로 확보한 경우에만 같은 공간 활용이 가능하며, 사무실, 상담실, 교육실, 자원봉사자실 각 시설의 용도에 맞게 시설을 사용할 수 있도록 해당 설비를 갖추고, 용도별로 구획하는 등의 조치를 취해야 한다.

표 11-6 재가노인 지원 서비스 제공시설의 시설 및 설비 기준

사무실	상담실	교육실	자원봉사자실
○	○	○	○

| 출처 | 보건복지부(2015a). 2015년 노인보건복지사업안내.

(3) 인력 기준

시설장은 사회복지사 자격증, 의료인 면허증 소지자로 상근하여야 하며, 재가노인복지시설에서 병설하여 운영하는 경우에 시설장 겸직이 가능하다. 이때 사회복지사 외의 직원은 사업에 지장이 없는 범위 내에서 당해 재가노인복지시설의 직원이 겸직 가능하나, 시설장을 포함한 2인 이상의 직원을 겸직으로 할 경우에 사회복지사를 추가 배치하여야 한다. 또한 500인 이상 노인결연 시 해당 사업 기관에 한해서 전담직원 1인을 별도로 배치하여야 한다.

표 11-7 재가노인 지원 서비스 제공시설의 인력 기준

시설장	사회복지사	사무원
1명	1명	1명

| 출처 | 보건복지부(2015a). 2015년 노인보건복지사업안내.

4) 복지용구 서비스

(1) 시설 규모

복지용구 사업소 지정을 위해서는 다음과 같은 공간을 합한 규모의 공간을 갖추어야 한다. 첫째, 복지용구를 진열하고 진열된 복지용구를 수급자가 직접 보고 체험할 수 있는 공간, 둘째, 복지용구의 대여 및 관리(반환물품 및 재고물품 보관 등)를 위한 공간으로서 사무실, 전시장 등과 별도의 공간, 셋째, 복지용구의 세정(수도 및 배수시설 포함), 소독(소독액 및 세척 · 건조에 필요한 용구 포함), 수선에 필요한 설비 및 공간이다. 다만, 타 사업자와 복지용구의 보관 및 세정 · 소독 등의 공간을 공동으로 사용하는 시설의 경우에는 그 기준을 완화하여 적용할 수 있다.

(2) 시설 및 설비 기준

복지용구 사업소는 다음 기준에 해당하는 시설 · 설비를 갖추어야 한다.

표 11-8 복지용구 사업 시설 및 설비 기준

구분	사무실	진열 및 체험공간	세정 · 수리 등 사업에 필요한 설비 및 비품
복지용구	○	○	○

| 출처 | 보건복지부(2015a). 2015년 노인보건복지사업안내.

(3) 인력 기준

복지용구 사업소는 다음 기준에 해당하는 인원을 두어야 한다.

표 11-9 복지용구 사업 시설 및 인력 기준

관리책임자	사무원
1명	필요수

| 출처 | 보건복지부(2015a). 2015년 노인보건복지사업안내.

03 노인돌봄종합 서비스 제공기관

1) 설립요건 및 절차

노인돌봄종합 서비스는 사회서비스 전자바우처 사업의 일환으로서 노인돌봄종합 서비스 제공기관의 설치 운영 과정은 앞서 살펴본 다른 재가노인복지 서비스 제공기관과는 달리 「노인복지법」이나 「노인장기요양보험법」을 근거로 하지 않고 「사회서비스 이용 및 이용권 관리에 관한 법률」 제16조(제공자 등록)를 근거로 이루어진다. 동 법률에는 '사회서비스 이용권을 통하여 사회서비스를 제공하려는 자는 제공하려는 사회서비스별로 시장 · 군수 · 구청장에게 등록하여야 한다' 고 명시하고 있다.

노인돌봄종합 서비스를 제공하고자 하는 자가 사업장 주 소재지 관할 시 · 군 · 구 사업 담당과에 등록신청서 및 증빙서류를 제출하면 시 · 군 · 구 사업 담당자는 제출 서류와 행정정보 공동 이용을 통해 법인 등기 사항 증명서(법인만 해당)와 건물등기부등본을 확인하고, 필요 시 자격소지 여부에 대한 조회를 실시한다. 등록 기준을 적용할 때 기관의 지역적 분포 및 관할 지역 내 이용자 수, 이용권 시장 규모 등 적정공급 규모를 고려하여 등록 제한 및 조건을 부가할 수 있다. 심사 결과 신청 기관이 노인돌봄종합 서비스를 제공하기에 적합한 기관으로 인정되면 시 · 군 · 구 사업 담당자는 행복e음을 통해 등록정보를 입력하고, 전송된 정보는 전자바우처 시스템과 연계되어 관리된다. 서비스 제공자에게 등록증이 발급되면 시장 · 군수 · 구청장은 이용자가 서비스 제공자의 등록 내용을 확인할 수 있도록 서면이나 홈페이지 등을 통해 공지하여야 한다. 등록 신청을 위해 제출해야하는 구비 서류는 다음과 같다.

- 사회서비스 제공자 등록신청서
- 사업자등록증, 제공인력 근로계약서 사본 및 4대 사회보험 사업장 가입자 명부
- 기관장 및 관리책임자 자격증명서(사회복지사, 의료인, 요양보호사) 사본
- 노인돌봄 서비스 제공인력 자격증(요양보호사) 사본

2) 시설 및 설비 기준

노인돌봄 재가방문형은 사무실과 통신설비, 집기 등 사업 수행에 필요한 설비와 비품을 갖추면 되고, 노인돌봄 주간보호형은 전용면적 90㎡ 이상의 시설을 확보해야 한다.

이때 이용 정원이 6명 이상인 경우에는 1명당 6.6㎡의 생활실을 추가로 확보해야 한다. 그러나 둘 이상의 사회서비스를 함께 제공하는 경우는 사업에 지장 없는 범위 내에서 시설 · 장비 · 인력을 공동으로 활용할 수 있으며, 제공자의 시설을 「사회복지사업법」상 사회복지시설에 병설하여 운영하는 경우는 사업에 지장 없는 범위에서 시설 · 장비의 공동 활용이 가능하다.

표 11-10 노인돌봄종합 서비스 시설 및 설비 기준

구분	시설 기준	설비 기준
노인돌봄 재가방문형	• 사업 수행에 필요한 사무실	• 통신설비, 집기 등 사업 수행에 필요한 설비와 비품
노인돌봄 주간보호형 (단기보호 포함)	• 전용 면적 90㎡ 이상의 시설, 이용 정원이 6명 이상인 경우에는 1명당 6.6㎡의 생활실을 추가로 확보	• 통신설비, 집기 등 사업 수행에 필요한 설비와 비품
치매가족 휴가 지원 서비스 (장기보호 서비스)	• 「노인장기요양보험법」에 따라 단기보호 요양 급여를 제공하는 장기요양기관은 장기보호 서비스의 시설 및 장비 기준을 갖춘 것으로 인정	• 통신설비, 집기 등 사업 수행에 필요한 설비와 비품

| 출처 | 보건복지부(2015c). 2015년 노인돌봄 서비스 사업 안내.

3) 인력 및 자격 기준

노인돌봄 재가방문 서비스는 기관장 1명과 서비스 제공인력인 요양보호사 10명이 있어야 하며, 농 · 어촌 지역의 경우는 요양보호사 3명이 있어야 제공기관 등록신고를 할 수 있다. 서비스 제공인력이 50명을 넘을 경우는 관리책임자 1명을 추가로 확보해야 한다. 노인돌봄 주간보호 서비스는 이용자 7명당 요양보호사 1명 이상을 확보해야 한다. 필요할 경우에 기관장은 관리책임자를 겸직할 수 있으나, 기관장과 관리책임자는 서비스 제공인력(요양보호사)으로 겸직이 불가하다. 기관장 및 관리책임자의 자격 기준은 다음 각 호의 하나에 해당하는 자이어야 한다.

- 사회복지사
- 의료인(의사, 한의사, 치과의사, 간호사, 조산사)
- 요양보호사 자격 취득 후 2년 이상 요양보호사 업무경력이 있는 자
- 해당 사회서비스 사업 근무경력 3년 이상으로 보건복지부장관이 고시하는 교육과정 이수자

Chapter 12

재가노인복지 서비스 제공기관의 평가

1 평가 개요

2 평가 매뉴얼

3 평가 결과 관리

현행 재가노인복지 서비스는 가입자의 보험료를 주요 재원으로 이루어지는 사회보험인 노인장기요양보험제도의 급여가 주를 이룬다. 조세를 재원으로 하는 다른 사회복지 서비스 실천 영역에서도 전달 체계의 효과성과 효율성의 문제는 중요하게 다루어지고 있지만, 특히 장기요양 서비스 전달 체계의 효과성과 효율성의 평가는 비용 측면에서뿐 아니라 이용자의 만족도 측면에서도 중요하게 다루어지고 있다. 이에 보건복지부에서는 노인장기요양보험제도 시행 초기인 2010년도부터 매 2년 주기로 장기요양기관 평가를 실시해 오고 있다. 이에 본 장에서는 재가장기요양기관 평가의 수행 체계와 평가 내용 및 평가 결과 관리 등에 관해 알아보기로 한다.

01 평가 개요*

1) 평가의 목적 및 법적 근거

재가장기요양기관 평가의 목적은 첫째, 평가를 통해 장기요양기관 간 자율경쟁을 유도하여 급여 수준 향상을 꾀함으로써 이용자의 노후 삶의 질 향상에 기여하고, 둘째, 평가 결과 점수가 낮은 기관들을 집중 관리함으로써 급여 수준 상향화로 보험자 역할을 강화하고, 셋째, 평가 결과를 전부 공개함으로써 국민의 알권리를 충족시키고 서비스 이용 선택권을 보장하고자 하는 데 있다.

평가의 법적 근거로는 「노인장기요양보험법」 제54조(장기요양 급여의 관리 · 평가)에 따른 시행규칙을 따른다. 「노인장기요양보험법」 시행규칙 제38조(장기요양기관 평가 방법 등)에서는 국민건강보험공단이 장기요양 급여의 종류별로 다음 각 호의 사항에 대하여 평가를 실시하도록 명시하고 있다.

- 장기요양기관을 이용하는 수급자의 권리와 편의에 대한 만족도
- 장기요양기관의 급여 제공 과정
- 장기요양기관의 운영 실태, 종사자의 전문성 및 시설 환경
- 그 밖에 장기요양기관의 운영 개선에 관한 사항

*국민건강보험공단 공고 제2015-28호 '2014년도 장기요양 재가 급여 평가 계획'을 참조하였다.

국민건강보험공단은 장기요양 급여 평가 주체로서 급여 내용을 관리하여야 하는 점에서 평가를 실시하며, 평가자에게 독립성과 자율성을 보장하여야 한다. 또한 서비스 제공기관이 평가나 평가 자료 제출을 거부할 시에는 동법 제60조에 따른 과태료를 부과하고 명단을 공표할 수 있으며, 거짓 자료 제출 시에는 과태료를 부과하고 최하위 등급으로 하향 조정하고 명단을 공표할 수 있다.

2) 평가 운영

(1) 평가 대상

방문요양, 방문목욕, 방문간호, 주 · 야간보호, 단기보호, 복지용구 등 6종의 재가 급여를 제공하는 장기요양기관이 평가의 대상이며, 평균 수급자수 3인 이상 기관에 대하여 급여 종류별로 3년마다 정기평가를 실시하며, 정기평가 결과에 지적된 미흡 사항을 개선한 후 수시평가를 신청한 장기요양기관에 대하여는 정기평가를 실시한 다음 해에 수시평가를 실시할 수 있다.[1)]「노인장기요양보험법」 제32조에 따라 설치한 재가장기요양기관과 「노인복지법」에 근거한 재가노인복지시설로 「노인장기요양보험법」 제31조에 따라 지정받은 장기요양기관이 해당된다. 평가예정일 현재 휴 · 폐업, 적용종료나 영업정지, 폐쇄명령을 받은 기관은 평가에서 제외된다. 2014년 1월 말 현재 급여 종류별 전체 11,870개소 중 10,298개(86.8%)가 평가 대상이었다.

(2) 평가 기준

공단은 장기요양기관이 급여 제공 기준, 절차 및 방법 등에 따라 적정 급여를 제공하였는지를 평가하며, 평가 기준이 되는 평가 지표와 평가 지표의 적용에 필요한 세부 사항을 규정한 평가 매뉴얼로 구성된 평가 도구를 활용하여 평가한다. 2014년 재가 급여 평가 지표는 기관 운영, 환경 및 안전, 권리 및 책임, 급여 제공 과정 및 급여 제공 결과의 대분류 5개 항목으로 구성되어 있으며, 구체적인 내용은 | 표 12-1 | 과 같다.

1) 2014년까지는 매 2년마다 정기 평가를 실시하였으나 2015년부터는 3년마다 정기 평가 및 수시 평가를 실시하고 있다(보건복지부 고시 제2015-28호).

표 12-1 2014년 재가 급여 평가 지표 현황 (단위: 개, 점)

급여 종류	구분	계	기관 운영	환경 및 안전	권리 및 책임	급여 제공 과정	급여 제공 결과
방문 요양	문항	61	22	4	13	15	7
	점수	101	26	8	22	34	11
방문 목욕	문항	60	21	5	13	17	4
	점수	101	25	10	21	38	7
방문 간호	문항	58	20	5	13	16	4
	점수	100	24	10	21	38	7
주 · 야간 보호	문항	78	24	13	10	26	5
	점수	102	28	15	15	36	8
단기 보호	문항	67	24	14	7	18	4
	점수	102	28	18	11	38	7
복지 용구	문항	33	11	4	7	7	4
	점수	95	27	15	14	28	11

| 출처 | 국민건강보험공단(2014b). 2014년도 장기요양 재가 급여 평가 계획.

평가조사표는 평가 지표에 따라 장기요양 급여가 적정하게 제공되는지 여부를 측정하기 위한 조사표로 평가 항목에 따른 분류 내용을 대 · 중 · 소분류로 구분하며, 문항에는 평가요소에 대한 세부 내용을 기술하고, 평가 항목별 점수란에는 채점 기준에 따라서 평가자가 해당하는 척도에 결과 값을 체크한 결과 도출된 점수를 기재하게 되어 있다. 조사표의 예시는 | 표 12-2 | 와 같다.

표 12-2 조사표 예시 및 구성 내용

대분류	중분류	소분류	연번	평가요소	문항	점수	평가 척도					
							우수	양호	보통	미흡	해당없음	
기관운영	기관관리	운영원칙 및 체계	4	자격요건	기관의 직원은 업무수행에 필요한 자격증을 가지고 있습니다.	1	□			□		• 대 · 중 · 소분류: 평가 항목에 따른 분류 내용 • 문항: 평가요소에 대한 세부 내용 • 점수: 평가 항목별 점수 • 평가 척도: 평가자는 채점 기준에 따라서 해당하는 척도에 결과 값 체크
					직원자격증 예 □ 아니오 □							
					직원자격증 예 □ 아니오 □							
					직원자격증 예 □ 아니오 □							
					직원자격증 예 □ 아니오 □							

| 출처 | 국민건강보험공단(2014b). 2014년도 장기요양 재가 급여 평가 계획.

3) 평가수행 체계

(1) 평가수행 조직

평가수행 주체인 건강보험관리공단은 평가의 공정성 확보를 위하여 평가위원회와 평가자문단을 설치 · 운영하고, 공단본부, 지역본부 및 운영센터별로 체계적인 역할을 분담하여 평가를 수행한다. 장기요양 급여 평가수행 체계도는 | 그림 12-1 | 과 같다.

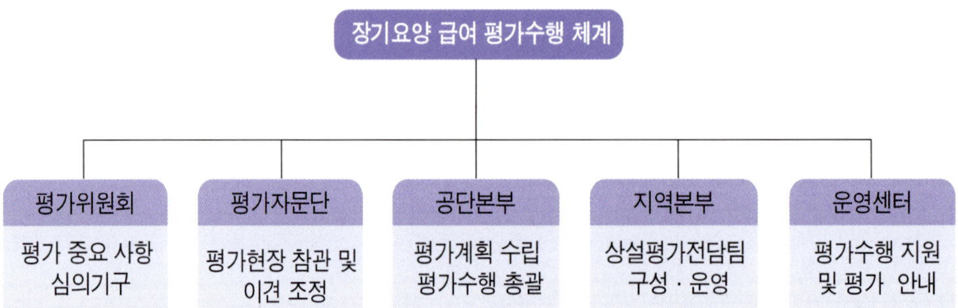

| 출처 | 국민건강보험공단(2014b). 2014년도 장기요양 재가 급여 평가 계획.

| 그림 12-1 | 장기요양 급여 평가수행 체계

① 평가위원회

장기요양 급여 평가의 중요 사항을 심의하는 기구로 이해관계자, 전문가 등이 참여하여 평가의 공정성 및 신뢰성을 확보하기 위한 심의 기구이다. 노인 · 소비자 · 시민단체 및 장기요양기관 협회 추천자, 학계 전문가, 담당 공무원, 복지부 및 공단 등 총 13인으로 구성되며, 연간평가 계획, 평가등급 결정 · 조정 및 가산지급 등을 심의한다.

② 평가자문단

장기요양기관 협회 관계자, 전문가 및 공무원 등 15명 이상으로 구성하며, 평가현장 참관을 통한 객관성 확보 및 이견 조정이나 자문 등의 역할을 한다.

③ 공단본부

공단본부 내에 장기요양 급여 평가위원회 설치 · 운영을 통해 연간평가 계획을 수립하고, 대상 기관 선정 및 가산지급 등 평가수행 전반에 걸쳐 총괄한다.

④ 공단 지역본부

연간평가 계획에 따른 평가세부 계획 및 평가일정을 수립하고, 지역본부별로 평가의 전문성 · 공정성 및 지표적용의 일관성 등을 확보하기 위한 상설 평가전담팀을 구성하여 운영한다.

⑤ 공단 운영센터

수급자 · 종사자 평가 등 평가수행을 세부적으로 지원하고, 평가와 관련된 민원 안내의 역할을 한다.

(2) 평가예정 통보

평가자는 평가예정일 14일 전까지 해당 장기요양기관에 '평가예정통보서'를 서면으로 통보하고, 5일 전까지 도달 여부를 확인해야 한다. 확인 시 통보서가 도달하지 않을 경우는 팩스나 이메일로 재통보한다. 재가 기관은 노인장기요양보험 홈페이지(www.longtermcare.or.kr/)에서 평가예정일 14일 전부터 평가일 확인이 가능하다.

(3) 평가수행 절차

평가는 재가 장기요양기관 현장평가와 수급자 및 종사자 현장평가로 이루어진다. 구체적인 평가수행 절차는 | 그림 12-2 | 와 같다.

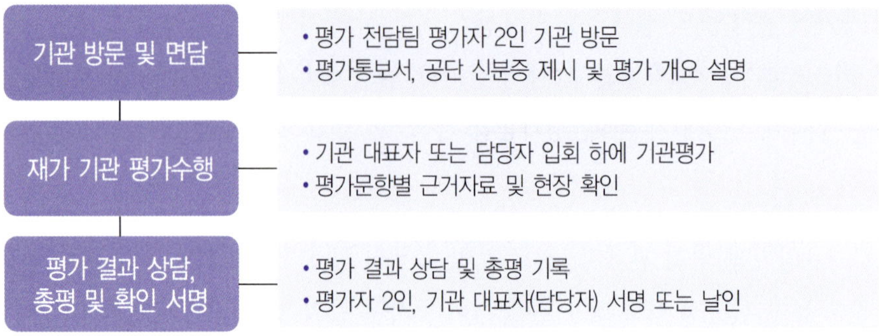

| 출처 | 국민건강보험공단(2014b). 2014년도 장기요양 재가 급여 평가 계획.

| 그림 12-2 | 평가수행 절차

① 재가 기관 현장 평가

평가전담팀의 평가자 2인이 1조가 되어 기관방문을 한다. 주로 하루에 평가를 마치지만 기관 규모에 따라 평가기간을 연장하거나 평가자를 추가하기도 한다. 평가하기에 앞서 장기요양기관 대표자 또는 관계자를 사전 면담한 후에 평가 지표 · 매뉴얼에 따라 관련 자료 검토 및 현장 확인으로 평가를 실시한다. 평가자는 평가통보서와 공단 신분증을 제시하고 평가개요 등을 설명해야 한다.

평가가 종료되면 장기요양기관 대표자 또는 관계자와 상담 및 총평 시간을 갖는다. 평가자 2인과 기관 대표자나 관계자가 각각 서명이나 날인하고, 평가자는 평가 조사표를 복사하여 제공하거나 사진촬영(휴대폰 등) 등의 방법으로 사본을 보관할 수 있다. 평가 여건 등으로 사본 제공이 어려운 경우는 추후 팩스나 이메일로 제공이 가능하며, 평가 지표 적용에 이견이 있거나 논란의 여지가 있다고 판단되는 경우에 평가자는 평가 조사표에 관련 자료 사본을 첨부해 보관하여야 한다.

② 수급자 및 종사자 현장 평가

수급자 및 종사자 평가는 보통 운영센터 평가자 1인이 수행하지만 2인 1조도 가능하며, 이용 지원 등과 병행이 가능하다. 방문요양, 방문목욕, 방문간호 및 복지용구는 기관평가 종료 후에 방문하여 평가를 실시하며, 주 · 야간보호, 단기보호는 기관평가 중 실시 가능하다. 기관평가는 했으나 평가할 수급자가 없거나 종사자가 평가를 거부하는 등 평가가 불가능한 경우는 대표자에게 사유를 통보하고 평가를 종료한다.

③ 평가 거부 시 조치 사항

기관의 대표자나 종사자 등 평가 관련 자료의 제출을 요구받은 자는 성실히 응하여야 하며, 평가자는 거부 기관에 대하여 과태료 부과, 평가 결과 공표 시 거부 명단 공개 및 관할 시 · 군 · 구에 통보 조치할 수 있음을 설명하여야 한다. 평가 조사표에 '평가 거부' 서명을 받거나 '평가 거부' 서명을 거부하는 경우는 평가자 2명이 연대하여 서명함으로써 평가를 종료한다.

02 평가 매뉴얼

1) 재가 급여 평가 매뉴얼 주요 서식

재가 급여 평가 매뉴얼 주요 서식은 다음 | 표 12-3 | 과 같다.

표 12-3 재가 급여 평가 매뉴얼 주요 서식

구분	서식 항목
방문요양 및 공통	• 직원회의, 근무 현황표, 교육 지표 계획, 교육 지표 실시, 개인정보 보호, 질 향상 계획, 낙상 예방, 욕창 예방, 방문 상담 관리, 욕구사정, 급여 계획, 사례관리회의, 만족도 조사 결과 반영
방문목욕	• 소독일지, 만족도 조사 결과 반영
주 · 야간보호	• 자원봉사 활동일지, 식당 및 조리실, 프로그램 지표 일지, 인지 검사, 연계 기록지 제공, 만족도 조사 결과 반영
단기보호	• 만족도 조사 결과 반영
복지용구	• 제품 관리대장, 소독 관리, 수급자 상담, 욕구사정, 만족도 조사 결과 반영

| 출처 | 국민건강보험공단(2014b). 2014년도 장기요양 재가 급여 평가 계획. 재구성.

2) 재가 급여 평가 매뉴얼 주요 서식의 예

재가 급여 평가 매뉴얼 주요 서식의 예는 다음과 같다.

표 12-4 근무 현황표

(월) 근 무 현 황 표	담당자	OOO	시설장

급여 제공 직원:

구분	일	월	화	수	목	금	토
			1	2	3	4	5
수급자			홍길동		성춘향		
시간			10:00~ 14:00		14:00~ 16:00		
급여 종류			방문요양		방문요양		
	6	7	8	9	10	11	12
수급자							
시간							
급여 종류							
	13	14	15	16	17	18	19
수급자							
시간							
급여 종류							
	20	21	22	23	24	25	26
수급자							
시간							
급여 종류							
	27	28	29	30	31		
수급자							
시간							
급여 종류							

작성 일자: 20 년 월 일

표 12-5 직원교육 연간 계획

직원교육 연간 계획

	담당자	OOO	시설장

1. 교육 세부 내용

교육과목	목표	내용 (수행 방법)	일정	시행횟수/ 시간	강사	참여 인원
운영 규정			2월, 7월	2회 /3시간	시설장	전 직원

2. 교육 일정

교육과목	1월	2월	3월	4월	5월	6월	7월	8월	9월	10월	11월	12월
운영 규정		●					●					

표 12-6 질 향상 계획

질 향상 계획

담당자	OOO	시설장

자체 평가 일자	년 월 일 요일				자체 평가 점수	
작성자	㉧				작성 일자	년 월 일 요일
연번	미흡 사항			개선 필요 사항		
1						
2						
3						
구분	목표	일정	예산	세부 내용	기대 효과	
질 향상 계획						

표 12-7 낙상 예방(Huhn의 낙상위험도 평가 도구)

수급자 성명:

구분	4점	3점	2점	1점	점수
연령		〉80	70~79	60~69	
정신 상태	혼란스러움/ 방향감각장애		때때로 혼란스러움/ 방향감각장애		
배변	소변 · 대변 실금	조절능력 있지만 도움 필요		유치도뇨관/ 인공항루	
낙상 경험	이미 세 번 이상 넘어짐		이미 한 번 또는 두 번 넘어짐		
활동	전적으로 도움을 받음	자리에서 일어나 앉기 도움		자립/세면대, 화장실 이용	
걸음걸이 및 균형	불규칙/ 불안정, 서 있을 때와 걸을 때 균형을 거의 유지하지 못함	일어서기/ 걸을 때 기립성 빈혈/ 혈액순환문제	보행장애/ 보조도구나 도움으로 걷기		
지난 7일간 약복용이나 계획된 약물	3개 또는 그 이상의 약 복용	두 가지 약 복용	한 가지 약 복용		
합계 점수					

※ 척도(합계점수 해석)
- 4점 이하: 낙상위험 낮음
- 5~10점: 낙상위험 높음
- 11점 이상: 낙상위험 아주 높음

20 년 월 일

(직종) 작성자: (서명)

표 12-8 욕창 평가(Braden scale 욕창위험도 평가 도구)

수급자 성명:

구분	척도		내용	점수
감각 인지 정도	1	감각 완전 제한됨 (완전히 못 느낌)	• 의식 수준이 떨어지거나 진정/안정제 복용/투여 등으로 통증 자극에 반응이 없다(통증 자극에 대해 신음하거나 주먹을 쥔다거나 할 수 없음). • 신체 대부분에서 통증을 느끼지 못한다.	
	2	감각 매우 제한됨	• 통증 자극에만 반응(신음하거나 불안정한 양상으로 통증이 있음을 나타냄) 또는 신체의 1/2 이상에 통증이나 불편감을 느끼지 못한다.	
	3	감각 약간 제한됨	• 말로 지시하면 반응하지만, 체위 변경을 해달라고 하거나 불편하다고 항상 말할 수 있는 것은 아니다. • 또는 사지에 통증이나 불편감을 느끼지 못한다.	
	4	감각 손상 없음	• 말로 지시하면 반응을 보이며 통증이나 불편감을 느끼고 말로 표현할 수 있다.	
습기 여부	1	항상 젖어 있음	• 피부가 땀, 소변으로 항상 축축하다.	
	2	자주 젖어 있음	• 늘 축축한 것은 아니지만 자주 축축해져 8시간에 한 번은 린넨을 갈아주어야 한다.	
	3	가끔 젖어 있음	• 가끔 축축하다. 하루에 한 번 정도 린넨 교환이 필요하다.	
	4	거의 젖지 않음	• 피부는 보통 건조하며 린넨은 평상시대로만 교환해 주면 된다.	
활동 상태	1	항상 침대에만 누워 있음	• 도움 없이는 몸은 물론 손, 발을 조금도 움직이지 못한다.	
	2	의자에 앉아 있을 수 있음	• 걸을 수 없거나 걷는 능력이 상당히 제한되어 있다. 체중 부하를 할 수 없어 의자나 휠체어로 이동시 도움을 필요로 한다.	
	3	가끔 걸을 수 있음	• 낮 동안에 도움을 받거나 도움 없이 매우 짧은 거리를 걸을 수 있다. 그러나 대부분의 시간은 침상이나 의자에서 보낸다.	
	4	자주 걸을 수 있음	• 적어도 하루에 두 번 방 밖을 걷고, 방 안은 적어도 2시간마다 걷는다.	
움직임	1	완전히 못 움직임	• 도움 없이는 신체나 사지를 전혀 움직이지 못한다.	
	2	매우 제한됨	• 신체나 사지의 체위를 가끔 조금 변경시킬 수 있지만 자주 하거나 많이 변경시키지 못한다.	
	3	약간 제한됨	• 조금이기는 하지만 혼자서 신체나 사지의 체위를 자주 변경시킨다.	
	4	제한 없음	• 도움 없이도 체위를 자주 변경시킨다.	

<table>
<tr><th>구분</th><th colspan="2">척도</th><th>내용</th><th>점수</th></tr>
<tr><td rowspan="4">영양
상태</td><td>1</td><td>매우 나쁨</td><td>• 제공된 음식의 1/3 이하를 섭취한다.
• 단백질(고기나 유제품)을 하루에 2회 섭취량 이하를 먹는다. 수분을 잘 섭취 안한다. 유동성 영양보충액도 섭취하지 않는다. 또는 5일 이상 동안 금식 상태이거나 유동식으로 유지한다.</td><td></td></tr>
<tr><td>2</td><td>부족함</td><td>• 제공된 음식의 1/2를 먹는다. 단백질(고기나 유제품)은 하루에 약 3회 섭취량을 먹는다. 가끔 영양보충 식이를 섭취한다.
• 또는 유동식이나 위관영양을 적정량 미만으로 투여 받는다.</td><td></td></tr>
<tr><td>3</td><td>적당함</td><td>• 식사의 반 이상을 먹는다. 단백질(고기나 유제품)을 하루에 4회 섭취량을 먹는다. 가끔 식사를 거부하지만 보통 영양보충식이는 섭취한다.
• 또는 위관영양이나 TPN으로 대부분의 영양요구량이 충족된다.</td><td></td></tr>
<tr><td>4</td><td>양호함</td><td>• 대부분의 식사를 섭취하며 절대 거절하는 일이 없다.
• 단백질(고기나 유제품)을 하루에 4회 섭취량 이상을 먹으며 가끔 식간에도 먹는다. 영양보충 식이는 필요로 하지 않는다.</td><td></td></tr>
<tr><td rowspan="3">마찰력
&
응전력</td><td>1</td><td>문제 있음</td><td>• 움직이는 데 중정도 이상의 많은 도움을 필요로 한다. 린넨으로 끌어당기지 않고 완전히 들어 올리는 것은 불가능하다. 자주 침대나 의자에서 미끄러져 내려가 다시 제 위치로 옮기는 데 많은 도움이 필요하다. 관절구축이나 강직, 움직임 등으로 항상 마찰이 생긴다.</td><td></td></tr>
<tr><td>2</td><td>잠정적으로
문제 있음</td><td>• 자유로이 움직이나 약간의 도움을 필요로 한다. 움직이는 동안 의자억제대나 린넨 또는 다른 장비에 의해 마찰이 생길 수 있다. 의자나 침대에서 대부분 좋은 체위를 유지하고 있지만 가끔은 미끄러져 내려온다.</td><td></td></tr>
<tr><td>3</td><td>문제없음</td><td>• 침대나 의자에서 자유로이 움직이며 움직일 때 스스로 자신을 들어올릴 수 있을 정도로 충분한 근력이 있다. 침대나 의자에 누워 있을 때 항상 좋은 체위를 유지한다.</td><td></td></tr>
<tr><td colspan="4">합계</td><td></td></tr>
</table>

※ 해석: (Braden , 2001)

• 19~23: 위험 없음 • 15~18: 약간의 위험 있음 • 13~14: 중간 정도의 위험 있음

• 10~12: 위험이 높음 • 9 이하: 위험이 매우 높음

20 년 월 일

(직종) 작성자: (서명)

표 12-9 방문 상담 관리

방문요양기관 사회복지사 업무수행 일지

<table>
<tr><td>수급자 성명</td><td></td><td>장기요양 등급</td><td></td><td>주소</td><td></td></tr>
<tr><td rowspan="7">욕구사정</td><td>① 신체 상태</td><td colspan="4"></td></tr>
<tr><td>② 질병</td><td colspan="4"></td></tr>
<tr><td>③ 인지 상태</td><td colspan="4"></td></tr>
<tr><td>④ 의사소통</td><td colspan="4"></td></tr>
<tr><td>⑤ 영양 상태</td><td colspan="4"></td></tr>
<tr><td>⑥ 가족 및 환경</td><td colspan="4"></td></tr>
<tr><td>종합</td><td colspan="4"></td></tr>
<tr><td rowspan="3">급여 제공 계획</td><td>급여 목표</td><td colspan="4"></td></tr>
<tr><td>필요 급여 내용</td><td colspan="4"></td></tr>
<tr><td>제공 방법</td><td colspan="4"></td></tr>
<tr><td colspan="2">구분</td><td colspan="2">1회</td><td colspan="2">2회</td></tr>
<tr><td rowspan="3">급여 제공 확인</td><td>확인 내용</td><td colspan="2">예 교육, 상담, 간담회 등</td><td colspan="2"></td></tr>
<tr><td>조치 사항</td><td colspan="2"></td><td colspan="2"></td></tr>
<tr><td>요양보호사 성명</td><td colspan="2"></td><td colspan="2"></td></tr>
<tr><td colspan="2">방문일시</td><td colspan="2">. . .(:)</td><td colspan="2">. . .(:)</td></tr>
<tr><td colspan="2">사회복지사 성명</td><td colspan="2"></td><td colspan="2"></td></tr>
<tr><td colspan="2">급여 제공 중 방문 여부</td><td colspan="2"></td><td colspan="2"></td></tr>
<tr><td colspan="2">방문불가 사유</td><td colspan="2">예 수급자 사망, 입원 등</td><td colspan="2"></td></tr>
</table>

※ 본 서식은 참고용 서식이나 서식에서 제시하고 있는 내용을 포함하여야 합니다.

표 12-10 욕구사정

욕구사정 기록지				작성일	20 . .
				작성자	서명 또는 (인)
수급자 성명		키	cm	생년월일	. .
인정번호/등급	/	체중	kg	성별/연령	/

1. 신체 상태(일상생활동작 수행능력)

※ 표기: × 완전 도움, △ 부분 도움, ○ 완전 자립

항목	확인	항목	확인	항목	확인
옷 벗고 입기		세수하기		양치하기	
식사하기		목욕하기		체위 변경하기	
일어나 앉기		옮겨 앉기		방 밖으로 나오기	
화장실 사용하기		대변 조절하기		소변 조절하기	
〈판단 근거〉					

2. 질병 상태

※ 표기: □에 V표 후 상세 내용에 기술

질병 분류	질병명
내분비 · 대사성	□ 당뇨 □ 갑상선 질환 □ 탈수 □ 영양 상태 이상 □ 만성간염 □ 자가면역 질환 □ 빈혈 □ 기타
소화기계	□ 위염 □ 위궤양 □ 십이지궤양 □ 변비 □ 간경변증 □ 기타
순환기계	□ 고혈압 □ 저혈압 □ 협심증 □ 심근경색증 □ 뇌혈관 질환 □ 기타
근골격계	□ 관절염 □ 요통, 좌골통 □ 기타 척추 질환 □ 골다공증 □ 기타
신경계	□ 치매 □ 뇌경색 □ 파킨슨병 □ 두통 □ 두통외 통증 □ 기타
정신 · 행동장애	□ 신경증 □ 우울증 □ 수면장애 □ 기타
호흡기계	□ 폐결핵 □ 만성기관지염 □ 호흡곤란 □ 기타
눈 · 귀 질환	□ 시각장애 □ 난청 □ 기타
비뇨 · 생식기계	□ 전립선비대 □ 요실금 □ 만성방광염 □ 기타
만성신장 질환	□ 만성신부전증 □ 기타
구분	**질병명**
과거병력	
현 진단명	
〈판단 근거〉	

3. 재활 상태

※ 표기: □에 V

확인			
□ 우측상지	□ 좌측상지	□ 우측하지	□ 좌측하지
□ 어깨관절(좌/우)	□ 팔꿈치관절(좌/우)	□ 손목 및 수지관절(좌/우)	
□ 고관절 (좌/우)	□ 무릎관절(좌/우)	□ 발목관절(좌/우)	
〈판단 근거〉			

4. 간호 처치 상태

※ 표기: □에 V

확인			
□ 기관지 절개관 간호	□ 흡인	□ 산소요법	□ 욕창 간호
□ 경관영양	□ 통증 간호	□ 장루 간호	□ 도뇨 관리
□ 투석 간호	□ 당뇨발 간호	□ 상처 간호	
〈판단 근거〉			

5. 인지 상태(인지 기능 저하, 정신 상태, 감정, 문제행동 등)

※ 표기: □에 V

구분		확인
1	지남력	
2	기억력	
3	주의집중 및 계산	
4	언어적 기능	
5	판단력	
6	편집증과 망상	
7	환각	
8	배회	
9	반복적인 활동	
10	부적절한 활동	
11	언어폭발	
12	신체적 공격 또는 폭력행위	
13	우울	
14	일반적인 불안	
15	혼자 남겨짐에 대한 공포	
〈판단 근거〉		

6. 의사소통

※ 표기: □에 V

구분	확인
청취 능력	□ 들리는지 판단 불능 □ 거의 들리지 않는다. □ 큰소리는 들을 수 있다. □ 보통의 소리를 듣기는 하고, 못 듣기도 한다. □ 정상(보청기 사용 포함)
의사 소통	□ 모두 이해하고 의사를 표현한다. □ 대부분 이해하고 의사를 표현한다. □ 가끔 이해하고 의사를 표현한다. □ 거의 이해하지 못하고 의사를 전달하지 못한다.
발음 능력	□ 정확하게 발음이 가능하다. □ 웅얼거리는 소리로만 한다. □ 간혹 어눌한 발음이 섞인다. □ 전혀 발음하지 못한다.
〈판단 근거〉	

7. 영양 상태

※ 표기: □에 V

구분	확인
치아 상태	□ 양호 □ 불량 □ 의치 □ 잔존치아 없음
식사 시 문제점	□ 식욕저하 □ 저작곤란 □ 연하곤란 □ 소화불량 □ 구토 □ 없음
식사 형태	□ 미음 □ 죽 □ 일반식 □ 당뇨식 □ 경관식
도구 사용	□ 숟가락 □ 젓가락 □ 포크숟가락 □ 사용불가
배설 양상	□ 정상 □ 설사 □ 변비 □ 복부팽만
〈판단 근거〉	

8. 가족 및 환경 상태

※ 표기: □에 V

구분	확인
결혼 여부	□ 기혼 □ 미혼 | 배우자 생존 여부 | □ 생존 □ 사망
자녀수	명
주수발자	□ 유 □ 무 | 주수발자 연령 | 세
주수발자 관계	□ 배우자 □ 자녀 □ 자부 □ 사위 □ 형제자매 □ 친척 □ 기타(　　)
주수발자 경제 상태	□ 안정 □ 불안정 □ 연금생활 □ 생활보호
동거인	□ 독거 □ 부부 □ 부모 □ 자녀 □ 손자녀 □ 친척 □ 친구 · 이웃
〈판단 근거〉	

9. 자원 이용 욕구

※ 표기: □에 V

<table>
<tr><th>구분</th><th colspan="4">확인</th></tr>
<tr><td>주이용 의료기관</td><td></td><td>전화번호</td><td colspan="2"></td></tr>
<tr><td>종교</td><td colspan="4">□ 천주교 □ 기독교 □ 불교 □ 기타( )</td></tr>
<tr><td>지역사회 자원</td><td colspan="4">□ 급식 및 도시락 배달 □ 이 · 미용
□ 주거개선 사업 □ 기타( )</td></tr>
<tr><td colspan="5">〈판단 근거〉</td></tr>
</table>

10. 수급자 및 보호자 개별 욕구

※ 표기: 서술형 작성

11. 총평

※ 표기: 서술형 작성

표 12-11 급여 계획

<table>
<tr><td colspan="4" rowspan="2">장기요양 급여 계획</td><td>작성일</td><td colspan="2">20 . .</td></tr>
<tr><td>작성자</td><td colspan="2">서명 또는 ㊞</td></tr>
<tr><td>수급자 성명</td><td></td><td>생년월일</td><td></td><td>급여 종류</td><td colspan="2"></td></tr>
<tr><td rowspan="2">장기요양 인정 유효기간</td><td rowspan="2"></td><td rowspan="2">장기요양 등급</td><td rowspan="2"></td><td>계약 일자</td><td colspan="2"></td></tr>
<tr><td>계약기간</td><td colspan="2">~</td></tr>
<tr><td>목표</td><td colspan="6"></td></tr>
<tr><td>구분</td><td colspan="3">세부 목표</td><td>급여 내용</td><td>횟수/시간</td><td>제공자</td></tr>
<tr><td rowspan="4">신체 활동</td><td colspan="3" rowspan="4">1. 물수건으로 얼굴을 닦을 수 있다.
2. 스스로 식사할 수 있다.
…</td><td>세면 도움</td><td>1회/일</td><td>요양보호사</td></tr>
<tr><td>구강 관리</td><td>2회/일</td><td>요양보호사</td></tr>
<tr><td>이동 도움</td><td>수시</td><td>요양보호사</td></tr>
<tr><td></td><td></td><td></td></tr>
<tr><td rowspan="4"></td><td colspan="3" rowspan="4"></td><td></td><td></td><td></td></tr>
<tr><td></td><td></td><td></td></tr>
<tr><td></td><td></td><td></td></tr>
<tr><td></td><td></td><td></td></tr>
<tr><td rowspan="4"></td><td colspan="3" rowspan="4"></td><td></td><td></td><td></td></tr>
<tr><td></td><td></td><td></td></tr>
<tr><td></td><td></td><td></td></tr>
<tr><td></td><td></td><td></td></tr>
<tr><td rowspan="4"></td><td colspan="3" rowspan="4"></td><td></td><td></td><td></td></tr>
<tr><td></td><td></td><td></td></tr>
<tr><td></td><td></td><td></td></tr>
<tr><td></td><td></td><td></td></tr>
</table>

위 급여 계획에 대해 상세히 설명 들었음을 확인합니다.

20 년 월 일

확인자 ____________________ 서명 또는 ㊞

표 12-12 사례 관리 회의일지

<table>
<tr><td colspan="2" rowspan="2">사례 관리 회의일지</td><td>담당자</td><td>000</td><td>시설장</td></tr>
<tr><td></td><td></td><td></td></tr>
<tr><td>일자</td><td>년 월 일 요일</td><td>시간</td><td colspan="2"></td></tr>
<tr><td>장소</td><td colspan="4"></td></tr>
<tr><td>수급자</td><td></td><td>성별</td><td colspan="2">□ 남 □ 여</td></tr>
<tr><td>생년월일</td><td></td><td>등급</td><td colspan="2"></td></tr>
<tr><td>구분</td><td colspan="4">내용</td></tr>
<tr><td>사례회의 선정사유</td><td colspan="4"></td></tr>
<tr><td>회의 내용</td><td colspan="4"></td></tr>
<tr><td>회의 결과</td><td colspan="4"></td></tr>
</table>

붙임 참석자 서명부 1부

회의 사진 1부. 끝.

표 12-13 만족도 조사 결과 반영 (1)

영역		질문	전혀 그렇지 않다	그렇지 않다	보통이다	그렇다	매우 그렇다	해당 없음
급여 계약	1	• 기관은 계약서 작성 시 중요한 사항에 대해 충분히 설명해주었다(계약 내용, 기간, 비용, 손해배상책임, 개인정보보호, 급여 내용 및 이용 방법 등).						
	2	• 장기요양 급여 계약 시 귀하의 의견이 충분히 반영(존중)되었다.						
급여 내용 및 과정	3	• 요양보호사는 약속한 날짜와 시간을 잘 지킨다.						
	4	• 요양보호사가 제공하는 신체 활동 지원 서비스는(세면, 구강 관리, 머리 감기기, 목욕, 식사 도움, 체위변경, 화장실 이용, 옷 갈아입히기 등) 만족스럽다.						
	5	• 요양보호사가 제공하는 일상생활 지원 등의 서비스(예 취사, 청소, 세탁, 외출 시 동행, 말벗, 생활 상담 등)는 만족스럽다.						
	6	• 요양보호사는 급여를 제공하면서 알게 된 개인적 비밀을 잘 지킨다.						
	7	• 요양보호사는 급여를 제공할 때 어르신의 개인 프라이버시 및 자존심(예 기저귀를 갈거나 목욕을 할 때 등)을 존중해준다.						
	8	• 요양보호사는 어르신이 원하는 급여를 원하는 때에 제공해 준다.						
	9	• 건강 상태가 좋지 않거나 예상치 못한 사고가 났을 때 가족 등에게 연락을 해주었다.						
	10	• 계약서에서 정해진 대로 급여가(급여 내용이나 횟수) 제공되고 있다.						
	11	• 급여를 제공하는 요양보호사의 태도는 만족스럽다.						
	12	• 요양보호사는 전문가로서 충분한 능력을 갖추고 있다.						
	13	• 현재 이용하고 있는 방문요양의 횟수는 적당하다.						
	14	• 현재 이용하고 있는 방문요양의 시간은 적당하다.						
불만 및 희망 사항 반영 여부	15	• 어르신이 무엇을 원하고 필요로 하는지에 대해 요양보호사는 자주 물어보고 신경을 써준다.						
	16	• 요구 사항을 적절하게 반영해준다.						
전반적 만족도	17	• 이용하고 있는 방문요양 급여에 대하여 전반적으로 만족한다.						
기타 의견								

20 년 월 일

작성자 ____________________ 서명 또는 ㊞

표 12-14 만족도 조사 결과 반영 (2)

영역		질문	전혀 그렇지 않다	그렇지 않다	보통이다	그렇다	매우 그렇다	해당 없음
계약 과정	1	• 계약서 작성 시 중요한 사항에 대해 충분히 설명해 주었다(예 계약 내용, 기간, 비용, 손해배상책임, 개인정보 보호, 급여 내용 및 이용 방법 등).						
	2	• 계약 시 귀하의 의견이 충분히 반영되었다.						
급여 제공자	3	• 급여 제공 시간을 잘 준수한다.						
	4	• 개인 프라이버시를 존중해준다.						
	5	• 개인정보를 보호해 준다.						
	6	• 요양보호사의 태도는 만족스럽다.						
	7	• 전문가로서 충분한 능력을 갖고 있다.						
급여 내용	8	• 신체 활동 지원 서비스(예 세면, 구강 관리, 머리 감기기, 목욕, 식사 도움, 체위변경, 화장실 이용, 옷 갈아입히기 등)는 만족스럽다.						
	9	• 일상생활 지원 서비스(예 말벗, 생활 상담 등)는 만족스럽다.						
	10	• 계약서에 따라 급여가 제공되고 있다.						
	11	• 방문요양의 횟수는 적당하다.						
	12	• 방문요양의 시간은 적당하다.						
요구 사항	13	• 불만 사항에 대해 자주 물어보고 확인한다.						
	14	• 요구 사항을 적절하게 반영해준다.						
만족도	15	• 이용하고 있는 급여에 대해 전반적으로 만족한다.						
	16	• 앞으로도 현 급여 기관을 계속 이용하고 싶다.						
기타의견								

20　　년　　월　　일

작성자 ____________________ 서명 또는 ㊞

03 평가 결과 관리

1) 평가등급 결정 및 조정

평가를 마치고 나면 평가위원회에서 재가 급여 평가 결과에 대한 평가등급을 결정하고, 조정사유가 발생된 기관에 대한 평가등급 조정 및 가산 지급 등을 심의한다.

(1) 평가등급 최하위 조정 대상

직전 정기평가 가산지급일부터 당해 정기평가 결과 가산지급일 사이에 「노인장기요양보험법」 위반으로 행정처분을 받은 기관이나 노인장기요양보험법 위반으로 시·군·구에 행정처분이 의뢰된 기관은 평가등급 차하위 조정 대상이 된다. 「노인장기요양보험법」 이외 다른 법률을 적용하여 행정처분을 받았더라도 위반 내용이 「노인장기요양보험법」 위반이라면 행정처분과 동일하게 적용된다. 평가 결과 공개 전 평가등급 조정사유가 발생한 경우는 해당 기관을 차하위 등급으로 조정 후 새로운 순위에 따라 결정하고, 평가 결과 공개 후 조정사유가 발생한 경우는 해당 기관 등급만 차하위로 조정한다.

(2) 평가등급 최하위 결정 대상

평가기간 중 거짓 자료를 제출하였거나 장기요양기관 관리 전산 프로그램을 악용해 평가 자료를 거짓으로 조작한 기관은 평가등급 최하위 결정 대상이 된다. 평가를 받을 목적으로 대가를 지급하고 컨설팅 회사 등에 평가 준비를 대행 또는 대리 작성한 기관 또한 동일하다.

2) 평가등급 공표

(1) 평가등급 분류 및 공표 방법

평가 결과에 따라 5단계의 등급으로 분류한다. 평가 지표의 중요도 및 난이도에 따라 기관 운영, 환경 및 안전, 권리 및 책임, 급여제공 과정 및 급여제공 결과의 대분류 5개 항목 영역별 점수가 부여된다.

노인장기요양보험 홈페이지 등에 모든 기관의 평가등급을 전부공개하고, 평가실시 기관 및 시 · 군 · 구에 평가 결과통보서를 송부한다. 각 등급별 점유율은 A등급(최우수) 10%, B등급(우수) 10%, C등급(양호) 40%, D등급(보통) 30%, E등급(미흡) 10%로 구분하고, 이를 공개할 때 개별 장기요양기관의 대분류 영역별로 ★ 표시로 등급 수준을 표시한다.

◈ 대분류 영역별 점수를 100점 만점으로 환산해 점수 구간에 따라 ★ 부여
… 20점 이상 ★ 2개, 40점 이상 3개, 60점 이상 4개, 80점 이상 5개

- 급여 종류별 평균점수 및 대분류 영역별 평균점수 공개
- 등급별 평균점수 및 커트라인 점수 공개
- 공단은 시 · 군 · 구용 평가 결과통보서에 시설 및 인력 기준 미준수 여부를 기재하여 통보
- 평가불가 기관(평가기간 중 휴 · 폐업이나 수급자가 없어 평가를 하지 못한 기관 등) 및 평가 거부 기관은 그 내용과 명단을 홈페이지에 별도 공개하고, 시 · 군 · 구에 통보
- 평가 거부 기관은 평가 결과를 '평가 거부'로 표기

3) 우수 기관 인센티브 지급

정기평가 결과 급여 종류별 상위 100분의 10범위에 속하면서, 최고 등급을 받은 장기요양기관에 대하여 공단 부담금의 100분의 2, 상위 100분의 10 초과 20 이하 범위에 속하면서 최고 등급을 받은 장기요양기관에 대하여 공단 부담금의 100분의 1을 지급하는 것이 가능하다. 또한 당해 정기평가 결과가 직전 정기평가 결과에 비하여 현저히 향상된 장기요양기관에 대하여 평가실시 직전년도에 심사하여 지급하기로 결정한 공단 부담금을 가산하여 지급 가능하며, 가산지급은 중복하여 지급할 수 없다.

그러나 평가등급 하향(차하위 또는 최하위) 조정사유가 발생한 기관, 가산 지급 전에 휴 · 폐업한 기관, 노인장기요양보험법 위반으로 시 · 군 · 구에 행정처분이 의뢰된 기관 등은 가산지급 대상에서 제외한다. 또한 현지 조사 결과 부당청구한 것으로 확인되어 공단이 행정처분을 의뢰하기 전에 다른 사유의 부당청구가 확인되어 수사기관에 수

사 의뢰된 기관은 행정처분 결과가 나올 때까지 가산 지급을 보류하고, 추후 행정처분을 받으면 가산 지급 대상에서 제외된다.

4) 평가 결과 사후 관리

평가를 마친 후에 평가 결과를 공유하고 우수 기관 격려 및 우수 사례 전파를 통한 서비스 수준의 향상을 도모하기 위하여 평가대회를 개최한다. 평가대회를 통해 A등급 기관, 장기요양 협회, 복지부 및 공단 등 관계자들이 모여 평가등급 공표, 우수 사례 발표, 유공자 포상, A등급 기관 인증마크와 인센티브 표지 수여 및 향후 평가 계획 설명 등을 시행한다.

평가 결과 하위 기관에 대해서는 서비스 질 향상을 위한 사후 관리를 실시하고, 평가 후 개선 권고 사항 미이행 기관에 대하여 중점 관리한다.

에필로그

몸져 누워 있지 않고, '뒷방 늙은이' 취급받지 않으며 활기차게 지내는 어르신이 많은 대한민국이 되었으면 한다. 힘이 없어 보이고 무능력해 보이는 어르신의 남은 힘을 최대한 이끌어내고 어르신 스스로 쓸 수 있게끔 지지하고 지원하는 접근이 보편화되는 우리나라가 되기를 소망한다. 이미 제도화되어 있는 다양하면서도 다각적인 재가노인복지 서비스들이 원래 의도대로 어르신들에게 전문적인 실천 방법과 기술을 통해 잘 전달되었으면 한다.

이 책을 읽는 독자들이 바로 이와 같은 저자들의 간절한 바람을 공감하고 이 책에서 제시한 내용들을 실천 현장에서 십분 활용해 주었으면 한다.

늙어 간다는 것! 그로 인해 젊은 사람들의 기준에 맞춰진 사회적 환경에 부응하기에 불편해진다는 것은 결코 부끄러운 일이 아니다. 요양시설이나 요양병원이 아닌 그동안 쭉 살아왔던 곳에서 가족이 있든 없든 '늙음'을 자랑스러워 하고, '늙음'으로 인한 노화와 질병, 장애 등을 보충하는 것이 사회적 책임으로 자연스럽게 인식하는 사회! 그런 사회를 만들어 나가기 위해 어르신들을 보호하고 돌보며 힘을 북돋워주는 사회복지실천 서비스가 재가노인복지실천의 핵심임을 다시 한 번 강조하고 싶다.

자선이나 시혜, 공경이 아닌 권리와 책임으로 제공되는 재가노인복지실천의 모습이 어떠해야 하는지를 '매뉴얼'처럼 정리하려고 애썼음도 말씀드린다. 가급적이면 이론적 담론을 피하고 최대한 실용적으로 노인복지 현장에서 일하는 실천가들이 이용하기에 편리하도록 그 정보의 내용들을 구성하였다는 것도 다시금 알려 드린다.

노년이라는 인생의 때가 단지 황혼이 아니라 석양의 빛으로 물들고 석양의 기운으로 춤출 수 있기를 바란다. 그래서 노년이 마지막 성취와 결실을 향한 불꽃같은 찬란한 열정이 되었으면 한다. 서두르지 않고 고즈넉하면서도 평화로운 저무는 노을은 힘차 보이지만 다소 가벼워 보이는 아침노을과는 격이 다르다. 저무는 노을은 잔잔하고 차분하며 고요하고 넉넉하다. 안존하고 평화롭다. 그래서 저무는 노을은 취하고 싶도록 해맑다.

아름다운 노년이 존중받고, 존귀하게 여김을 받으며, 돌봄을 받는 일이 사회적 책무가 되는 날을 꿈꾸며 책을 마무리한다.

참고문헌

국민건강보험공단(2010). 장기요양보험 주요 통계.

국민건강보험공단(2011). 2002~2009년 노인성 질환자 진료추이 분석결과.

국민건강보험공단(2013). 노인장기요양보험 통계연보.

국민건강보험공단(2014a). 노인장기요양보험 통계연보.

국민건강보험공단(2014b). 2014년도 장기요양 재가급여 평가 계획.

국민건강보험공단(2014c). 장기요양기관 서식 모음집.

권중돈(1996). 치매노인 가족의 부양부담 결정모형 개발. 한국사회복지학, 29, 24-41.

권중돈(2009). 노인복지론. 서울: 학지사.

권중돈(2010). 노인복지론(4판). 서울: 학지사.

권중돈(2012). 인권과 노인복지실천. 서울: 학지사.

김동배(2009). 성남시 노인 우울 및 자살사고에 영향을 미치는 관련요인에 관한 연구. 경기: 분당노인종합복지관.

김미혜(2008). 한국노년학의 복지 분야 연구동향: 1980년(창간호)부터 2008년(28권 제2호)까지의 논문을 중심으로. 한국노년학, 28(4), 733-752.

김미혜 · 조추용 · 조유향 · 임병우 · 선우덕 · 김근홍(2008). 재가노인복지론. 서울: 청목출판사.

김상우 · 이채정(2014). 치매관리사업의 현황과 개선과제. 서울: 국회예산정책처.

김양이(2000). 치매노인 주부양자를 위한 스트레스 관리훈련의 효과. 서울여자대학교 대학원 박사학위논문.

김창진 · 황진수(2008). 노인성 질환과 우울증이 노인자살 생각에 미치는 영향의 연구. 한국노년학, 28(3), 425-442.

김형수(2000). 노인과 자살. 노인복지연구, 10, 25-45.

김형수(2002). 한국노인의 자살생각과 관련요인 연구. 한국노년학, 22(1), 159-172.

모선희 · 김형수 · 유성호 · 윤경아(2007). 현대 노인복지론. 서울: 학지사.

박경일 · 김경호 · 서화정 · 윤숙자 · 이명현(2000). 사회복지학강의. 경기: 양서원.

박봉길 · 전석균(2006). 노인의 자살생각에 영향을 미치는 우울증을 매개로 한 관련요인 연구. 정신보건과 사회사업, 22, 58-90.

박석돈 · 이옥희 · 명선영 · 박순미(2004). 노인복지론. 서울: 삼우사.

박재황 · 노용환 · 위대한(2001). 농 · 어촌과 지방도시에서 노인 자살 기도자에 대한 임상분석. 대한응급의학회지, 12(2), 135-142.

박해경(2013). 치매노인 부양자의 부양부담감, 대처전략, 안녕감에 관한 연구. 영남대학교 대학원 박사학위논문.
배진희 · 엄기욱(2009). 노인의 자살 시도에 영향을 미치는 요인. 한국노년학, 29(4), 1427-1444.
보건복지부(1998). 1998년도 노인복지사업지침.
보건복지부(2000). 고령화 관련 국제행동 계획과 노인을 위한 유엔원칙.
보건복지부(2002). 마드리드 고령화국제행동 계획.
보건복지가족부(2003~2014). 2003년~2014년 노인보건복지사업안내.
보건복지부(2010). 위기대상 사례관리.
보건복지부(2012a). 2011년도 노인 실태 조사.
보건복지부(2012b). 제2차 국가치매관리 종합 계획.
보건복지부(2013a). 2012년 치매 유병률 조사.
보건복지부(2013b). 2013년 노인보호전문기관 사업안내.
보건복지부(2014a). 2014년 노인보건복지사업안내.
보건복지부(2014b). 2014년 노인돌봄사업안내.
보건복지부(2015a). 2015년 노인보건복지사업안내.
보건복지부(2015b). 2015년도 요양보호사 양성지침.
보건복지부(2015c). 2015년 노인돌봄 서비스 사업안내.
보건복지부(2015d). 2015년 노인복지시설 인권보호 및 안전관리지침.
보건복지부(2015e). 2015년 노인보호전문기관 업무수행지침.
보건복지부 · 국민건강보험공단(2015). 노인장기요양보험 급여이용 안내서.
보건복지부 · 중앙노인보호전문기관(2015). 2014년 노인학대 현황보고서.
보건복지부 · 한국자살예방협회(2011). 자살예방기본 계획.
서문진희 · 김근홍(2013). 고령수발자의 수발 실태 및 신체적 · 심리적 · 사회적 특성에 관한 연구. 한국지역사회복지학, 47, 283-306.
서문진희 · 이현아(2011). 주관적 건강인식과 사회적 지지가 노인자살 생각에 미치는 영향 -우울감 매개효과를 중심으로-. 노인복지연구, 54, 361-385.
서문진희 · 정여주(2011). 장기요양필요노인 부양자의 부양부담 경험에 관한 질적 연구. 사회과학연구, 22(4), 3-30.
서상철(2009). 현대재가복지론. 경기: 학현사.
서울복지재단(2005). 사례관리실천방법. 서울: 서울복지재단.
서화정(2005). 노인자살예방을 위한 사회사업 개입전략 : 노인자살의 영향요인분석을 중심으로. 부산대학교 대학원 박사학위논문.
석재은(2010). 공급자 관점에서의 노인장기요양보험제도의 개선방안. 보건복지포럼, 168,

34-44.
선우덕 · 정순둘 · 양찬미(2012). 노인장기요양서비스 전달체계의 평가 및 개선방안: 재가서비스를 중심으로. 서울: 한국보건사회연구원.
선우덕 · 조추용(2004). 노인장기요양보장제도의 성공적 정책을 위한 재가노인복지시설의 역할 재정립과 확충방안. 밝은 노후를 만들어가는 사람들의 모임 세미나 자료집.
손용진(2007). 노인기의 종교변화에 따른 생활 만족도. 노인복지연구, 36, 181-200.
신숙경 · 육성필 · 최광현 · 김은주 · 이혜선 · 박새아 · 조민호 · 구효향 · 임지영 · 이상숙 · 신재은(2009). 노인자살위기개입 매뉴얼. 경기: 경기복지재단.
여성가족부(2010). 2010년도 조손가족 실태 조사. 서울: 여성가족부.
염동훈(2007). 조손가족 실태 조사 및 지원방안. 서울: 보건복지부.
유성호 · 모선희 · 김형수 · 윤경아(2002). 노인복지론. 서울: 아시아미디어리서치.
윤현숙 · 차홍봉 · 조세희(2000). 사회적 지원이 가족의 부양부담과 우울에 미치는 영향 : 심신기능손상 노인가족을 중심으로. 한국노년학, 20(1), 1-19.
이근홍(2014). 사례관리. 경기: 양서원.
이민숙(2005). 노인의 우울과 자살에 대한 사회적 지지의 영향. 임상사회사업연구, 2(3), 191-211.
이성규(2000). 사회통합과 장애인복지정치. 서울: 나남.
이승철(2012). 노인성 질환 동향과 시사점. 서울: 삼성경제연구소.
이준우(2012). 장애인복지정책과 실천. 경기: 나남.
이준우(2013). 고령화 사회에서의 노인복지 이해와 실천. 서울: 파란마음.
이준우(2015). 복지경영입문. 서울: 파란마음.
이준우 · 임원선(2011). 전문사회복지실천론. 서울: 인간과복지.
이준우 · 최희철(2014). 사례관리론. 서울: 신정.
이채정 · 김상우(2013). 자살예방사업의 문제점과 개선과제. 서울: 국회예산정책처.
임춘식 · 현외성 · 조추용 · 이인수 · 조미경 · 심창학 · 김근홍 · 유성호(2005). 세계의 노인복지정책. 경기: 학현사.
정경희 · 오영희 · 이소정 · 권금주 · 이윤경 · 방효정(2007). 노인학대 실태 조사를 위한 기초연구: 노인보호전문기관에서의 노인학대 판정 지표 개발 및 사정도구 개발을 중심으로. 서울: 한국보건사회연구원.
정순둘(2005). 사례관리실천의 이해. 서울: 학지사.
정옥분 · 김동배 · 정순화 · 손화희(2007). 노인복지론. 서울: 학지사.
조영철 · 정문종 · 이채정 · 김상우(2013). 자살예방사업의 문제점과 개선과제. 서울: 국회예산정책처.

최성재(1993). 노령화와 사회복지서비스: 공적 · 사적영역과의 역할분담을 중심으로. 사회보장연구, 9, 105-123.

최영애(2003). 노인들의 우울, 자존감 및 건강행위에 관한 연구. 노인복지연구, 21, 27-47.

최혜지(2008). Care continuum에 근거한 노인복지 인력 현황. 제2차 한국실버산업 포럼 자료집.

통계청(1991, 1996, 2001, 2006, 2011, 2012, 2013, 2014, 2015). 1990 · 1995 · 2000 · 2005 · 2010 · 2011 · 2012 · 2013 · 2014년 사망원인 통계.

통계청(2008). 2008년 사회 조사.

통계청(2009). 2009년 사회 조사.

통계청(2010). 2010년 사회 조사.

통계청(2011). 장래인구추계.

통계청(2012a). 2012년 사회 조사.

통계청(2012b). 장래가구추계.

통계청(2013). 2013 고령자통계.

통계청(2014a). 2014년 사회 조사.

통계청(2014b). 2014 고령자통계.

한국재가노인복지협회 편(2003). 재가노인복지사업 10년 발자취-재가노인복지사업 평가. 서울: 한국재가노인복지협회.

한혜영 · 김방진(2011). 사례관리연구보고서. 삼전종합사회복지관 홈페이지(http://www.samjeon.or.kr).

황미구 · 김은주(2008). 노인의 주관적인 삶의 질과 자아존중감이 자살사고에 미치는 영향: 우울을 매개변인으로 하여. 한국노년학, 28(4), 865-885.

Alexopoulos, G. S., Bruce, M. L., Hull, J., Sirey, J. A., & Kakuma, T. (1999). Clinical Determinants of Suicidal Ideation and Behavior in Geriatric Depression. *JAMA Psychiatry, 56(11)*, 1048-1053.

Bull, M. (1990). Factors Influencing Family Caregiver Burden and Health. *Western Journal of Nursing Research, 12(6)*, 758-776.

Connelly, J. E., Philbrick, J. T., Smith, Jr. G. R., Kaiser, D. L., & Wymer, A. (1989). Health Perception of Primary Care Patients and the Influence on Health Care Utilization. *Medical Care, 27*, 99-109.

Kanter, J. (1989). Clinical Case Management: Definition, Principles, Components. *Hospital & Community Psychiatry, 40(4)*, 361-369.

Kosberg, J. I. & Cairl, R. E. (1986). The Cost of Care Index: A Case Management Tool for Screening Informal Care Providers. *The Gerontologist, 26(3)*, 273-281.

Lawton, M. P. (1985). Housing and Living Environments of Older People. In R. H. Binstock & E. Shanas (Eds.). *Handbook of Aging and the Social Sciences*(2nd ed.). New York: Van Nostrand Reinhold.

Lester, D. (1989). A Depression Paradox Theory of Suicide. *Personality and Individual Differences, 10(10)*, 1103-1104.

Lester, D. (1997). The Effectiveness of Suicide Prevention Centers. *Suicide and Life Threatening Behavior, 27(3)*, 304-310.

Moxley, D. P. (1989). *The Practice of Case Management*. CA: Sage Publications Inc.

Novak, M., & Guest, C. (1989). Application of a Multidimensional Caregiver Burden Inventory. *The Gerontologist, 29(6)*, 798-803.

O' Connell, H., Chin, A-V., Cunningham, C., & Lawlor, B. A. (2004). Recent Developments: Suicide in Older People. *British Medical Journal, 329(16)*, 895-899.

금강일보(2015. 4. 23.). 충청남도노인보호전문기관, 21C청년자원봉사네트워크 volo 21 노인지킴이단 발대식 개최.

보건복지부 보도자료(2015. 11. 13.). 16년 장기요양 보험료율 현행 유지, 수가는 평균 0.97% 인상.

조선일보(2011. 12. 8.). 세대 간의 복지 갈등이 생기면 어떻게 해야 할까?

조선일보(2013. 11. 13.). 한국인의 마지막 10년, 나이 많아질수록 극단적 선택… 70대 이상 자살률 10년 전의 2배.

조선일보(2013. 11. 13.). 한국인의 마지막 10년, 준비없이 길어진 삶, 망가진 가족관계… 못살았을 때보다 더 불행해진 우리 老年.

경기복지재단(https://www.ggwf.or.kr)

국가인권위원회(http://www.humanrights.go.kr)

국민건강보험공단(http://www.nhis.or.kr)

국민건강보험공단 노인장기요양보험(http://www.longtermcare.or.kr)

네이버 지식백과(http://terms.naver.com)

대한노인신경의학회(http://www.ksgn.or.kr)

대한노인정신의학회(http://www.kagp.or.kr)

대한민국 법원(http://www.scourt.go.kr)
대한치매학회(http://www.dementia.or.kr)
독거노인종합지원센터(http://1661-2129.or.kr)
법제처(http://www.moleg.go.kr)
법제처 국가법령정보센터(http://www.law.go.kr)
보건복지부(http://www.mohw.go.kr)
보건복지부 사회서비스 전자바우처(http://www.socialservice.or.kr)
사회보장정보원(http://www.ssis.or.kr)
삼전종합사회복지관(http://www.samjeon.or.kr)
생명보험사회공헌재단(http://www.lif.or.kr)
서울시복지재단(http://www.welfare.seoul.kr)
서울특별시(http://www.seoul.go.kr)
서울특별시광역치매센터(https://www.seouldementia.or.kr)
서울특별시 법무행정서비스(http://legal.seoul.go.kr)
여성가족부(http://www.mogef.go.kr)
중앙노인보호전문기관(http://noinboho.or.kr)
중앙자살예방센터(http://www.spckorea.or.kr)
중앙치매센터(http://www.nid.or.kr)
치매정보 365(http://www.edementia.or.kr)
통계청(http://kostat.go.kr)
통계청 국가지표체계(http://www.index.go.kr)
통계청 국가통계포털(http://kosis.kr)
한국노인종합복지관협회(http://www.kaswcs.or.kr)
한국보훈복지의료공단(http://www.bohun.or.kr)
한국생명의전화(http://www.lifeline.or.kr)
한국성년후견학회(http://www.aglp.or.kr)
한국자살예방협회(http://www.suicideprevention.or.kr)
한국재가노인복지협회(http://www.kacold.or.kr)
한국치매가족협회(http://www.alzza.or.kr)
한국치매협회(http://www.silverweb.or.kr)
OECD(http://www.oecd.org)

저자소개

이준우(李 峻 宇)

총신대학교 종교교육학과 졸업
총신대학교 신학대학원 졸업
숭실대학교 사회사업학과 학부과정 이수
숭실대학교 대학원 사회복지학 석사 · 박사
사우스웨스턴침례신학대학원 목회학 박사과정 수료

강남대학교 사회복지전문대학원 교수
강남대학교 일반대학원 수화통번역학과 주임교수
한국위기상황스트레스관리(CISM)연구소 소장

(2013~2015) 강남대학교 교목실장
(2010~2013) 강남대학교 사회복지대학 학장
(2008~2013) 강남대학교 사회복지전문대학원 원장
(2008~2012) 한국교회사회사업학회 회장
(2008~2012) 화성시남부노인복지관 관장
(1997~2012) 남서울은혜교회 장애우위원회 지도목사
(1997~1999) 사회복지법인 밀알복지재단 사무국장
(1991~1997) 충현교회 청각장애인부 지도교역자
(1989~1990) 사단법인 베데스다선교회 교육간사

목사이면서 교수이고, 사회복지사인 일명 '목수사' 로 대학시절 하나님의 섭리 가운데 마주한 청각장애인들과의 만남을 시작으로 장애인과 함께하는 사회복지실천, 교회를 중심으로 펼쳐지는 사회복지실천에 헌신해 왔다.
1989년 사단법인 베데스다선교회 교육간사로 출발해, 1997년부터 1999년까지 사회복지법인 밀알복지재단 사무국장으로, 2008년부터 2012년까지 화성시남부노인복지관 관장으로 활동하며 열정을 쏟아 부었다.
2005년 9월부터 현재까지 강남대학교 사회복지전문대학원 교수로 있으면서 '사람과 세상을 변혁시키며 행복을 창출하는 데 기초가 되는 연구자로서의 삶' 을 지향하며 사회복지 전문인력과 연구인력을 양성하는 일에 최선을 다하고 있다. 또한 다양한 실천 경험을 바탕으로 한 강의와 저술활동을 통해 보다 많은 이들에게 '크리스천 사회복지인(人)' 으로서의 선한 영향력을 전달하고자 노력하고 있다.
주요 저서로는 『수화의 이해와 실제』, 『전문 사회복지실천론』, 『사회복지실천기술론』, 『고령화 사회에서의 노인복지 이해와 실천』, 『장애인복지정책과 실천』, 『복지경영입문』 등이 있으며, 『문제아의 가족치료』, 『장애인과 함께하는 사회복지실천』 등의 번역서가 있다.
'비전은 속도가 아니라 방향' 이라고 생각하며 끊임없이 도전하는 사회복지사, 열정이 넘쳐나는 수화통역사, 능력 있는 말씀을 선포하는 목사, 고뇌하며 연구하여 가르치는 교수로 활발히 활동해온 경험을 살려 삶 속에서 '복지선교' 와 '복지목회' , '복지경영' , '수화언어 연구' 사역을 소명으로 실천해나가고 있다.

서문진희(西門震姬)

경희대학교 영어교육학과 졸업
침신대학교 신학대학원 졸업
침신대학교 사회복지대학원 졸업
강남대학교 대학원 사회복지학 박사

중부대학교 노인복지학과 조교수

(2011~2011) 우송대학교 의료사회복지학과 초빙교수
(2010~2010) 강남대학교 사회복지학부 겸임교수
(2010~2010) 사나섬세 요양원 원장
(2008~2010) 사나섬세 노인복지센터 센터장
(2008~2010) 사나섬세 요양보호사교육원 원장
(2007~2014) 사단법인 사나섬세 회장
(2007~2010) 사나섬세 재가노인복지시설 시설장
(2003~2005) 송강사회복지관 사회복지사

목사이면서 교수이고, 사회복지사인 일명 '목수사'로 교회사회복지와 노인복지실천 현장에서 열정을 가지고 사회복지실천에 헌신해 왔다.
2003년 송강사회복지관 사회복지사로 출발해 2007년 교회노인복지실천운동본부인 사단법인 사나섬세의 회장을 역임하면서 노인들을 위한 다양한 복지서비스를 제공하였다.
2012년 3월부터 현재까지 중부대학교 노인복지학과 교수로 있으면서 사회복지실천 현장에서의 경험을 바탕으로 '다음 세대들에게 선한 영향력을 끼치는 삶'을 지향하며 후학양성과 연구에 매진하고 있다.
주요 저서로는 『사회복지 프로그램 개발과 평가』가 있으며, 주요 논문으로 「노인장기요양보험 재가 서비스의 문제점과 개선방안」(2009), 「장기요양 필요노인 부양자의 시설입소결정 경험에 관한 근거이론접근」(2011), 「장기요양필요노인 부양자의 부양부담 경험에 관한 질적 연구」(2011), 「파독근로자 한인노인들의 기독교신앙 인식에 관한 질적 연구」(2013), 「고령수발자의 수발 실태 및 신체적 심리적 사회적 특성에 관한 연구」(2013), 「고령자의 유산기부 의향에 관한 연구」(2013), 「중 · 고령자의 지역사회 참여에 미치는 영향에 관한 연구-공동체의식과 생활환경 인식을 중심으로」(2014), 「노인 사회활동(노인일자리) 지원체계 개발에 관한 연구-경북 지역형 공익활동을 중심으로-」(2015), 「대학생 4321조 멘토링 프로그램의 효과성에 관한 연구」(2016) 등이 있다.

재가노인을 위한 사회서비스-**재가노인복지론**

초판 1쇄 인쇄 2016년 8월 19일
초판 1쇄 발행 2016년 8월 26일

지은이_ 이준우 · 서문진희
펴낸이_ 황호철
펴낸곳_ 도서출판 파란마음
주소_ 04315 서울시 용산구 백범로90라길 47 | 전화_ (02) 3275-2110~1 | 팩스_ (02) 3275-2199
홈페이지_ http://paranmaum.co.kr/
등 록_ 2006년 4월 24일 · 제302-2006-00024호

ISBN 978-89-97982-51-6 93330
값 18,000원